KB206946

사회적기업의 이슈와 쟁점

사회적기업의 이슈와 쟁점

— '여럿이 함께'의 동학

김성기 지음

아르케

'여럿이 함께'하면 지속가능한 사회적기업이 됩니다.

책을 펴내며

복지국가, 사회적 경제, 새로운 사회운동의 대안으로서 사회적기업

사회적기업은 신영복 선생님의 표현을 빌자면 '여럿이 함께'하는 '기업'이다. 조직이 '여럿이 함께', 즉 '사회적'이라는 것은 호혜와 협동의 원리에 기초한다는 의미이다. 시민들의 자발적 참여와 기여로 운영되는 시민운동 조직이 대표적이다. '기업은 비즈니스(business)라는 혁신적 방식으로 자신의 목적을 실현하는 조직이다. 자본주의 사회에서 '회사(company)'라고 불리는 조직이 대표적이다. 이처럼 사회적기업은 '사회성'과 '혁신성'을 기본적인 원리로 하여 사회적 가치를 창출하는 조직이다.

우리 사회에서 다양한 배경 하에 사회적기업에 대한 관심이 급부상하고 있다. 특히, 복지국가, 사회적 경제, 새로운 사회운동 등의 대안으로 사회적기업이 주목되고 있다.

2013~14년 권력재편기를 맞이하면서 '복지국가'가 사회적인 화두이다. 한국이 복지국가인가에 대해서는 복지의 사각지대가 상당히 광범위하다는 점에서 '그렇다'고 자신 있게 말하기 어려울 것 같다. 복지국가인가에 대한 가부(可否)를 따지는 것보다 중요한 것은 국가복지의 수준을 국민이 체감할 수 있을 정도로 실제 향상시키는 것이다. 그것이 '복지국가'로 표현되는 것 같다. 한국이 복지국가의 길로 나아가기 위해서는 넘어야 할 산이 많다. 빈곤과 실업, 질병이나 은퇴 등의 각종 사회적 위험에 대한 안전망을 갖추고, 동시에 그 안전망이 작동할 수 있도록 복지재원을 확충해야 하고, 국민(기여자)의 기여 수준도 높여야 한다. 또한, 저출산, 고령화 등 사회변동으로 인한 사회서비스의 필요도 갈수록 커져가고 있다. 이런 문제에 대응하기 위한 서비스 공급

주체의 확충도 절실한 과제이다.

　이러한 복지국가의 과제와 관련하여 사회적기업은 사회서비스의 공급과 관련이 깊다. 사회서비스의 공급을 '시장'에 맡기는 것은 공공재를 상품화한다는 측면에서 바람직하지 않다. 물론 능동적이고 혁신적으로 서비스 수요에 대응한다는 점에서 긍정성도 부정할 수 없다. 반면, 정부는 공공성을 담보할 수 있지만, 특정 기준에 의해 정해진 만큼만 하는 표준화를 통해 서비스를 공급한다는 점에서 시장이 갖고 있는 능동성과 혁신성은 부재하다. 이러한 시장과 정부의 사회서비스 공급에 대한 공백을 어떻게 매울 것인가에 대한 대안이 요구된다. 이점이 복지국가로 가는 길목에서 사회적기업이 주목되는 이유 중 하나이다.

　자본주의 사회는 성장을 통해 분배하는 방식의 국가체제를 선호하며, 시장경제는 성장을 담당하는 핵심적인 장으로 간주된다. 현대의 자본주의를 '신자유주의'라고 하는데 한마디로 시장만능주의라고 할 수 있다. 이러한 시장경제의 선봉에 (대)기업이 있다. '돈(화폐)'과 '상품', '이윤'이 우선이고, '사람'과 '사회'는 부차적이다. 이런 시장경제의 폐해 중 하나가 단적으로 88만원 세대로 불리는 '비정규직'의 양산이다. 이미 우리 사회는 저임금과 노동유연화의 문제가 도를 넘어서고 있다. 이런 문제를 해결하지 않고서는 복지국가의 길로 가기 어렵다. 왜냐하면, 복지국가가 지속가능하기 위해서는 급여를 지불할 수 있는 능력자가 충분히 존재해야 하기 때문이다. 또한, 경제적 약자는 사회적 위험에 노출될 위험성이 높기 때문에 복지체제가 감당해야 할 부담도 커질 수밖에 없다.

　그래서 시장경제 및 기업의 보완이 요구된다. 시장경제를 공정하고, 인간다운 방식으로 전환하거나 새로운 경제 영역을 구축할 수도 있을 것이다. 시장경제의 사회화와 관련하여 주목되고 있는 대안이 '기업의 사회적 책임(CSR, Corporate Social Responsibility)'이다. 그러나 삼성으로 대표되는 한국 대기업의 야만성을 보자면, 현재 대기업의 사회공헌활동은 생색내기에 불과한 것 같다.

　한편, 시장경제와 다른 경제로서 '사회적 경제'를 확장하는 대안도 모색되고 있다.

사회적 경제는 상품의 거래를 목적으로 하는 경제가 아닌 다양한 사회적 필요를 호혜적 관계를 통해서 생산하고 소비 및 공급하는 경제영역이다. 예컨대, 친환경의 안전한 먹거리를 소비하면서 농산품 생산자와의 공정한 거래를 지향하는 소비자생활협동조합은 사회적 경제 조직의 한 예라고 할 수 있다. 사회적기업은 경제 영역에서 생산적 기능을 수행하는 사회적 경제 조직이다. 인간의 삶을 위한 경제가 작동하기 위해서는 생산의 역할이 필수요건이다. 따라서 사회적 경제가 활성화되기 위해서는 사회적기업의 역할이 대단히 중요하다. 이 점이 사회적 경제의 발전과 관련하여 사회적기업이 대안으로 주목되는 또 하나의 이유이다.

역사적으로 세상과 제도의 변화와 변혁은 대체로 사회운동적 실천과 함께 이루어져 왔다. 가까운 우리의 역사를 살펴보면, 군사정권의 장기집권 체제를 종식하는 1987년의 직선제 개헌은 시민들의 민주화를 위한 열망과 저항이 없었다면 불가능했다. 한국의 사회복지제도사에서 국민의 최저생활을 보편적으로 보장하는 '국민기초생활보장법'의 제정도 참여연대 등 시민운동 단체들의 법제정운동이 있었기에 가능했다.

서구의 선진국과 가까운 일본의 경험에서 확인되듯이 사회적기업은 민간 주체들의 자발적 실천과 토대에서 성장하고 있다. 민간은 빈곤이나 실업 등 사회문제를 해결하거나 예기치 않은 경제적 위험이나 사회적 서비스의 필요를 충족시키기 위해 사회적기업을 개발해 왔다. 특히, 협동조합이나 비영리조직 등 사회적 경제 조직이 사회적기업 운동의 주도적 부문이다. 한국은 상대적으로 그들 국가에 비해 사회적 경제의 토대가 취약하다. 하지만, 1980년대 이후 민주화와 각종 사회적·경제적 제도를 개혁하고, 진보시키는 과정에서 한국 사회운동이 보여준 저력과 잠재력은 무시할 수 없다. 1990년대 이후에 한국의 사회운동은 빈민, 실업자, 비정규직, 장애인 등 사회적 약자를 위해 그들의 권익을 옹호하고, 그와 관련된 제도를 주창하고, 개혁하는 데 적극적인 노력을 전개하였다. 또는 정부 정책의 파트너로서 사회복지서비스나 고용서비스 등의 공급자로서 역할을 수행해왔다. 한편, 자원동원 측면에서 한국의 사회운동은 주로 공공적 가치를 지향하는 시민들의 참여와 후원, 또는 정부의 지원금 등에 이루어져 왔다. 그래서 사회·경제적 가치 창출 측면에서 한국의 사회운동은 '사회적 가치의 창출'을 중심으로 전개되어 왔다고 볼 수 있다.

반면, 사회적기업 운동은 사회적 가치와 경제적 가치를 통합적으로 창출하는 실천이다. 필자는 앞서 언급했던 복지국가의 길과 사회적 경제의 구축의 과업을 현실화하기 위해서는 시민사회에서의 광범위한 사회적기업 운동이 동반되어야 가능하다고 생각한다. 동시에 이것은 세상을 변혁하는 사회운동적 실천 영역의 확장과 능동적 변화를 의미하기도 한다. 1990년대 중반 이후 '시민 없는 시민운동', '정부 의존적 시민운동' 등으로 지적되던 시민운동의 위기가 아직까지 역동적인 해결책을 찾고 있지 못하는 것 같다. 사회운동의 새로운 돌파구이자 대안으로서 혁신적 사회적기업 운동에 주목할 필요성이 있다.

이 책의 목적과 구성

사회적기업에 대한 관심이 증대함에 따라 이 분야에서도 다양한 출판물이 출간되고 있다. 대학이나 대학원에서도 사회적기업에 관한 과목 개설이 점차 확대되고 있는 추세이다. 그러나 공부하는 학생이나 가르치는 교수의 입장에서 사회적기업의 다양한 주제에 대해 학습할 수 있는 마땅한 교재가 없는 것이 현실이다. 이것은 필자의 경험이기도 하다.

최근 사회적기업 분야의 출판 동향을 살펴보면, 크게 두 개의 경향이 감지된다. 하나는 사회적기업의 잠재력과 가능성을 알리는 데 주안점을 두는 책들로서 '성공 사례'나 '동향'을 소개하는 교양서적들이다. 그 서적들은 독자들이 사회적기업을 편하게 접근할 수 있게 한다. 반면, 관련된 다양한 이슈에 대한 이론적 논의나 경험에 대한 구체적 분석은 취약하다. 다른 하나는 사회적기업과 관련된 특정 주제에 대한 연구의 결과를 담은 연구보고서 성격의 책들이 있다. 그러나 이러한 책들은 학생들이 소화하기에 다소 부담스럽기도 하며 특정 주제를 분석하는 목적으로 다루어지기 때문에 다양하고,

폭넓은 주제를 담지 못한다. 그래서 사회적기업에 대한 학습을 하고자 하는 독자들을 위해 이 분야의 다양한 주제에 대한 개념적 설명과 관련 쟁점을 평이하게 다루는 서적이 필요한 실정이다.

이 책은 사회적기업과 관련된 개념, 이슈, 실천 등 다양한 주제를 탐구하는 기초적인 학습 자료이다. 구체적으로 사회적기업의 역사, 제도 및 정책, 특성, 지배구조, 노동, 자원동원, 지속가능성 등 다양한 주제별로 그 의미와 쟁점을 다룬다. 사회적기업 분야의 학문적 탐구에 뜻을 든 학부생이나 대학원생들이 이 책의 주된 독자층이다. 이 외에도 사회적기업가, 정책입안자, 사회적기업 컨설턴트 등 여러 관심 층들도 이 책으로부터 도움을 얻을 수 있을 것이다.

이 책은 총 3부 15장으로 구성되었으며, 사회적기업의 다양한 이슈에 대해 한국의 경험을 분석하면서 설명한다. 필자의 박사논문, 학술논문, 토론회나 잡지의 기고문 등을 각각의 이슈별로 재구성하였다. 글의 구성은 독자들의 이해를 돕고, 학문적·실천적 긴장을 높이자는 생각에서 질문에 대한 답을 설명하는 방식으로 기술하였다.

제Ⅰ부는 사회적기업에 대한 이해를 다룬다. 사회적기업의 개념과 사회적기업 운동의 의의(제1장), 사회적 경제와 사회적기업의 관계(제2장), 한국 사회적기업의 발전과정(제3장), 미국과 유럽 및 한국의 사회적기업 발전의 맥락(제4장), 사회적기업의 사회복지적 의의(제5장) 등 다섯 개의 주제를 다루고 있다.

제Ⅱ부는 한국의 사회적기업에 관한 여섯 개의 이슈를 다루며, 각각의 이슈에 존재하는 쟁점들을 분석한다. 구체적으로 사회적기업의 특성과 쟁점(제6장), 사회적기업의 고용의 질에 관한 쟁점(제7장), 사회적기업 제도의 성격과 관련 쟁점(제8장), 다중이해당사자 지배구조의 의미와 쟁점(제9장), 사회적기업에서 자원혼합의 의미와 쟁점(제10장), 사회적기업 지속가능성의 의미와 쟁점(제11장) 등의 주제를 다룬다.

제Ⅲ부는 한국 사회적기업의 발전을 위한 과제를 다루며, 민간과 정책 차원의 과제를 포함하고 있다. 지속가능한 사회적기업 개발 방안(제12장), 중앙정부 사회적기업 지원 정책의 쟁점 및 과제(제13장), 지방정부의 사회적기업 육성 방안(제14장), 사회적기업가 육성 방안(제15장) 등의 주제를 다룬다.

이상과 같은 주제를 다루는 이 책은 한국의 사회적기업에 대해 사회복지적 관점과 경험을 중시하고 있으며, 사회적기업은 사회적 가치 및 원칙에 충실해야 한다는 이상(념)적 모델에 입각한 분석에 집중한다. 그래서 설명의 근거가 충분하지 못할 수 있고, '이상(념)'에 치중한다는 점에서 현실과 다소 괴리될 수도 있다. 이 점은 필자의 학문적 능력의 한계이기도 하다. 향후 독자들의 비판을 수용하면서 보완해 나갔으면 한다. 또한, 여러 주제를 다루고, 그와 관련된 많은 근거 자료를 활용하면서 사실과 다른 부분이 있을 수 있고, 어떤 경우는 현재의 상황을 반영하지 못한 경우도 있을 수 있다. 만약 그런 문제들이 있다면 그것은 전적으로 필자의 잘못과 게으름임을 밝힌다.

감사의 글

이 책을 발간하는 데 사회적기업에 대해 공부하는 사람이 많아졌으면 하는 바람이 용기를 주었다. 필자의 경험과 학문적 노력이 그 기대에 조그마한 기여가 됐으면 한다. 이 책은 필자가 사회적기업에 대해 본격적으로 입문하기 시작한 2007년 이후 4년간의 경험과 학문적 탐구의 결과가 담긴 것이다. 그동안 많은 사람의 도움을 받았고, 어쩌면 필자는 행운아이기도 하다.

성공회대학교는 필자가 '사회적기업'에 대해 연구하고, 실천하는 데 많은 기회를 부여해 준 곳이다. 이곳에서 필자는 '사회적기업'으로 박사학위를 취득했을 뿐만 아니라 '사회적기업가 학교' 등과 같은 교육 프로그램, 영국, 일본, 베트남 등 해외연수 프로그램, 사회적기업 분야의 여러 연구 프로젝트 등 다양한 학문적·실천적 경험을 할 수 있었다. 이러한 기회를 갖게 하는 데 가장 결정적인 도움을 주신 분이 필자의 지도교수인 이영환 교수님이다. '연구를 위한 연구'가 아닌 '실제의 문제에 대한 답을 찾는 연구'를 강조하시는 이영환 교수님의 가르침이 필자의 오늘을 있게 했다고 해도 과언이 아니다.

또한, 성공회대학교 사회적기업연구센터의 연구원들도 큰 힘이 되었다. 그들은 필자의 연구 파트너이기도 하며, 이 책의 많은 부분에는 그들과 공동으로 연구한 내용들이 담겨있다. 특히, 김혜자, 김현철, 이영석 연구원 등에게 감사하고, 그들은 이 책이 나오기까지 필자에게 많은 격려를 해주었다.

많은 현장의 실천가들도 필자의 연구와 활동에 도움을 주었다. 그들은 사회적기업 현장의 이슈에 대해 필자를 학문적으로 자극했고, 귀찮은 자료 협조나 인터뷰도 마다하지 않았다. 특히, '한국컴퓨터재생센터'의 구자덕 대표님, 'SE 파트너센터'의 모세종 대표님, '함께일하는세상'의 이철종 대표님, '인천평화의료생활협동조합'의 김명일 원장님과 박성근 이사님 등에게 감사드린다. 또한, 그들은 필자와 사회적기업 운동의 동지이기도 하다. 앞으로도 그러한 관계가 이어졌으면 하는 바람이다.

이 책의 출판과 관련하여 도서출판 아르케의 도움을 빼놓을 수 없다. 이형진 대표님은 박사논문을 재구성하여 쉽게 가려는 필자를 질책하였고, 연구자로서 큰 반성이 되었다. 그리고 난 후 1년이 지나서야 이 책은 결실을 보게 되었다. 부족한 글을 꼼꼼하게 검토한 최창신 님의 노고도 큰 힘이 되었다.

끝으로 항상 필자를 지지하고 격려해 준 아내 조연주 님에게 감사의 말을 전한다.

2011. 8
지은이 김성기

사회적기업의 이슈와 쟁점 — '여럿이 함께'의 동학

• 차 례 •

제Ⅲ부 한국 사회적기업의 발전을 위한 과제들

제 I 부

사회적기업에 대한 이해

제1장 사회적기업 운동이란 무엇인가?

지금 우리 사회는 경제위기, 빈곤과 실업, 사회적 배제, 지역 공동체의 해체 등 해결해야 할 많은 숙제를 안고 있다. 더구나 이들 이슈는 복합적으로 연결되어 있기 때문에 그에 대한 대안을 찾기가 더욱 쉽지 않다. 그러나 국가와 시장은 마땅한 대안을 못 내놓고 있다.

최근 이러한 사회문제 해결을 위한 혁신적 대안으로서 사회적기업(social enterprise)이 주목받고 있다. 불과 몇 년 전까지 빈곤 문제의 해결책으로 거론되는가 싶더니 어느새 시민사회 운동의 핵심적인 화두 중 하나가 되었다. 지속가능하고 인간적인 사회를 일구는 대안에 대한 열망이 간절하기 때문이다. 정책적으로도 참여정부에서 사회적기업육성법(2006년)을 제정하면서 관심이 높아졌고, 사회복지정책에 인색한 이명박 정부 아래에서도 사회적기업에 대한 기대는 식지 않고 있다.

사회적기업을 표현하는 용어는 다양하다. '착한기업', '윤리적 기업', '대안기업', '이윤이 아니라 고용을 위해 빵을 파는 기업' 등이 우리가 사회적기업의 의미로 접하는 용어들이다. 이런 의미들은 서구 유럽이나 미국 등에서 시작되어 국제적으로 퍼져 나가고 있다. 예컨대, 취약계층에게 돌봄, 문화, 교육 등의 사회서비스를 제공하는 기업, 노동능력이 취약한 장애인이 중심이 되는 일터, 노동자들이 자주적으로 경영하는 기업, 생태마을을 만드는 기업, 대안화폐로 지역사회 공동체를 만드는 렛츠운동(LETS[1]), 주민이 중심이 되어 지역의 자원을 활용하는 커뮤니티 비즈니스(community business), 가난한 사람들

---

1) 지역대안화폐를 의미하는 'Local Exchange Trading System'의 약자이다. 지역대안화폐 운동은 일반 화폐를 통한 거래가 아니라 특정한 교환가치가 표현된 증서를 통해 상품이나 서비스를 거래한다. 일종의 현대판 '품앗이 운동'이라고 할 수 있다. 한국에서는 대전의 '한밭 렛츠(www.tjlets.or.kr)'가 선구적인 사례로 알려져 있다.

의 신용협동조합운동, 주민들이 일자리 공동체를 만드는 워커즈 콜렉티브(worker's collectives) 등이 사회적기업의 다양한 세계이다. 물론 각 국가나 지역에 따라 그 의미의 맥락이나 강조점은 다를 수 있다.

여하튼 한국뿐 아니라 국제적으로도 사회적기업이라는 현상에서 공통적으로 발견되는 (또는 강조되고 있는) 의미들은 '혁신적 사회조직', '사회적기업가 정신', '사회적 경제 조직' 등이다. 이러한 의미들을 종합하여 사회적기업 운동을 정의하자면, '사회적기업 운동은 사회적 가치를 기업가적인 전략을 통해 해결하는 사회적 경제 조직들의 집합적 노력'이라 할 수 있다. 이를 좀 더 구체적으로 살펴보자면 다음과 같이 정리해 볼 수 있다.

첫째, 사회적기업은 상거래 활동을 주요한 수단으로 하는 혁신적 사회조직이다. 사회조직은 사회적 가치의 추구를 자신의 사명으로 갖는 조직이다. 다시 말해서 사회문제 의 해결이나 공동체의 필요를 충족하는 것을 사명으로 하는 조직이라는 말이다. 이런 점에서 사회적기업은 전통적인 사회운동조직과 유사한 목적을 공유한다. 전통적으로 사회운동조직들은 사회적 약자의 권익을 옹호하고, 빈곤 문제의 해결을 위해 노력하거나 시민의 참여와 협동으로 육아, 건강 등 공동체의 필요를 해결해왔다. 예컨대, '참여연대'와 같은 시민운동 단체, 저소득층, 장애인, 아동 등에게 복지서비스를 제공하는 복지관과 같은 비영리단체가 그러하다. 이러한 조직들은 회원들의 회비나 시민의 후원금, 또는 정부의 지원금 등을 확보하여 자신의 사회적 목적 달성을 위해 노력한다. 즉, 기존의 사회운동조직은 상거래 활동을 통해 자원을 동원하지 않는다. 반면, 사회적기업은 상거래활동을 핵심적 활동으로 삼는다. 이것은 단순히 자원동원만을 의미하지 않는다. 사회적기업에서는 모든 활동이 사회적 가치와 경제적 가치의 창출이 통합되어 이루어진 다는 의미이다. 예컨대, 장애인 사회적기업에서 장애인의 노동 참여는 재화의 생산으로 연결되면서 동시에 그 자체는 장애인을 위한 재활서비스의 제공이라는 가치의 창출에 이바지한다. 사회적기업을 혁신적 사회조직이라고 하는 이유가 여기에 있다.

둘째, 사회적기업의 혁신성은 '사회적기업가 정신(social entrepreneurship)'에 의해서 발현된다. 일반기업은 비즈니스 기회를 포착하는 기업가 정신을 통해 이윤을 창출한다. 반면, 사회적기업은 사회문제와 경제활동을 연결, 기회를 포착하는 사회적기업가 정신을 통해 사회적 가치를 창출한다. 즉, 사회적기업가 정신은 헐가드(Hulgård, 2010)가 지적했듯이 경제활동의 사회화라는 '쇼셜 이노베이션(social innovation)'이라 할 수 있다. 쇼셜 이노베이션의 대표적인 예로 무하마드 유누스(Muhamaad Yunus)가 설립한 그라민 뱅크(Gramen Bank)를 들 수 있다. 그라민 뱅크는 가난한 사람에게 무담보로 소액의 창업 자금을 융자해 주는 은행이다. 마이크로 크레딧(micro credit)이라고도 한다. 유누스는 방글라데시의 빈곤 문제에 주목하였고, 가난한 사람의 경제활동이 필요하다는 것을 인식하였다. 그는 마이크로 크레딧을 통해 가난한 사람에게 경제활동의 기회를 제공할 수 있고, 동시에 융자에 대한 상환금을 순환시키면서 신용 대출이 지속될 수 있음을 인식하였다. 그라민 뱅크는 방글라데시의 빈곤층 여성을 중심으로 약 500만 명 이상에게 소액 대출을 해왔고, 그들의 대출 상환율은 무려 98%에 이를 정도로 높다고 한다(양준호, 2011).

한편, 사회적기업가 정신은 그라민 뱅크의 사례처럼 특정 사회적기업가에 의해 발현될 수도 있고, 집합적 공동체 구성원의 참여에 의해 구현될 수도 있다. 예컨대, 친환경 농산물을 유통하는 소비자생활협동조합은 안전한 먹거리와 국내 농업의 육성이라는 이해를 갖는 시민들이 참여하여 그 가치가 발현된다. 또한, 이런 예로 마을 주민의 병원이라고 할 수 있는 의료생활협동조합도 있다.

셋째, 사회적기업이 지향하는 경제는 사람 중심의 '사회적 경제'다. 자본주의 사회는 가격 메커니즘에 의해서 수요와 공급이 결정되는 시장경제를 기반으로 한다. 일반기업은 시장경제에서 투자자의 이익을 실현하며, 그런 점에서 자본 중심의 기업이라고 할 수 있다. 시장경제는 상품과 이윤을 중심으로 메커니즘이 작동한다는 점에서 '비인간적'인 경우가 많다. 반면, 사회적기업은 사회적 가치의 실현을 목적으로 한다는 점에서 인간 중심의 기업이라고 할 수 있다. 이상적으로 사회적기업의 경제 활동은 인간 상호 간의 관계에 기반을 둘 때 잘 작동할 수 있을 것이다. 이처럼 사회적 경제는 인간 상호 간의 호혜적 관계를 바탕으로 수요와 공급의 메커니즘이 이루어지거나 교환, 분배, 기여 등이 이루어지는 경제라고 할 수 있다. 물론 자본주의 사회라는 현실에서 대다수 사회적기업은 시장경제의 장과 사회적 경제의 장 모두를 포함한 영역에서 경제적 가치를 창출한다. 그러므로 사회적기업 운동이 시장경제를 넘어서서 인간들 간의 신뢰에 기반을 둔 협동적 대안 경제를 지향할 때 그 가치가 풍성해질 수 있다. 이것이 사회적기업의 집합적 노력, 즉 운동이 절실한 이유이다.

이상과 같이 사회적기업의 경제활동은 단순히 개인의 사적 이윤을 추구하기 위함이 아니다. 그것은 사회적 목적을 지속가능하게 하기 위해 필요한 경제활동을 의미하며, 가격(화폐)을 통한 거래라는 협소한 의미의 상공업 활동을 넘어서는 것이다. 지속가능한 사회혁신을 만들어가는 다양한 경제적 시도가 사회적기업 운동이라고 할 수 있다. 이렇게 볼 때, 사회적기업 운동은 이영환(2009a)이 언급했듯이 사회운동과 사회복지를 보는 새로운 시각(new perspective)이라고 할 수 있다. 다시 말해서 사회적기업 운동은 세상을 바꾸고, 변혁하는 혁신적 사회운동인 것이다. 그러한 측면에서 사회적기업은 현대사회가 해결하지 못하는 공백을 채워나가는 선구자라고 할 수 있다.

제2장 사회적 경제와 사회적기업의 관계는 어떠한가?

　사회적 경제는 '또 다른 경제, 즉 대안경제'의 의미가 있다. 또 다른 경제는 자본주의의 한계(시장경제)와 폐해를 보완 또는 대체하고, 당면한 사회적 문제 등을 해결하기 위한 대안적 경제의 의미다. 사회적 경제가 그러하듯 사회적기업의 목적도 본래 인간 공동체의 발전에 있다. 그렇다면 이런 관점에서 볼 때 사회적 경제와 사회적기업과의 관계는 무엇일까. 이번 장에서는 사회적 경제의 개념에 대한 역사적 맥락을 살펴보고 그것을 배경으로 사회적 경제와 사회적기업과의 관계에 대해 조명해보기로 하자.

　역사적으로 사회적 경제 운동은 영국, 프랑스 등을 중심으로 유럽에서 발전되어 왔다.[2] 초기 사회적 경제는 자본주의를 대체하는 유토피아적 공동체 운동에서 비롯되어 18세기 후반부터 시작되었다. 이 운동의 선구자는 로버트 오웬(Robert Owen, 1777~1858)이며, 그는 미국에서 뉴 하모니(New Harmony)라는 노동공동체를 실험하였다. 이후 오웬의 사상은 영국에서 소비자 협동조합 운동이 탄생하는 데 영향을 미치게 된다. 1844년 설립된 로치데일(Rochdale)의 공정개척자 회사가 그것이다. 이 회사는 노동자가 출자하여 식료품과 의류 등의 상품을 공동으로 구매하고 유통하는 가게이다. 최초의 상호부조에 기초한 소비자 조직(협동조합)이며, 이 운동은 이후 유럽 대륙으로 전파되었다.

　19세기 들어 사회적 경제는 실천 영역뿐만 아니라 학문 영역에서도 관심을 받게 된다. 그 개념은 프랑스에서 부상하였다. 이 시기에 사회적 경제의 사상 및 실천에는 두 가지 양상이 존재했던 것으로 보인다. 하나는 샤를 지드(Charles Gide) 등으로 대표되는 경향인데 시장경제의 보완적 의미로의 사회적 경제이다. 그들은 사회적 경제(협

---

2) 여기서의 논의는 유럽 사회적 경제 개념의 기원과 의미를 소개한 신명호(2009), 김신양(2009, 2011)의 글을 참고한다.

동조합 운동)의 목적을 노동조건의 개선, 주류 경제의 개선, 사회적 위험에 대한 안전보장 등으로 설정하였다. 다른 한편으로 루이 블랑(Louis Blanc), 생시몽(Saint Simon), 푸리에(Fourier) 등으로 대표되는 공상적 사회주의 경향도 있었다. 그들은 사회적 경제를 시장경제를 대체하는 새로운 사회경제 체제로 접근하였으며, 노동자가 생산의 주체가 되고 분배의 평등을 실현하는 노동공동체 모델을 지향하였다. 이러한 사상과 결합하면서 초기 사회적 경제 운동은 시장경제에 대항하는 투쟁과 실천을 활발히 전개하였고, 정부에 대한 합법화의 요구도 병행하였다.

19세기 후반 이후 프랑스의 사회적 경제 조직은 정부로부터 법적 지위를 얻게 되었다. 그동안 정부로부터 정치적 의도를 의심받으며 합법적 지위를 얻지 못했던 협동조합(cooperatives), 민간단체(association), 상호공제조합(mutual insurance) 등의 사회적 경제 조직들이 법에 의해 정식으로 인정받은 것이다.

19세기에 사회, 정치, 경제적 개혁을 지향했던 사회적 경제 조직들은 20세기 이후 제도화되면서 체제 내에서 급속하게 성장해나갔다. 그러나 한편으로 기존 시장경제에 편입되거나 복지 관련 제도로 흡수되었다. 디마지오와 포웰(DiMaggio & Powel, 1983)의 표현을 빌리자면, 사회적 경제 조직의 '모방적 동형화(mimetic isomorphism)'가 일어난 것이다. 모방적 동형화는 조직이 환경적 변화에 적응하여 자신의 본성을 잃게 되는 것을 의미한다. 예를 들면, 협동조합의 경우는 시장경제와 경쟁을 하게 되면서 대다수는 생존을 위해 시장경제에 편입하게 된다. 상호공제조합은 주로 의료보험 기능을 수행하다가 국가 주도의 의료보장제도가 확대되면서 이를 보조하는 영역으로 흡수된다. 민간단체들은 2차 세계대전 이후 복지국가를 건설하는 과정에서 정부의 재정적 지원을 받으면서 사회서비스를 공급하는 주체로 깊이 관여하게 된다. 이러면서 '사회적 경제'라는 개념은 사람들의 뇌리에서 잊히게 되었다.

1970년대 이후 사회적 경제 개념은 프랑스에서 상호공제조합, 협동조합, 민간조직 등이 '사회적 경제 헌장'을 채택하면서 다시 부활하게 된다. 그 헌장에서 '사회적 경제'는 그들의 공통된 정체성을 표현할 개념어로 채택된다. 이것은 사회학자 앙리 데로쉬(Henry

Desroches)의 제안이 계기가 되었다. 새롭게 등장한 사회적 경제 개념은 전통적인 사회적 경제에 대한 반성을 담고 있으며, '연대에 기반을 둔 시민경제(civil and solidarity-based economy)'의 의미로 강조되었다. 이러한 맥락에서 프랑스에서 사회적 경제는 '연대의 경제(économie solidaire)'로 명명된다. 샤니알과 라빌(2008)에 따르면, 연대의 경제는 시장경제에 의해 지배되는 경제가 아닌 다원적 경제에 의해 구성되는 경제이다. 다원적 경제란 시장의 영역을 넘어서 공공 경제, 호혜적 경제 등 다른 경제적 원리들과 결합되는 경제를 의미한다. 1980년대 후반부터 '사회적 경제' 개념은 프랑스에서 유럽의 다른 나라들로 전파되었고, 1989년에 유럽연합(EU) 산하에 사회적 경제 전담 부서가 신설되기에 이른다. 물론 사회적 경제에 대한 민간의 운동과 제도적 성격은 유럽 국가들 사이에서도 편차가 있다.

1970년대 이후 유럽에서는 사회적 경제의 재등장과 더불어 '사회적기업(social enterprise)'이라는 용어도 새로이 출현하였다. 유럽의 사회적기업 연구자 네트워크인 EMES[3]에 따르면, 사회적기업은 사회적 경제 영역에서 시민사회에 역동성과 기업가적 전략에 기반을 두고 실업, 사회서비스 등 사회문제를 해결하고자 하는 일련의 새로운 활동과 조직을 가리키는 개념이다. 여기에는 노동시장으로의 진입이 어려운 취약계층 실업자들을 위한 노동통합 활동, 인구학적 변동 등으로 인해 새롭게 요구되지만 기존 국가와 시장에 의해 충족되지 못하는 사회서비스 제공 활동, 지방자치단체 등 공공부문과 시민사회의 이니셔티브(initiative)가 지역사회의 문제를 해결하기 위해 함께 새로운 역동성을 만들어 내는 활동, 사회적 연대와 생태적 가치 등 사회운동이 가치에 기반을 둔 혁신적인 경제활동 등을 수행하는 혁신적인 조직들이 포함된다(엄형식, 2010).

이상과 같이 유럽의 맥락에서 사회적 경제의 개념은 자본주의 시장경제를 보완 혹은 대체하는 의미로 발전해왔으며, 시민사회의 연대성에 기반을 둔 경제라는 의미로

---

3) EMES는 사회적기업이나 '사회적 경제' 등을 연구하는 유럽의 학자 및 연구자들의 네트워크이다. 1996년 유럽연합(EU)의 재정적 지원을 받아 수행한 연구 프로젝트가 계기가 되었다. 당시 공동연구 프로젝트의 이름이 'the emergence of social enterprises in Europe'이었으며, 그 프로젝트의 이니셜 철자를 따서 EMES라는 이름을 지었다(http://www.emes.net).

재해석되고 있다. 또한, 사회적 기업은 사회적 경제에서 사회문제 해결을 위한 혁신적인 경제활동과 경제조직을 포함하는 개념으로 볼 수 있다.

그러면 어떤 조직을 사회적 경제 조직으로 규정할 수 있을까? 이것은 사회적 경제 조직을 간주하는 기준과 관련되어 있는데, 법적 지위를 통한 정의와 규범적 운영 원리에 따른 정의 등이 있다. 우선, 법적 지위를 통한 정의는 소비자, 노동자, 농업, 신용 등의 협동조합, 상호공제조합, 민간 조직 등과 관련된 제도 및 법적 형태로 사회적 경제 조직을 규정한다. 반면, 규범적 원리에 의한 정의4)는 사회적 경제 조직이 갖는 공통적 운영 원칙을 기준으로 규정한다. 여기서 규범적 원리라고 함은 사회적 목적 및 사람 중심의 운영원리가 조직에 적용되는 것을 의미한다. 주목할 점은 법적 지위에 포함되더라도 규범적 원리에 부합하지 않을 경우 사회적 경제 조직으로 규정되지 않을 수 있다는 것이다. 예컨대, 한국에서 농업협동조합의 경우 조합원인 농민의 이해에 복무하는 조직이기보다는 일반 금융(은행)적 성격이 큰 것으로 평가되고 있다. 그래서 규범적 요건인 사회적 목적의 측면에서 사회적 경제 조직으로 평가되기 힘들다. 따라서 사회적 경제 조직에 관한 규정은 규범적 원리를 중심으로 하면서 법적 형태를 고려하는 것이 바람직하다고 볼 수 있다. 물론 현실적으로는 규범적 원리가 법적 요건에 반영되어 있는 경우가 많다.

규범적 원리에서는 신명호(2009)가 지적했듯이 사회적 경제 조직이 자본이나 국가 권력으로부터의 자율성과 독립성을 획득했는지가 관건이 된다. 그에 따르면, 사회적 경제 조직의 핵심적 규범적 요건은 ① 공동체의 이익을 지향하는 명확한 목적(궁극적 목적이 이윤 추구가 아님을 의미), ② 운영이나 경영에 있어서 자율성(정부에 종속되지 않음을 의미), ③ 자본 소유에 종속되지 않는 민주적 의사결정 구조(1주 1표가 아닌 1인 1표의 원리가 적용되는 것을 의미), ④ 이윤 배분의 제한(잉여금의 분배에 있어서 사람과 사회적 목적이 자본에 우선함을 의미) 등이다. 이러한 규범적 원리는 사회적기업에도 공통적으로 적용된다.

---

4) 벨기에의 연구자인 드프르니(Defourney) 등에 의해 체계화되었다. 드프르니는 EMES의 대표이기도 하다.

이제 사회적 경제와 사회적기업의 관계에 대해 논의해보자.

우선, 사회적기업은 사회적 경제에 포함되는 부분집합으로 볼 수 있다. 신명호가 접근한 바와 같이 사회적 경제는 경제적 속성을 갖고 있기 때문에 생산, 교환, 분배, 소비 등 네 가지 영역을 포괄하는 개념이다. 즉, 사회적 경제는 공동체의 이익이라는 사회적 가치를 실현하고자 자원을 생산하거나 교환하거나 소비하는 조직들로 구성된 하나의 부문이라고 할 수 있다. 예컨대, 소비 조직인 생활협동조합이나 교환 조직인 지역화폐운동 조직 등이 사회적 경제 부문에 해당된다(<표 2-1> 한국의 사회적 경제 조직 예시에 자세히 제시되어 있다). 사회적기업은 사회적 경제의 생산 영역을 담당하는 부문이다. 따라서 사회적기업은 넓은 의미에서 사회적 경제에 포함되는 개념이라고 볼 수 있다. 경제 활동에서 생산 조직의 역동성이 크다는 점을 고려하면, 사회적기업은 사회적 경제의 발전에 기여할 수 있는 가장 주동적 부문이라고 할 수 있다.

또한 사회적 경제 조직은 잠재적 사회적기업의 의미도 갖고 있다. 이영환(2009b)이 지적한 대로 사회적 경제 조직들은 사회적기업과 사회적 목적을 공유하면서, 공통의 운영원리를 갖는 잠재적인 사회적기업 혹은 사회적기업의 원천이 되는 조직의 의미를 갖는다. 예컨대, 근로빈곤층의 생산공동체인 자활공동체는 사회적기업의 범주로 볼 수 있다. 자활공동체는 사회복지 관련 비영리조직에 의해서 인큐베이팅(incubating)되어 근로 빈곤층의 공동 창업 형태로 설립된다. 거기서 그들은 경영책임자이기도 하다.

〈표 2-1〉 경제활동 영역별 한국 사회적 경제 조직의 예

경제활동의 영역	사회적 경제 조직의 예	
생 산	사회적기업, 자활공동체, 사회적일자리 사업 조직, 노동자협동조합 등	로컬푸드 운동 네트워크
소 비	생활협동조합, 의료생활협동조합, 공동육아 협동조합 등	
교 환	지역화폐, 아나바다운동 단체 등	
분 배	자선모금단체, 마이크로크레디트 기관 등	

* 자료: 신명호(2009) 참조

그래서 자활공동체는 일종의 노동(생산)공동체라고 할 수 있으며, 2008년 기준으로 그 규모는 약 1,000여 개 정도로 알려져 있다(이문국·김승오·노대명·김정원, 2009). 따라서 사회적 경제(조직)의 역량이 클 때 사회적기업의 발전 가능성은 더 크다고 볼 수 있다.

이처럼 사회적 경제 운동과 사회적기업 운동은 상호 밀접한 관련이 있다. 물론 양자의 관계는 국가 혹은 역사적 맥락에 따라 다양할 수 있다. 유럽처럼 사회적 경제 운동의 기반에서 사회적기업 운동이 발전하면서, 다시 사회적 경제의 발전으로 이어질 수도 있고, 그와는 달리 한국은 사회적기업 운동이 성장하면서 사회적 경제의 발전이 모색되고 있는 중이다.

유럽의 경험에서 사회적 경제는 사회서비스의 공급 등의 역할을 맡으면서 국가복지의 발전에 중요한 기반이 되었다. 반면, 한국은 건강보험제도에서 확인되듯이, 제도는 공적 보험제도로 설계되어 있지만, 서비스 공급체는 상당히 시장화되었거나 개인화되어 있다. 이런 상황은 서비스 공급체를 시장에 맡긴 노인 장기요양보험제도에서도 확인되고 있다. 다시 말해서 한국의 국가복지 시스템은 특히, 서비스 공급체와 관련하여 제도의 공공성이 취약하다는 것을 의미한다.

국가복지가 '보편적 복지'로 나아가야 한다는 담론이 정치권의 화두가 되고 있다. 복지 친화적이지 않던 정당마저도 '복지국가'를 하겠다고 하니 복지의 대상이 확대되고, 적절한 수준으로 급여가 보장되는 복지국가로 일진전하는 것은 분명한 사실일 것 같다. 여기서 복지국가의 발전으로 나아가기 위해서는 한 가지 더 주목해야 할 것이 있다. 즉, 앞서 언급했듯이 복지국가의 서비스 공급은 어떤 부문에 기반하고, 누구를 통해서 제공할지에 대한 문제이다. 기존과 같이 시장에서의 영리 지향적 사업체에 맡길지, 아니면 사회적 경제 및 사회적기업과의 연계 전략을 통해서 국가복지의 발전을 꾀할지에 관한 문제이다. 우리가 사회적기업 운동에 주목해야 할 이유가 바로 여기에 있다.

향후 한국이 보편적 복지를 구현하는 복지국가로 나아가는 과정에서 사회적기업

운동과 사회적 경제 운동의 역할이 기대되고 있다.

제3장 한국 사회적기업의 발전과정은 어떠한가?

사회적기업은 사회(복지)운동적 노력이자 사회정책의 산물이라는 양자의 속성을 담지하고 있다. 이런 관점에서 국가를 범위로 한 사회적기업의 발전은 주로 해당 국가에서의 사회적기업 관련 운동과 관련 제도의 긴장 속에서 진행된다. 이것은 일 국내에서 사회적기업을 포함한 사회적 목적을 갖는 경제 시스템이 정부 차원에서 이식될 수도 있고, 민간 차원의 자생적 역량이 쌓여 가면서 발전하거나 또는 양 부문의 혼합적 작용을 통해 진화한다는 것을 의미한다. 그러므로 사회적기업을 단지 정부의 제도로 보는 것은 협소한 시각이라고 할 수 있다. 따라서 시민사회 및 공공정책 차원의 맥락 속에서 사회적기업의 발전 과정을 살펴보는 것이 그와 관련된 현상과 실천을 더욱 폭넓게 이해하도록 이끌 것이다.

여기서는 한국의 사회적 기업을 생산공동체 운동이 태동하기 시작한 1990년대 초반 이후의 세 개의 시기로 구분하여 살펴볼 것이다. 구체적으로 1) 생산공동체에서 자활 시범사업이 전개된 1990년대 초반부터 1997년 외환위기 발생 이전까지의 시기, 2) 외환위기 이후 2000년 자활사업이 제도화되고, 2003년 사회적일자리 정책이 도입되어 2006년 사회적기업육성법이 제정되기 전까지의 시기, 3) 2007년 사회적기업의 제도화 이후 현재까지의 시기 등으로 구분하여 살펴보고자 한다.

생산공동체 운동(1990년대 초반) ~ 외환위기 발생 이전(1996년)까지의 시기

한국에서 사회적기업의 태동은 민간 차원의 생산공동체 운동에서 출발했다고 보는 것이 실천가나 학자들의 대체적인 의견이다. 생산공동체 운동은 도시 빈민이나 노동자들 이 그들 스스로의 협동적 노력을 통해 빈곤을 극복하고, 경제적 자활을 이루려는 일련의 노력이다. 일종의 소규모 노동자협동조합이라고 볼 수 있다. 노동자협동조합은 노동에 참여하는 주체들이 공동출자, 공동경영하는 모델이다. 국제적으로 스웨덴 바스크 지방의 몬드라곤 협동조합 복합체가 대표적인 성공사례로 알려져 있다.5) 한국에서 생산공동체 운동이 태동하게 된 것도 거기에서 영감을 받았다.

서울 노원구 상계동의 빈민지역에서 활동을 했던 성공회 신부인 김홍일(2007)에 따르면, 한국에서 생산공동체 운동이 태동된 것은 1990년대 초반이라고 할 수 있으며 주로 도시 빈민 밀집지역이나 소규모 영세 사업장이 밀집된 공단지역 등에서 태동하였다.

1990년대 초기에 생산공동체 운동은 1990년 서울 하월곡동의 '건설 일꾼 두레'와 인천지역의 여성 부업공동체인 '두레협업사' 등을 필두로 빈곤지역을 중심으로 다양한 실험이 동시다발적으로 발생했다. 1991년에는 여성화장품 제조업 공동체인 '월곡여성생산공동체'6)가 설립되었으며, 1992년에 대한성공회 나눔의 집의 젊은 사제들은 지역의 가난한 사람들과 같이 봉제노동자협동조합인 '실과 바늘'(서울 노원지역)과 건설노동자 협동조합인 '나섬 건설'(서울 관악지역)을 설립하였다. 같은 해 도시 건설노동자들은 '마포건설'을 세웠다. 한편, 1994년 '건설일꾼 두레'와 '나섬 건설'이 통합하여 건설노동자 협동조합인 '나레 건설'7)이 되었다. 1995년에는 여성노동자회의 출자로 인천 봉제노동자 협동조합인 '옷누리'와 구로지역에서 노동운동을 수행했던 여성노동자들의 봉제노동자 협동조합인 '한백'이 설립되었다. 그리고 재개발 지역에서 주민이 주체적으로 경제개발을 시도하는 사례도 있었다. 1995년 서울 행당동 가이주 단지의 철거주민이 마을공동체 사업으로 '논골의류협동조합'을 설립하였다(이문국 외, 2009). 당시 생산공동체의 업종은 주로 건설, 봉제 업종 등이었으며, 소규모 영세사업체 수준이었다. 또한 도시빈민지역의

---

5) 몬드라곤 협동조합 복합체는 1956년 단 하나의 협동조합에 23명의 노동자가 참여하는 규모로 출발하여 1986년까지 103개의 협동조합에 약 20,000명의 노동자가 종사하는 규모로 성장하였다. 그 시기 협동조합의 존속비율도 놀라울 정도인데, 설립된 협동조합 중에 단지 3개만이 파산했다(김성오 역, 1991).
6) 자활운동의 초창기 실천가이면서 현재 자활정책연구소의 책임자를 맡고 있는 이문국(2010)에 따르면, 당시 설립된 생산공동체들 중에 '월곡여성생산공동체'가 거의 유일하게 현재까지 그대로 유지되고 있다.
7) '나레건설'은 2000년 자활제도와 결합하면서 자활공동체가 되었으며, 현재 건설업종 사회적기업인 'CNH'의 전신이기도 하다.

빈민운동과 지역의 노동운동을 배경으로 하고 있었다.

1990년대 중반 이후 생산공동체는 민간 실천가들의 제안에 의해 정부 차원의 빈곤대책으로 검토되었다. 당시 김영삼 정부는 '국민복지기획단'을 통해서 자활 정책 프로그램의 도입을 검토하였고, 1996년 시범사업으로 5개의 '자활지원센터'를 설치하였다.[8] 이 사업은 최초의 빈곤 계층에 대한 정부의 자활 지원 대책이라는 의의를 갖고 있다. 하지만 시범사업이라는 측면에서 본격적인 정부 차원의 자활정책이라고 보기는 힘들다.

이상과 같이 생산공동체 운동은 도시 빈민 지역 등을 중심으로 극히 일부지역에서 생겨났으며, 그것의 규모도 아주 작았다. 안타깝게도 '나레건설', '월곡여성생산공동체' 등 극히 일부를 제외하고 대다수 생산공동체는 실패하였다.[9] 그러나 그 경험은 생명력을 잃지 않고, 외환위기 이후 실업운동과 결합하면서 취약계층을 위한 일자리 창출 운동으로 이어진다. 또한, 본격적인 차원은 아니지만 자활지원센터 사업 등과 같은 시범정책이 도입되는 데도 영향을 미쳤다.

외환위기(1997년) ~ 사회적기업육성법 제정(2006년 12월)까지의 시기:
자활사업의 제도화(2000년), 사회적 일자리 도입(2003년), 사회적기업의 제도화(2006년) 등

1997년 발생한 외환위기는 대량 실업 사태를 야기했으며, 국가의 사회안전망이 극히 취약하다는 것을 인식하게 해주었다. 수많은 저소득 실업자의 등장은 당시 취약한 사회안전망을 갖고 있었던 정부에게 커다란 과제를 안겨 주었다. 한편으로 이것은 생산공동체 운동을 추진해왔던 그룹뿐만 아니라 사회운동 세력에게도 커다란 도전이었다.

우선, 외환위기 발발 직후(1997년~1999년)에 실업자를 위한 긴급구호사업과 한시적 일자리 창출사업이 민간과 정부 차원에서 모두 펼쳐졌다. 먼저 주동적인 실천에 나선

---

8) 당시 시범사업은 서울 3개소(관악, 노원, 마포 지역), 인천 동구 1개소, 대전 동구 1개소 등에서 진행되었다.
9) 생산공동체의 실패 원인으로 봉제업, 건설업 등 사양산업을 선택한 문제, 경영 능력의 부족, 자금의 부족 등이 지적되고 있다(이문국 외, 2010).

것은 민간이었다. 저소득 실업자의 문제를 해결하기 위해 긴급구호사업, 상담 및 복지서비스 제공 활동, 일자리 창출 사업 등 다양한 실천 활동이 전개되었다. 여기에 여러 부문의 사회운동단체, 종교기관, 사회복지기관 등 다양한 주체들이 참여하였다. 이러한 과정에서 빈곤 및 실업 문제를 해결하려는 사회운동단체의 참여가 점차 확대되었고, 전국의 많은 지역에서 실업운동단체들이 탄생하였다.

또한 이 시기에 정부와 시민사회의 파트너십을 통한 범국민적 실업극복운동도 전개되었다. 종교계, 시민사회 단체, 정부가 참여하는 '실업극복국민운동위원회'가 결성되었고, 이 조직을 통해 약 1,000억 원 정도의 기금이 조성되었다. 당시 실업극복국민운동위원회는 민간 실업운동단체들과 긴밀한 연계를 맺으면서 '저소득 아동 방과후 급식 지원사업', '실직가정 생계지원사업'과 '의료지원사업', '실직자 일자리 창출사업' 등 정부지원의 사각지대에 있는 이들에 위한 지원사업을 전개하였다.

민간의 노력과 더불어 정부도 저소득 실업자를 위한 한시적 일자리 지원 대책을 세웠다. 이 사업은 '공공근로 민간위탁사업'이라는 이름으로 시행되었으며, 1년 단위로 민간단체에 위탁하여 취약계층에 대한 일자리를 창출하는 사업이다. 정부는 이 사업을 주로 지역의 실업운동단체나 복지운동단체에 위탁하였다. 공공근로 민간위탁사업은 저소득층 무료 간병사업단, 저소득층 무료집수리 사업단, 음식물 쓰레기 재활용 사업단, 공공기관 청소사업단 등 다양한 형태로 나타났다. 이 시기의 정부 정책은 공공서비스 영역을 활용한 일자리의 창출을 주요한 전략으로 삼았던 것으로 판단된다. 그러나 임시 대책 성격의 단기정책으로 시행되었기 때문에 종합적이고 체계적인 지원 정책이었다고 평가하기 힘들다. 이후 경기가 회복되고 실업률이 어느 정도 감소하면서 정부의 공공근로 프로그램은 점차 축소되어 갔다.

다음으로 2000년 이후에는 빈곤 및 실업과 관련된 체계적 정책이 정부 차원에서 도입되었고, 그 과정에서 자활운동, 실업운동 단체 등 민간 진영은 관련 정책의 수행자로 참여하는 경향도 커졌다.[10] 국민의 정부와 참여정부 시기에 빈곤계층 및 취업 취약계층에

---

10) 이러한 민간의 참여에 대해 상반된 평가가 존재한다. 제도에의 (종속적) 편입이라는 평가도 있고, '민-관 파트너십'을 통한 지원 체계 구축이라는 평가도 있다. 필자는 당시 대다수 민간 진영이 취약계층을 위한

대한 일자리 정책은 두 가지 양상으로 나타났다. 하나는 복지부처 소관의 빈곤계층을 위한 자활제도이며, 다른 하나는 노동부처 소관의 중장년 여성 등 취업 취약계층을 위한 사회적 일자리 정책이다.

첫째, 2000년에 도입된 국민기초생활보장법과 자활제도이다. 국민기초생활보장법은 모든 국민의 최저생활을 보장한다는 의의를 갖고 있었으며, 노동능력이 있는 빈곤계층에 대한 자활 프로그램을 제공하는 이중적 목적을 갖고 있는 제도다. 당시 국민의 정부는 이를 '생산적 복지'라는 이름으로 표현하였는데, 그 성격은 일종의 노동 빈곤층에 대한 근로연계복지 정책이라고 할 수 있겠다. 자활제도는 자활근로사업과 같은 일자리 지원사업과 자활공동체 사업으로 구성된다. 우선, 자활근로사업은 자활공동체로의 개발을 목표로 하는 일종의 인큐베이팅(incubating)형 사업인데, 이와 관련되어 정부는 청소사업, 가사·간병사업 등 5대 표준화 사업을 시행하였다.[11] 다음으로 자활공동체는 2인 이상의 참여자가 공동의 창업을 하는 노동자 협동조합적인 사업체이다. 자활공동체는 근로빈곤층이 협동으로 사회·경제적 처지를 향상시키기 위해 영업활동을 수행한다는 점에서 사회적기업과 상당히 유사한 성격을 띠는 형태라고 볼 수 있다. 자활공동체는 노동취약계층을 위한 직업훈련, 노동참여 등의 사회적 목적을 추구하면서 비즈니스 활동을 결합시킨다는 점에서 '노동통합형 사회적기업'이라고 명명되기도 한다.[12]

정부의 전달체계상 자활사업을 지원하는 조직은 '지역자활센터'[13] 다. 지역자활센터는 제도 도입 이후 급속하게 전국적으로 확산되었다. 시행 직후인 2000년 7월에 20개의 지역자활센터가 설치되었으며, 동년 12월에 70개로, 2001년 상반기에는 157개소로

자활이나 실업극복 서비스를 제공하는 전문적 공급체가 없는 상황에서 그들이 문제제기 집단이 아니라 정책의 성공적 수행을 위한 파트너로 참여했다고 생각한다.

11) 당시 보건복지부가 지정한 5대 자활표준화사업은 간병도우미사업, 음식물재활용사업, 청소사업, 자원재활용사업, 집수리사업 등이다.

12) 현재 노동통합사회적기업이라는 명칭은 공식적인 정책 용어는 아니며, 주로 학술적 혹은 실천적 차원에서 사용되고 있다.

13) 당시의 명칭은 자활후견기관이었다. 2007년에 '지역자활센터'로 명칭이 변경된다. 따라서 지역의 자활지원 조직은 자활지원센터(1995년. 국민기초생활보장법 도입 이전) → 자활후견기관(2000년) → 지역자활센터(2007년)의 순으로 그 명칭이 변화되어왔다.

확대되었다(김홍일, 2007). 이후 자활제도는 빈곤계층의 소득보장과 일자리 창출이라는 이중적 목적을 가지면서 지속적으로 확대되어 제도적 정착 단계에 들어서게 된다. 보건복지가족부에 따르면, 2011년 5월 기준으로 자활사업은 247개의 지역자활센터를 통해 실행되고 있으며, 전국적으로 1,243여 개의 자활근로사업단과 2,752개의 자활공동체가 설립·운영되고 있다. 여기에 종사하는 사람들의 규모는 지역자활센터에 1,534명, 자활근로사업단에 3만 6,924명, 자활공동체에 4만 4,898명 등이다. 정부는 지역자활센터를 민간위탁 방식으로 운영하고 있는데, 위탁 주체로 생산공동체 운동이나 실업운동의 경험을 갖고 있는 지역의 민간조직 등이 다수 참여하고 있다.

둘째, 실업대책의 일환으로 2003년부터 도입된 노동부의 '사회적 일자리 사업'이다. 이 사업은 외환위기 직후 시행되었던 긴급 구호 성격의 공공근로 민간위탁사업에 대한 발전적 전환을 모색하면서 시행된 것이다. 당시 정부에서 제시한 사회적 일자리는 '사회적으로 유용하지만 수익성 때문에 시장에서 충분히 공급되지 못하는 사회적 서비스 부문 일자리나 취약계층을 주로 고용하여 창출되는 일자리'이다. 이런 점에서 정부가 노동 취약계층에 대한 일자리 창출과 함께 우리 사회의 부족한 사회서비스 공급을 늘린다는 이중의 목적으로 갖고 있었다고 볼 수 있다.

참여정부 들어 사회적 일자리 사업은 장기적 발전 전략으로 다루어지게 된다. 그것은 2006년 9월 '비전 2030'을 통해서 사회서비스 일자리 창출정책으로 드러났다. 여기서 '사회적기업'이라는 용어가 등장한다. 정부의 사회서비스 일자리 창출정책은 초기 정부의 선도적 투자를 강조하고, 새로운 사회서비스 산업을 육성한다는 구상이며, 바우처 제도와 다양한 일자리 정책을 통해 사회적기업을 육성하고자 하는 목적이었다. 이러한 구상이 구체화되면서, 참여정부는 2006년 '사회적기업육성법'을 입안하였고, 2007년 1월 법률(법률 제8,217호, 시행일: 2007. 7. 1)을 공표하게 된다. 당시 정부가 구상했던 사회적기업 정책의 목적은 크게 두 가지로 볼 수 있다. 하나는 사회적 일자리 사업 중 일부 지속 가능하게 발전이 가능한 부문을 '사회적기업'으로 전환·육성한다는 것이며, 다른 하나는 기존 민간의 생산공동체, 협동조합 등 사회적 목적의 경제활동을 하는 잠재적 사회적기업 부문에 대한 제도적 지원을 한다는 것이다. 즉, 사회적기업의 제도적 기반을 구축하고, 지속가능한 양질의 일자리를 창출하겠다는 것이다(노길준, 2007). 2007년 7월 이후 사회적기업 정책은 본격적으로 시행되었고, 그러면서 민간에서의 관심도 활성화된다.

결국 사회적기업은 외환위기 이후 성장한 빈곤 및 실업극복 운동과 그와 관련된 정부의 정책적 노력이 병행되면서 등장하게 된다. 이 시기의 사회적기업 운동은 빈곤과 실업 문제 해결을 위한 자활운동, 실업운동 등이 전사회적인 운동 차원에서 진행되었다. 이전 시기의 운동이 빈민밀집지역이나 철거지역, 일부 노동운동 활성화 지역 등을 중심으로 소규모로 진행되었던 것에 비하면 괄목할 만한 발전이라고 볼 수 있다. 이 시기는 또한 국민기초생활보장제도, 사회적 일자리 정책 등 빈곤 및 실업과 관련된 정책이 본격적으로 등장하게 된 시기이기도 하며, 그러한 정책적 노력의 과정에서 사회적기업의 제도화도 이루어졌다. 한편, 이 시기 이전의 사회적기업 관련 운동은 주로 자생적인 차원에서 이루어졌다고 한다면, 이 시기에는 민관과 정부가 밀접하게 연관을 맺고 전국적, 지역적 차원에서 실업 등의 사회문제 해결을 위한 다양한 실험과 노력이 전개되었다고 할 수 있다. 이 과정에서 민간은 정부 정책의 전달체(예, 지역자활센터 등)나 공급자(예, 사회적 일자리 사업단 등)의 역할을 수행하였다.

사회적기업 제도화 시행 이후(2007년 7월) ~ 현재

한국의 사회적기업은 2007년 사회적기업 제도가 시행되면서 본격적인 성장의 길로 접어들게 된다. 현재까지 사회적기업의 발전은 중앙정부 주도로 이루어지고 있다는 것이 대체적인 견해이다. 이에 비해 시민사회 차원의 다양하고 폭넓은 실천과 노력은 미약한 편이라 할 수 있다.

먼저 사회적기업과 관련된 정부 차원의 흐름은 2010년 이전과 이후의 양상으로 구분해 볼 수 있다. 구체적으로 2007년부터 2010년 이전까지는 고용노동부의 주도로 정책이 추진되었다. 2010년 이후에는 지방정부의 노력도 병행되고 있으며, 중앙정부의 경우도 초기 고용노동부 중심의 기조는 여전히 유지되면서 타 부처도 역할을 병행하는 방향으로 개선되고 있는 중이다.

첫째, 중앙정부는 고용노동부 중심으로 인증 사회적기업을 육성하는 것을 핵심적인 정책으로 삼고 있으며, 2012년까지 1,000개를 목표하고 있다. 사회적기업육성법(제2조)에 따르면, 인증 사회적기업은 "취약계층에게 사회서비스 또는 일자리를 제공하여 지역주민의 삶의 질을 높이는 등의 사회적 목적을 수행하면서 재화 및 서비스의 생산·판매 등 영업활동을 수행하는 기업 또는 비영리조직"이면서, "고용노동부 장관으로부터 인증받은 조직"이다. 2007년 7월 인증 제도가 시행된 이후 2010년 12월 기준으로 501개의 인증 사회적기업이 있다.

둘째, 2010년부터 사회적기업과 관련된 정책으로 행정안전부의 마을기업 육성사업이 추진되고 있으며, 농림수산부의 경우도 2011년에 농촌공동체 회사 육성 사업의 시행을 예정하고 있다. 이들 정책에서 제시된 기업은 인증 사회적기업과 유사한 성격을 띠고 있다. 예컨대, 행정안전부(2010)가 제시한 마을기업은 "지역공동체의 각종 특화자원(향토·문화·자연자원 등)을 활용해 주민 주도의 비즈니스를 통해 안정적 소득 및 일자리를 창출하는 마을 단위의 기업"을 말한다. 그러므로 마을기업은 공동체의 공익을 목적으로 영업활동을 한다는 점에서 인증 사회적기업과 거의 유사한 성격을 갖고 있다. 그러나 정책 유사성에도 불구하고 중앙정부는 이들 정책과 고용노동부의 사회적기업 정책과의 관계, 각 정책 간의 연계 등의 이슈를 명확히 제시하지 않고 있다. 한편, 이러한 문제는 사회적기업 제도가 도입되기 이전부터 실시되고 있는 보건부처 소관의 자활제도의 경우도 마찬가지이다. 즉, 중앙정부의 사회적기업 관련 정책 간 분절의 문제가 지적되고 있는 것이다. 그래서 중앙정부 차원에서 다양한 사회적기업 관련 제도의 연계와 조정, 그리고 총괄 등을 해야 한다는 요구가 커지고 있다.

셋째, 2010년 민선 5기 지방정부 출범 이후 독자적으로 사회적기업 관련 정책을 펼치고 있는 지방정부가 늘고 있다. 지방정부가 독자적인 조례나 근거 규정을 두고 진행되는 경우도 있지만, 대다수는 중앙정부의 사회적기업 정책에서 하달된 지침을 그대로 따르는 경우가 많다. 광역지방자치단체에서는 독자적으로 '서울형 사회적기업' 제도를 시행하고 있는 서울시가 대표적인 예라고 볼 수 있다. 기초지방자치단체에서의 독자적인 노력은 좀 더 광범위하게 전개되고 있다. '커뮤니티 비즈니스(community business)'[14]를 지방정부의 핵심정책으로 삼고 있는 전라북도 완주군, 사회적기업 지원센터를 운영하면서 지역사회 사회적기업의 개발을 추진하고 있는 경기도 남양주시, 부천시 등이 있다. 또한 현재 여러 기초지방정부에서 독자적으로 '00형 사회적기업'이라는 제도를 운영하고 있다. 여하튼 앞서 언급했던 중앙정부 인증 사회적기업과 각종 지방자치단체에서 지정한 지역의 '예비 사회적기업'[15]까지 포함하면 약 1,500개가량이 되는 것으로 알려져 있다.

이러한 정부 차원의 흐름과 비교해서 민간의 사회적기업 운동은 상대적으로 미흡한 편이지만, 사회복지 관련 조직, 시민단체, 대기업 등 전국적·지역적으로 다양한 차원에서 이루어지고 있다.

우선, 시민사회의 다양한 부문에서 인증 사회적기업으로 진입하고 있다. 민간에서 인증 사회적기업으로 진입하는 형태는 자활사업, 사회적 일자리 사업 등의 정책과 연계성이 높은 부문과 그렇지 않은 부문으로 구분할 수 있으며, 정책 연계성이 큰 부문의 진입이 다수를 차지하고 있는 상황이다. 예컨대, 경기도의 사회적기업 실태를 연구한 연구보고서(이영환·김성기·엄형식·장원봉·김동언, 2010)에 따르면, 경기도의 인증 사회적기업 중에 사회적 일자리 사업단에서 사회적기업으로 발전한 경우는 24.5%, 자활공동체에서 발전한 경우는 20.4%, 장애인직업재활시설에서 발전한 경우는 16.3% 등으로 보고되었다. 반면, 일반기업에서 사회적기업으로 전환한 경우는 20.4%였으며, 그 외에 의료생활협동조합 등과 같은 사회적 협동조합 운동, 공정여행이나 공정무역 운동, 생태 공동체 운동, 문화운동 등 대안적 운동에서 사회적기업으로 진입한 경우는

---

14) 현재 여러 지방정부에서 '커뮤니티 비즈니스'는 지역이 갖고 있는 문제를 해당지역에 사는 주민들이 주체가 되어 지역의 다양한 자원을 활용하는 비즈니스라는 의미로 사용되고 있으며, 행정안전부가 제시한 '마을기업'의 의미와 유사하다.

15) 고용노동부는 지역의 사회적기업과 인증 사회적기업을 구분하기 위해 '예비 사회적기업'이라는 용어를 사용하고 있다.

극히 드물었다.

둘째, 대기업의 경우 '기업의 사회적 책임(CSR, Corporate Social Responsibility)' 활동 차원에서 사회적기업 관련 사업을 추진하고 있다. 그 규모가 아주 큰 편은 아니다. SK의 경우는 사회적기업단을 설립하였고, '행복나눔'이라는 저소득 아동을 위한 급식지원 사회적기업의 설립에 기여한 바 있다. 이외에도 삼성, 현대 등 여러 대기업에서 사회적기업과 관련된 사업을 하고 있는데 대체로 그들의 자회사 방식으로 장애인, 탈북자 등 노동시장 진입이 힘든 취약계층 고용 목적의 사회적기업을 자회사 방식으로 설립하고 있다. 이렇게 대기업이 사회적기업의 직접 설립사업에 참여하는 것에 대해서는 비판적 시각도 있다. 대기업이 사회적기업을 직접 설립하기보다는 오히려 사회적기업을 위한 판로지원과 기술개발 지원, 자본의 조성 등 우호적인 환경을 조성하는 데 더 관심을 집중해야 한다는 이야기다.

셋째, 전국적·지역적 차원에서 여러 사회적기업 지원 조직이 활동하고 있으며, 그들의 활동 분야도 경영지원, 네트워크 지원, 사회적기업가 교육 등 다양하다. 또한, 사회적기업 지원 조직은 다양한 이슈를 포괄적으로 다루는 경우도 있고, 특정 이슈를 중심으로 활동을 펼치는 경우도 있다. 전자의 경우 '(재)사회투자지원재단', '(재)함께일하는재단', '희망제작소' 등이 대표적인 조직이며, 권역별 사회적기업 지원센터 등과 같이 지역에서 활동하는 지원조직의 경우는 대부분 여기에 해당한다. 후자의 경우 교육 및 연구 전문 조직으로 '성공회대학교 사회적기업연구센터'와 '사회적기업연구원' 등이 있고, 창업자금 지원조직으로 '사회연대은행' 등을 들 수 있다. 또한, 사회적기업이 이해당사자로 참여하는 당사자 조직도 생겨나고 있으며, 전국 차원에서는 '(사)한국사회적기업협의회'[16)가 대표적이고, 지역별로도 사회적기업 네트워크 등과 같은 조직이 전국 각지에서 설립되고 있는 중이다. 한편, 사회적기업 지원 조직의 네트워크인 '한국사회적경제연대회의'[17)도 있다.

---

16) 한국사회적기업협의회는 2008년 7월에 설립되었으며, 인증 사회적기업을 구성원으로 하는 조직이다.
17) 한국사회적경제연대회의는 2008년 6월에 출범했으며, 전국실업극복연대, 한국대안기업연합회, 전국생활협동조합연합회, 한국도시연구소 등 사회적기업 지원조직과 협동조합 지원 조직, 사회적 경제 관련 민간

현재 사회적기업 운동 조직 부문의 양상은 대체로 전국을 범위로 한 지원 조직의 활동이 두드러진 편이며, 풀뿌리 지역에서 활동하는 조직의 역량은 미흡하다. 또한, 대부분의 지원조직은 사회적기업 경영지원사업 등과 같은 정부의 정책사업에 민간 파트너로 참여하는 식으로 활동하고 있고, 재정의 자주성 측면에서 정부의존성이 높은 편이다. 반면, 민간의 자주적 역량에 기반을 두고 활동하는 경우는 희망제작소 등 일부 전국단위로 활동하는 조직을 제외하고 매우 드문 상황이다. 또한 정책제안 활동이나 제도 개선 등의 대정부 실천활동을 펼치는 경우도 드물다. 따라서 향후 사회적기업 운동은 자주적 역량을 확보하면서 지원 사업에 대한 전문성을 확보하고, 더불어 각 조직 간의 연대를 활성화하면서 대정부 정책 대응이나 사회적 자본 조성 등의 이슈에 관한 집중성을 확보해야 하는 과제를 안고 있다.

지금까지 1990년대 이후 전개된 한국 사회적기업의 발전과정을 살펴보았다. 현재 한국의 사회적기업은 발전 초기단계라고 볼 수 있다. 사회적기업의 운동, 규모, 정책 등 경험 측면에서 오랜 역사를 갖고 있지 않다. 서구 유럽이나 미국도 1970년대부터 사회적기업에 관한 실천이 태동하였으므로 그들의 경험도 그리 많은 것은 아니다. 다만, 그들은 협동조합 운동 등과 같은 풍부한 사회적 경제 부문이나 제3섹터 조직의 기반을 바탕으로 발전하고 있는 것이 한국과의 차이점이다.

현재 한국의 사회적기업은 사회문제를 해결하는 새로운 시도와 접근으로 발전해 가고 있는 중이며, 이러한 변혁적 시도는 전 지구적인 보편적 현상이라고 할 수 있을 것이다.

연구소 등이 참여하는 네트워크형 조직이다.

제4장 한국의 사회적기업은 사회적 비즈니스인가? 사회조직인가? [18)]

특정한 이슈에 대한 '개념의 명확화'는 정책이나 실천에서 매우 중요하다. 정책이나 제도의 대상을 정하기 위해서는 반드시 개념의 대한 정의가 필요하기 때문이다. 그래서 '법'은 항상 특정 이슈에 대해 법률적 용어를 정의한다. 실천적으로도 개념은 주체의 성격이나 정체성을 규정한다. 즉, 개념은 '우리'와 '남'을 구분하는 잣대이다.

국제적으로 사회적기업은 사회적 비즈니스 활동에서부터 사회적 목적 조직까지 다양한 맥락에 있다. 사회적기업과 관련된 용어들로 'social enterprise(소셜 엔터프라이즈)'뿐만 아니라 'social venture(소셜 벤처)', 'community business(커뮤니티 비즈니스)' 등의 용어가 사용되고 있다. 그런데 이런 용어들은 구체적인 의미를 따져보면 각각의 의미가 다르다. 예컨대, 통상 엔터프라이즈는 기업이라는 '조작'을 의미하며, 비즈니스는 상품이나 재화를 판매하는 '활동'을 의미한다. 그래서 이러한 용어를 사회적기업이라는 의미로 쓰더라도 그 의미는 지역이나 국가마다 다를 수 있다. 그렇다면, 한국에서 사회적기업은 어떤 의미가 있는가, 사회적 비즈니스 활동인가 아니면 사회적 목적 조직인가? 예컨대, 한국에서는 영리목적을 추구하는 기업의 사회공헌 '활동'도 포함되는가? 다시 말해서 사적 이윤을 추구하는 기업이 사회에 기여하는 모든 활동도 사회적기업에 포함되는가? 이러한 의문에 명확히 답하지 않을 경우 사회적기업에 대한 '혼란'은 가중될 수밖에 없을 것이다.

따라서 한국 사회적기업의 의미가 사회적 비즈니스 활동인지 사회적 목적 조직인지를 규명하는 것은 대단히 중요한 과제이다. 이를 위해 여기서는 역사적-용어적 맥락에서 미국과 유럽의 경험을 분석하고, 한국의 것과 비교를 통해 한국의 사회적기업이 어떤

---

18) 이 부분은 필자의 논문(2009)인 '사회적기업의 특성에 관한 쟁점 및 함의'에서 발췌한 내용이다.

맥락에 있는지 살펴보기로 하자.

역사적 맥락에 대해서는 사회적기업의 등장배경, 사회적기업과 제도와의 관계, 사회적기업 운동 주체 형태 및 현황 등을 살펴볼 것이다. 동시에 용어가 개념과 밀접한 관련성을 갖고 있기 때문에, 용어 분석을 위해 '엔터프라이즈(enterprise)'에 대한 사전적 의미를 살펴볼 것이다. 콜린스 코빌드(Collins Cobuild) 영영사전[19])에 따르면, 사회적기업과 관련된 'enterprise'의 의미는 3가지가 있다. 첫째, 'enterprise'는 비즈니스 활동의 의미가 있다. 'An enterprise is business, often a small one'의 의미이다. 둘째, 비즈니스 조직인 회사의 의미가 있다. 'An enterprise is a company, often a small one'의 의미이다. 셋째, 'enterprise'는 '벤처(venture, 모험, 도전)'의 의미가 있다. 'An enterprise is something new, difficult, or important that you do or try to do'의 의미이다.

1. 미국 사회적기업의 발전과정과 맥락은 어떠한가?

1) 미국 사회적기업의 발전과정

미국에서 사회적기업은 자선운동이나 비영리조직 활동이라는 역사적 배경 속에서 등장하였다. 1980년대 이후 사회적기업은 본격적으로 확장되기 시작하였다. 이것은 정부의 지원금 삭감(cutback)과 관련이 깊다. 1960년대 미국 정부는 'The Great Society Program'을 통해 빈곤, 교육, 건강케어서비스 분야 등의 비영리조직에 수천만 달러를 투자하였다. 그러나 1970년대 후반 경기 침체로 인해 1980년대 복지축소 정책을 단행했다. 이때부터 비영리조직은 사회적기업에 관심을 갖기 시작했다. 정부의 복지 삭감에 대응해 비영리조직은 상업적 활동을 확장하면서 그 위기를 극복하고자 하였다(Kerlin, 2006).

---

19) 콜린스 코빌드(Collins Cobuild) 영영사전은 인터넷 포탈서비스 네이버(www.naver.com) 영영사전에서 참고하였다.

이렇듯 미국에서 사회적기업은 사회복지서비스 비영리조직이 서비스 제공을 유료화시키는 방식으로서 사회적기업 활동을 활성화하였고, 이것은 사회적 목적을 위해 수행되는 상업적 활동의 의미를 갖는다. 케린(2006)에 따르면, 상업적 수입의 종류는 프로그램 서비스 수입, 상품 판매를 통한 수입, 특별한 행사나 이벤트를 통한 수입, 회비, 회원에게 부여하는 할당액(assessment) 등이 있다.

미국에서 사회적기업에 관한 지원 법은 존재하지 않는다. 그래서 사회적기업의 현황과 규모를 파악하기란 쉽지 않다. 미국에서는 사회적기업이 구체적인 조직형태를 갖춘 것으로 이해되지 않고 비영리조직이 상업적 방식으로 수익을 창출하는 것으로 보기 때문에 활동 단위를 기준으로 자료를 파악하기 어려울 것으로 판단된다. 다만 비영리조직의 수입을 분석한 자료나 재단의 재원 규모를 살펴봄으로써 미국 사회적기업의 잠재력을 이해할 수 있을 것이다. 1982년에서 2002년 사이에 비영리조직의 수입 분석 자료에 따르면, 상업적 수입은 비영리조직의 가장 큰 수입원으로 되었다. 1982년 상업적 수입은 전체 수입의 48.1%를 차지하고 있고, 2002년에는 57.6%까지 성장하였다. 반면 민간 기부는 19.9%에서 22.2%, 정부보조금은 17%에서 17.2%로 성장 정도는 상업적 수입에 비해 미약하다(Kerin & Pollak, 2006). 또한 미국에는 비영리조직을 후원하는 재단의 수가 상당히 많으며 점차 사회적기업 활동에 대한 재정지원에 관심이 확장되고 있는 중이다. 뉴욕의 재단센터(Foundation Center)에 따르면, 2005년 활동 중인 미국의 재단은 6만 6천 개가 된다고 한다. 또한 기빙 유에스에이(Giving USA) 재단에 따르면, 미국의 개인 기부금 총액은 2006년에 2,950억 달러에 달하며 이는 2006년 한국 국내총생산(GDP)의 33%에 해당하는 규모다(유병선, 2008). 물론 이러한 미국의 재단들이 모두 사회적기업의 창업과 활동에 지원하는 것은 아니다. 미국에서 사회적기업은 활성화된 기부문화를 배경으로 하고 있고 공공정책과의 관련성이 크지 않지만, 활동 분야는 아주 다양하고 그 수도 상당히 많은 것으로 알려져 있다.

2) 미국 사회적기업의 용어 맥락

미국에서 사회적기업이라는 용어가 처음 등장하기 시작한 것은 1970년대 이후부터이다. 그 당시 비영리조직은 취약계층을 위한 일자리 창출 방법을 모색하기 시작했는데, 이러한 비즈니스 활동을 정의하기 위해서 개발되었다. 그 의미는 '비영리조직의 사명을 지원하고자 필요한 재원을 창출하는 비즈니스(Alter, 2002)'이다. 그래서 미국에서 사회적기업은 일반적으로 수익창출(revenue generation)을 위한 기업활동에 초점을 둔다(Kerlin, 2006). 따라서 미국에서 사용되고 있는 '쇼셜 엔터프라이즈(social enterprise)'라는 용어에서 '엔터프라이즈(enterprise)'는 대체로 '비즈니스(business)'라는 의미가 적용된다고 볼 수 있다. 하지만 이러한 사회적기업에 대한 정의도 학문분야와 실천 현장에서 다소 시각 차이가 있다. 경영학 분야에서는 사회적기업을 앞서 언급했던 의미처럼 광의적으로 접근한다. 반면 실천 현장에서는 그에 비해 협의적으로 접근한다. 여기서 협의와 광의로 나누는 기준은 '개념이 적용되는 범위'를 의미한다.

광의적 접근에서 사회적기업은 '사회적으로 이익이 되는 영리지향적 비즈니스(profit-oriented business)부터 비영리조직의 이중목적 비즈니스(dual-purpose business)'까지가 사회적기업으로 포함된다(Kerlin, 2006). 예컨대 기업의 사회공헌사업(CSR, Co-operate Social Responsibility)과 기업자선사업(cooperate philanthropies)은 사회적으로 이익이 되는 영리지향적 비즈니스의 대표적인 예라고 할 수 있다. 또한 이중목적 비즈니스란 비영리조직이 사회적 목적과 영리적 목적을 혼합하여 상업적 활동을 하는 것을 의미하며 '사명지원 상업활동(mission-supporting commercial activities)'이라고도 한다. 이와 관련된 활동은 각종 비영리기관에서 수행하는 모금사업, 유료 프로그램 등이다. 이러한 접근을 강조하는 주창자는 주로 미국 명문대학 비즈니스 학교의 연구소이며 실천주체들은 사회적기업 컨설턴트 회사들이다(Dees, 1998).

반면 협의적 접근은 비영리조직이 수익창출을 하는 활동만을 사회적기업으로 본다. 여기서 비영리조직이라 함은 미국 세법에서 '501(C)(3) 항목'으로 분류된 세금이 면제되는 조직(tax-exempt organization)을 의미한다(Kerlin, 2006). 예컨대 '사회적기업 매거진 온라인(*The Social Enterprise Magazine Online*)'은 '개별 사회적기업가, 비영리조직, 영리기업의 협회 등 비영리부문이 수행하는 수익창출활동이나 직업창출활동과 관련된 프로젝트'로서 사회적기업을 정의한다. 또한 '사회적기업 동맹(The Social Alliance)'은 '자선적 목적을 지원하는 데 필요한 재원을 마련하기 위해 비영리조직이 수행하는 수익창출활동과 관련된 비즈니스나 전략'으로서 사회적기업을 정의한다. 이와 같은 현장의 흐름은 사회적기업 활동을 수행하는 주체가 비영리조직임을 좀 더 명확히 하고자 하는 시도라고 할 수 있다. 이렇듯 사회적기업의 목적을 좀 더 비영리 지향적인 것으로 표현하기 위해 'nonprofit social enterprise', 'nonprofit enterprise', 'nonprofit ventures', 'enterprising nonprofit'와 같은 용어를 사용하여(Kerlin, 2006) 차별화를 시도하고 있다.

요컨대, 미국에서는 사회적기업을 협소하게 정의할 때, 주로 비영리조직의 상업활동이나 장애인의 직업재활 프로젝트와 관련을 짓는다. 반면, 사회적기업을 아주 광범위하게 정의할 경우 기업의 사회공헌활동, 사회적 투자 활동까지 포함한다. 이렇게 볼 때, 미국에서 사회적기업은 대상의 측면에서 영리 지향적 기업과 비영리조직을 모두 포함하며, 그들의 사회적 목적을 위한 수익 창출 '활동'을 의미하며, 이와 관련된 비즈니스 전략이나 프로젝트로 이해되는 것이 대체적인 경향인 것 같다.

2. 유럽 사회적기업의 발전과정과 맥락은 어떠한가?

1) 유럽 사회적기업의 발전과정

유럽[20]에서 사회적기업은 1970년대 후반부터 제3섹터[21]에서 서비스 개발과 더불어

---

20) 여기서의 유럽지역은 주로 영국, 프랑스 등 서유럽 지역과 스웨덴, 이탈리아 등 남부 유럽지역이 해당한다. 이들 유럽국가들에 비해 국가복지가 상대적으로 저발달한 동유럽 지역은 포함되지 않는다는 점을 유의하기 바란다.

수익창출의 다양성에 관심을 두면서 등장했다. 유럽 국가들은 1970년대 후반 1990년대까지 경기침체와 실업률 증가가 동반되면서 복지국가의 위기가 도래하기 시작했다. 사회적 기업의 등장은 이러한 복지국가의 위기와 관련이 깊다. 1980년대에서 1990년대까지 유럽 국가들의 실업률은 3%에서 10%까지 분포되었다(Defourny, 2001). 또한 실업자들 중에서 40%가 장기실업자(1년 이상 일자리가 없는 자)이다. 복지국가에 대하여 긴축예산의 문제도 있었지만 효과성과 제도적 위기에 관한 것이 주요한 이슈가 되었고, 실업정책은 장기실업자에 대해서 비효과적인 정책으로 평가되었다(Borzaga & Defourny, 2001). 이와 같은 기존 실업정책에 대한 혁신의 필요뿐만 아니라 새로운 사회적 위험과 필요를 위해서도 새로운 대안이 필요했다. 즉 취약계층에 대한 복지 및 고용문제 해결, 사회경제적 변화에 따른 아동케어서비스 필요, 급속한 고령화와 가족구조 변화에 따른 새로운 노인서비스의 필요, 도시재생정책, 장기실업자를 위한 고용 프로그램 등을 포함한 당시 나타나기 시작한 사회적 필요(needs)에 대한 대응으로 사회적기업은 태동하기 시작하였다.

1980년대에 접어들면서 유럽에서 사회적기업은 본격적으로 성장하기 시작하였다. 사회복지사(social workers), 사회운동가(associative militants), 전통적 제3섹터 조직의 대표자(representatives), 사회적으로 배제된 노동자들이 사회적기업에 참여하였다 (Nyssens & Kerin, 2005). 유럽에서 사회적기업이 특정 서비스 욕구에 대응하는 방식은 각 국가의 상황에 따라 다양하며(Defourny, 2006), 국가의 복지체제가 재검토해야 하거나 이전에 없었던 수요에 주목하면서(Kerlin, 2006) 발전하였다. 유럽 국가의 사회적기업의 성장을 살펴보면 <표 4-1>과 같다.

제도적 측면에서 일부 동유럽 국가들을 포함하여 유럽의 국가 대부분은 사회적기업과 관련된 법을 두고 있다. 그중에서 이탈리아는 1991년에 '사회적협동조합법'을 유럽에서 최초로 제정하였고, 프랑스는 한국과 유사한 자활사업이 주목된다. 한편 영국의 경우는

---

21) 유럽의 맥락에서 제3섹터는 공공서비스의 공급과 관련된 사회복지서비스 조직, 자발적 결사체 (association), 노동자 협동조합 등의 조직 부문을 의미한다. 반면 현재 일반적으로 제3섹터는 국가와 시장과 구별되는 사회 부문인 '시민사회'라는 의미로 사용되고 있다.

<표 4-1> 유럽 사회적기업의 성장

구분	영국('06)	이탈리아('04)	프랑스('07)	독일('97)
기업 수(개)	약 55,000	약 11,000	약 8,400	약 4,000
고용(15세 이상 인구)	5%	5.2%	7.0%	3.7%
총 매출의 GDP 비중	2%	1.4%	-	-

* 주: 기업 수는 당해 년도 추정치. 고용비중은 기준연도 고용인구수/경제활동 인구 수, 총 매출액의 GDP 비중은
  기준연도 총 매출액/당해 년 각국 GDP액으로 계산
* 자료: 홍석빈(2009)의 LG 경제연구원 자료 참조

다른 서유럽과 달리 사회적기업과 관련한 다양한 조직 부문을 포괄하는 식으로 접근하고
있다.

2) 유럽 사회적기업 용어의 맥락

유럽에서 사회적기업에 대해 학술적 차원의 정의를 내릴 때는 대체적으로 사회적인
'조작'으로 접근한다. 대표적으로 유럽 사회적기업 연구자 네트워크인 EMES는 '사회적
기업의 이상형(ideal type)'을 기준으로 사회적기업을 정의한다. 여기서 이상형 기준의
의미는 그 기준에 완전히 적용되는 것을 의미하는 것이 아니라 사회적기업의 여러
측면을 포함한 것으로 이해하는 것이다. 구체적으로 사회적 목적을 추구하는 경제활동과
동시에 민주적 운영과 자율성[22]을 갖춘 조직의 의미이다. 이러한 조직적 특성을 배경으로
서유럽의 사회적기업은 '사회적 목적 및 가치를 추구하는 조직(기업)으로 취약계층을
위해 일자리를 제공하기도 하고, 지역사회에 공공서비스를 공급하기도 하며, 낙후된
지역사회의 재생 역할을 수행하는 기업'(Spear and Bidet, 2003; Defourny, 2006)의
의미로 정의된다. 따라서 서유럽에서 사용되고 있는 '소셜 엔터프라이즈(social
enterprise)'에서 '엔터프라이즈(enterprise)'의 의미는 '사회적 목적을 갖는 비즈니스

---

22) 여기서 자율성은 주로 국가로부터 종속되지 않은 자율성을 의미한다.

조직(business organization with social goals)'이며, 회사의 의미를 갖고 있는 컴퍼니(company)나 펌(firm)으로 이해될 수 있다. 이러한 사회적 기업은 제3섹터에 활동하는 비영리적 비즈니스 조직이나 사회적 경제 영역의 사회적협동조합(social cooperatives)이 포함된다(Nyssens & Kerin, 2005).

사회적기업을 사회조직으로 이해하는 것에서도 유럽 국가들 간에 두 가지 경향[23]이 있다. 첫 번째 경향은 영국이 대표적인데 사회적기업을 사회적 목적을 가진 비즈니스 조직으로 보는 다소 포괄적인 접근을 한다. 두 번째는 취약계층의 노동통합과 관련된 활동을 하는 조직에 초점을 두는 경향이다.

우선 영국의 경향이다. 영국 중앙정부의 통상산업부(DTI)의 정의에 따르면 사회적기업은 '우선적으로 사회적 목적을 가진 비즈니스를 의미하며, 잉여를 비즈니스나 커뮤니티 이익에 재투자하는 사업체'이다(DTI, 2002). 또한 WMSEP(2004)는 '사회적 혹은 커뮤니티 가치를 이끌어 가는 특정 조직체를 일컫는 용어'로서 사회적기업을 정의한다. 구체적으로 영국에서는 재활용, 사회서비스 분야의 커뮤니티기업(community enter-prise), 옥스팜(Oxfarm)과 같은 자선조직(charity)에 의해 이루어지는 상거래 활동, 노동취약계층의 훈련 및 노동참여를 개입하는 사회적 회사(social firm), 노동자협동조합(worker's cooperative), 과도적노동지원조직(intermediated labour market organiza-tion), 사회적기업에 재정을 지원하는 지역금융회사, 소지역에서 커뮤니티 센터를 운영하는 개발트러스트조직 등이 사회적기업에 포함된다. 따라서 영국에서는 사회적기업의 적용범위를 넓게 적용하고 있다.

다음으로는 영국을 제외한 유럽 국가에서 강조되는 '노동시장에서 배제된 사람의 노동통합 목적을 갖고 있는 협회(associations)나 협동조합'을 사회적기업으로 보는 것이다(Defourny, 2006). 이와 같은 개념은 유럽에서 사회적기업이 고용창출 정책과 매우 관련이 깊다는 것을 의미한다. 이와 같은 유형의 사회적기업을 유럽에서는 '노동통합사회적기업(Work Integration Social Enterprise)'으로 규정하고 있다(Spear and Bidet,

---

23) 여기서의 구분은 엄밀한 기준에 따른 구분은 아니다.

2005; Nyssens ed., 2006). 유럽에서 취약계층과 장애인의 통합과 관련된 노동통합 사회적기업은 대다수의 나라에서 찾을 수 있으며, 프랑스의 노동통합기업(work integration enterprises)과 근린지역개발기관(proximity development agencies), 벨기에의 노동통합기업(work integration enterprises)과 사회작업장(social workshops), 이탈리아의 B형 사회적협동조합(social co-operatives), 영국의 사회적 회사(social firm), 스페인의 사회통합협동조합(social inclusion co-operatives) 등이 있다.

3. 한국의 사회적기업은 사회조직인가?
: 미국—유럽— 한국의 사회적기업 맥락 비교

지금까지 미국과 유럽의 사회적기업에 대한 역사적이고, 용어적인 맥락을 살펴보았다. <표 4-2>는 미국 및 유럽과 한국 사회적기업의 맥락을 비교한 것이다. 여기에 제시된 비교에서 한국은 서유럽에 비해 협동조합 전통(사회적 경제)이 취약하고, 미국에 비해 기부문화나 비영리조직의 토대가 취약하다는 점을 유의할 필요가 있다.

첫째, 드프르니(Defourny, 2006)가 언급하듯이 사회적기업이 특정 서비스 욕구에 대응하는 방식은 각 복지국가의 상황 및 맥락에 따라 다양하다. 유럽과 한국의 경향은 빈곤과 실업 문제, 사회서비스의 공급 등과 관련하여 국가가 재검토해야 하거나 이전에 없었던 복지수요에 주목하는 경향이 크다. 반면 미국의 경우는 비영리조직의 재정위기를 극복하기 위해 상업적 비즈니스가 개발되었다. 유럽과 한국은 고용이나 사회서비스 부문의 사회정책과 밀접한 관련을 갖고 있기 때문에 사회적기업과 관련된 법적 지원체계가 존재한다. 반면 미국의 경우는 상대적으로 관련된 제도의 개발이 미흡하다.

둘째, 사회운동의 기반이 다름에 따라 사회적기업 형태도 다른 것으로 확인되었다. 우선 미국의 경우 비영리조직이나 기부문화가 활성화되어 있고, 사회적기업의 활동도 이러한 부문의 수익창출 활동과 관련이 깊다. 각종 비영리조직이 수행하는 상업적 비즈니스를 사회적기업으로 보기 때문에 그러한 활동을 수행하는 비영리조직과 그렇지

<표 4-2> 미국-서유럽-한국의 사회적기업 맥락 비교

구분		미국	서유럽	한국
역사적 맥락	등장 배경	1980년대 정부의 복지지원 축소-비영리조직의 상업적 수익창출 전략에서 발전	1980년 복지국가 위기 -실업, 사회서비스 필요에 대한 대응 -사회적 경제 운동	2000년대 취약계층 일자리 창출과 사회서비스 필요에 대한 대응 -생산공동체운동 기원
	제도 관계	미흡	법적 형태가 존재 -주로 협동조합 관련 법	법적 형태가 존재 -사회적기업육성법
조직	형태	비영리조직(501(c)(3))	협회 또는 협동조합	비영리조직 (일부 일반기업)
	규모	아주 많음	다소 많음 (영국은 많음)	적음
용어의 맥락	목적	비영리조직의 사명을 지원하기 위한 이중목적 비즈니스	사회적 편익 창출 -일자리창출, 사회서비스 공급, 지역재생 등	사회적 편익 창출 -일자리창출, 사회서비스공급
	의미	사회적 목적을 가진 비즈니스 (business with social goals)	사회적 목적을 가진 비즈니스사업체 (business organization with social goals)	사회적 목적을 가진 비즈니스사업체 (business organization with social goals)

않은 비영리조직을 구분하는 것이 쉽지 않을 것으로 판단된다. 그래서 미국의 사회적기업을 조직 차원에서 논의하기는 쉽지 않다. 유럽의 경우는 협동조합, 협회와 같은 사회적 경제운동의 기반이 두텁고 공공정책과의 관련성도 크다. 이러한 연유로 유럽 대다수 국가에서 사회적기업의 법적 형태는 '협동조합'으로 존재하고 있다. 물론 영국의 경우는 다른 유럽 국가들과 달리 협동조합뿐만 아니라 다양한 조직형태가 존재한다. 한국의 경우는 유럽의 경향과 유사하지만, 생산공동체운동이나 비영리조직의 활동기반이 유럽과 미국에 비해서 매우 취약한 상황이다. 사회복지기관이나 실업, 빈민운동의 배경을 갖는 조직들이 사회적기업의 주요한 주체이며 일부 일반기업의 사회적기업화 경향도 나타나고 있다.

셋째, 사회적기업에 대한 용어도 국가별 역사적 맥락과 사회적 상황에 따라 다르게 정의되는 것으로 확인되었다. 우선 용어적 의미로 미국에서 사회적기업, 즉 'social enterprise'는 사회적 목적을 가진 비즈니스(business with social goals)이다. 반면 유럽과 한국에서는 사회적 목적을 가진 비즈니스사업체(business organization with social goals)의 의미로 쓰이고 있다. 다음으로 목적 측면에서 미국은 비영리조직의 상업적 수익창출이라는 경향이 크다. 서유럽은 제3섹터나 사회적 경제에 기반을 두면서 일자리 창출, 사회서비스 제공, 지역재생 등 사회통합을 위한 목적을 추구한다. 반면 한국에서는 주로 비영리 지향적 조직에 기반을 두고 활동하면서 취약계층을 위한 일자리 창출과 사회서비스 공급이라는 역할이 강조되고 있다.

이상과 같이 한국의 사회적기업은 유럽의 맥락과 유사하게 사회조직으로서 성격을 갖고 있다고 볼 수 있다. 또한 공공정책과 밀접한 관련성을 갖고 있다는 점, 생산공동체, 협동조합, 비영리단체 및 기관 등의 사회(복지)운동을 배경으로 시민사회의 자율성에 기반하고 있다는 점, 법적 지원체계가 존재한다는 점 등이 서유럽과 유사하다.

유럽이나 한국의 맥락에서 확인되듯이 사회적기업 운동은 사회적 경제 조직이나 복지서비스 공급 조직 등 비영리 지향적 조직의 '혁신화'를 배경으로 발전하고 있다. 즉, 기존 사회조직이 생산활동을 결합하면서 세상을 변혁하는 새로운 혁신적 사회조직으로 성장하고 있는 것이다. 국제적으로 사회적기업은 1970년대 이후 차츰 모습을 드러내기 시작했다. 유럽의 경우 가장 먼저 제도화를 이룬 이탈리아(1991년 사회적협동조합법의 제정)를 필두로 성장하고 있는 중이며, 그 시기는 1990년대 초 이후부터라고 할 수 있을 것이다. 한국의 경우 그보다 뒤인 2000년대 중반 이후부터 발전되기 시작했다. 국제적인 경험과 비교하여 아직은 시작단계라고 할 수 있다.

이제 한국의 사회적기업 운동은 초기 성장기를 지나가고 있다. 무엇보다도 사회조직으로서 자신의 정체성을 명확히 하는 것이 필요하다. 그러면서도 시민사회의 다양한 실천을 수용하고 포용하는 노력도 동시에 병행되어야 할 것이다. 이 과정에서 기업의 사회화도 간과되어서는 안 될 것이다. 다시 말해서 사회적기업 운동은 정체성을 분명히 하면서도 열린 다양성을 추구할 필요가 있다. 그리하여 미래 사회적기업 운동이 기업의 사회화와 사회적기업의 다양화라는 범주로 재구성되고 재해석되는 날이 오기 기대해본다.

제5장 사회적기업의 사회복지적 의의는 무엇인가?

우리는 사회적기업이 고용창출, 사회서비스 제공, 지역사회 재생 등의 역할을 수행하고 있다는 것을 서구와 한국의 경험에서 확인하였다. 이것은 사회적기업이 경제적 기여뿐만 아니라 사회복지의 발전에도 영향을 미친다는 것을 의미한다. 그렇다면, 사회적기업은 사회복지적으로 어떤 의의를 갖고 있는가. 이와 관련하여 먼저 한국의 사회적기업이 사회통합을 위해 어떤 역할을 수행하고 있는지 살펴볼 것이다.

1. 사회적기업은 사회통합을 위해 어떤 역할을 수행하는가?

학문적인 차원에서 사회통합이나 사회적 배제 개념은 매우 포괄적이고 다양한 개념적 속성을 갖고 있는 것으로 평가되고 있다(노대명, 2009).[24] 포괄적인 관점에서 노대명 (2009)에 따르면, 사회통합(social inclusion)은 사회적 배제가 완화되거나 극복되는 과정으로 빈곤과 실업을 포함한 '사회적 위험'으로부터의 보호를 의미한다. 이러한 포괄적 개념 적용은 사회적기업이 갖고 있는 다양한 사회통합의 역할을 고려할 수 있도록 한다. 또한 이러한 개념화는 빈곤, 실업, 사회서비스 개발 등에 대한 해법으로서 등장한 사회적기업의 맥락과도 연관이 있다.

반면, 협의적으로는 영국 노동당 정책 이념에서 확인되는데, 김안나 외(2008)에 따르면, 사회통합은 사회적으로 배제된 집단인 직업이 없는 사람 혹은 그렇게 될 위험에 처해 있는 사람을 위한 통합의 의미이다. 즉, 노동과 복지가 통합(integration)[25]되

---

24) 사회통합에 대한 개념적 논의는 노대명(2009)의 글을 참고하기 바란다.
25) 여기서 통합(integration)은 김용득 외(2007)에 따르면, '한 개인이 가치 있는 방법에 의해 정상적인

는 과정을 의미에서 노동통합 사회적기업과 관련이 있다고 볼 수 있다. 여기서 사회적 배제(social exclusion)는 '사회구조적으로 다양한 영역에서 박탈, 결핍, 불이익을 당해 사회경제·정치 활동에 제대로 참여하지 못하고, 공동체에 대한 사회적 연계의 결핍으로 기본적인 권리를 제약당하고 있는 상태'로 다차원적이고 역동적인 개념이다.

이러한 개념들에서 확인할 수 있듯이 사회통합은 사회적 배제나 사회적 위험을 극복하는 과정이나 상태를 의미하며, 사회적기업과는 취업취약계층을 위한 노동통합이나 사회서비스로부터 배제된 계층을 위해 서비스를 제공하는 활동 등과 관련이 있다고 할 수 있다.

그렇다면 다양한 사회적 배제의 영역에서 고용창출이나 사회서비스 등과 관련하여 사회통합을 위해 한국 사회적기업이 어떠한 역할을 수행하고 있는지 사례를 통해 살펴보도록 하자.

1) 사회적기업의 사회통합 실천 사례

여기서는 3개의 사회적기업을 소개할 것이다. 우선, 취약계층의 고용창출에 기여하고 있는 청소 사회적기업 '함께일하는세상(이하 함세상)', 장애인의 노동통합에 기여하고 있는 칫솔 제조 사회적기업 '핸인핸', 산모도우미라는 새로운 사회서비스를 개발한 '서해출산육아돌봄센터-나비잠(이하 나비잠)' 등 세 개의 사회적기업을 살펴볼 것인데, 각 사회적기업에 대한 개요와 더불어 사회통합과 관련된 특징적인 역할을 중심으로 살펴보도록 하자.

지역사회 안에서 인격적인 개인으로서 성공적으로 참여하게 하는 것'이다. 또한 정상화(normalization)는 가치 절하를 받은 집단이나 사람이 가능한 한 다양한 영역과 높은 수준에서 가치를 인정받는 생활에 통합될 수 있는 기회를 갖는 것이다. 또한 정상화는 개인의 사회통합과 가치를 인정받는 사회통합, 이 양자가 이루어지는 과정이다.

○ 청소 사회적기업 '함께일하는세상'

'함세상'은 청소 대행업, 청소 용역업, 청소 물류 공급업 등의 비즈니스를 하는 사회적기업이다(경기도 수원시 소재). 2002년 경기도 시흥지역의 자활공동체인 '터사랑'에서 출발하였고, 2007년에 인증 사회적기업이 되었다. 사업 분야는 환경 분야에 해당한다. 사업목적은 취약계층을 위한 일자리 창출과 환경 친화적 가치를 추구한다.

사회통합과 관련해서 '함세상'은 여러 가지 역할을 수행하지만, '근로빈곤층을 위한 고용창출자'로서의 역할이 주목된다. 초기 근로빈곤층 6명에서 시작했는데, 2008년에 종사자의 규모가 90명까지 확대되었다. 기존 복지 프로그램인 자활공동체의 통상 종사자 인원이 5인 이내인 점을 감안하면 획기적인 신장이라고 볼 수 있다.

○ 장애인 사회적기업 '핸인핸'

'핸인핸(Hand in Hand)'은 중증 장애인의 노동통합을 위한 사회적기업이며, 칫솔 제조업과 카트리지 재생 등의 비즈니스를 한다(인천광역시 부평구 소재). 1999년 '장애인 근로 직업재활시설'[26]에서 출발하였고, 2007년 10월에 '인증 사회적기업'이 되었다. '핸인핸'은 기존 장애인직업재활시설이 좀 더 혁신적으로 개발된 형태라고 볼 수 있다.

장애인의 사회통합과 관련해서 '핸인핸'은 노동통합, 고용창출, 지역사회복귀 등 여러 가지 역할을 수행하고 있다. 우선 장애인을 위한 '노동통합자'의 역할을 수행하고 있다. 여기서 노동통합(work integration)은 근로 취약자의 노동 과정 참여를 의미한다. 칫솔 생산 공정에 장애 특성을 고려한 노동 분업 시스템을 개발하여 장애인의 노동 참여(participation)를 촉진하고 있다. 다음으로 '핸인핸'은 적극적 영업활동 개발을 통해 장애인 일자리 창출과 고용의 질 향상에 기여하고 있다. '핸인핸'은 직업재활시설로서 총 15명의 사회복지사에 대한 인건비를 국가로부터 지원받고 있는데, 이러한 지원을

---

26) 이 시설은 정부의 복지부처에서 관할한다.

기반으로 노동 취약자인 장애인 78명의 일자리 창출에 성과를 올리고 있다. 또한 전체 근로 장애인 중 45명이 최저임금 이상의 급여를 받고 있다. 더욱 주목할 점은 '핸인핸'에 종사하는 장애인 다섯 가정이 그룹홈(group home)을 통해 지역사회에 복귀하였다는 사실이다. 이렇듯 '핸인핸'은 장애인의 정상화와 사회통합 이념을 사회적기업을 통해 개발하는 잠재력을 보여주고 있다.

○ 사회서비스 제공형 사회적기업 '나비잠'

'나비잠'은 중장년 실직 여성의 일자리 창출과 산모도우미 서비스를 제공하는 사회적기업이다(인천광역시 동구 소재). 구체적으로 '나비잠'이 제공하는 주요 서비스는 산모도우미, 베이비시터, 가사관리사 파견 사업 등이다. 무료형, 저렴형 등 소득별 차등요금제를 시행하여 저소득 계층을 위한 사회서비스를 제공하면서, 동시에 취업 취약계층인 중장년 여성의 일자리 창출에 기여한다.

모단체인 '(사)서해주민센터'는 2005년 노동부 사회적일자리 사업에 참여하면서 산모도우미 사업을 시작하였고, 2007년 10월에 '인증 사회적기업'이 되었다. '나비잠'은 지역사회 시민복지단체가 산모도우미라는 새로운 필요에 주목하여 개발된 비영리조직의 사업단 형태이다.

'나비잠'은 중장년 여성의 일자리 창출, 취약계층을 위한 사회서비스 제공 등의 역할을 수행하고 있다. 이 사례에서 주목할 점은 제도적 복지 서비스 전달체계에 포함되지 않은 비영리단체가 지역사회 필요에 주목하여 '산모도우미'라는 새로운 사회서비스를 개발하였고, 그것의 전국적 확산에 기여했다는 점이다. 맞벌이를 하며 살아가는 도시 저소득층 가정에서 출산과 육아는 경제적으로 대단한 부담이다. 이러한 어려움은 출산의 기피로 이어지고 있으며, 그로 인해 한국 사회의 출산율은 대단히 낮은 상황에 처해 있다. 서해주민센터는 출산 및 육아 지원서비스가 사회적으로 제공될 필요성에 주목하였다. 또한 일반 노동시장에 진입하기 힘든 중장년 실직 여성을 위한 일자리 제공도 출산 육아 서비스와 연결될 수 있다는 것에 주목하였다. 이러한 취지가 정부 차원에서도 긍정적으로 평가되어 2005년 '전국 사회적일자리 아이템 중 5대 우수 사례'로 선정되기도 하였다. 이후 이 사업은 비영리단체의 사회서비스 제공 사업으로 확산되었다.

2) 사회통합을 위한 사회적기업의 역할

현재 한국의 사회적기업은 초기 성장단계이다. 제도화된 영역에 진입한 '인증 사회적기업'은 2010년 12월 기준으로 대략 500여 개이다. 양적으로 규모가 그리 큰 편은 아니다. 그러나 풀뿌리 지역사회의 민간조직들, 기존 복지 프로그램 중 사회적기업으로 개발 가능한 영역들은 상당한 규모로 추정된다. 그런 면에서 사회적기업이 개발될 수 있는 잠재력은 상당하다. 앞서 소개한 3개의 사례가 한국의 사회적기업 전체를 대표하지는 않지만, 한국의 맥락에서 사회통합에 관한 전형적 사례라 할 수 있다. 그래서 향후 사회적기업의 발전도 자활공동체, 장애인직업재활시설, 비영리조직의 혁신적 사업단 등의 영역에서 활성화될 가능성이 크다. <표 5-1>은 소개한 사례를 중심에서 확인된

〈표 5-1〉 사회통합을 위한 사회적기업의 역할

역할	특징
혁신적 복지 프로그램 개발자	자활공동체, 장애인직업재활 등 기존 프로그램의 혁신적 개발
고용창출자	근로빈곤층, 장애인, 중장년여성 등 취업 취약계층을 위한 일자리 창출
노동통합자	장애인 등 노동배제 집단의 노동 참여를 통한 노동 통합 추구
사회복지서비스 공급자	취약계층을 위한 출산, 육아, 보육, 케어, 보건의료 등 사회복지서비스 공급
새로운 사회서비스 개발자	지역사회에 필요에 주목하는 새로운 사회서비스 개발
지역공동체 개발자	장애인의 지역사회 복귀, 공동화된 지역사회개발 등 직장과 생활이 일치되는 지역사회개발

사회적기업의 역할에 대해 정리한 것이다.

첫째, 사회적기업은 혁신적 복지 프로그램의 개발자 역할을 수행하고 있다. 기존 복지 프로그램인 자활공동체, 장애인직업재활시설 등이 비즈니스 개발과 사회적 자원을 동원하면서 비즈니스의 규모와 질적 측면에서 혁신적으로 개발되어 일자리 창출과 사회복지서비스 공급 등에 기여하고 있다.

둘째, 능동적 고용 창출자의 역할을 수행하고 있다. 근로빈곤층, 중증지체 장애인, 지적 장애인, 중장년 실직 여성, 이주민 등 일반 노동시장에 진입하기 힘든 취업 취약계층에게 그들이 기존 복지 프로그램에 머물러 있는 것보다 상대적으로 안정적인 일자리를 제공하고 있다. 또한 장애인 등 일부 영역에서는 고용의 질 향상에도 기여하고 있다.

셋째, 노동에서 배제된 집단에 대한 노동통합자의 역할을 수행하고 있다. 이것은 앞서 언급한 사회적기업의 혁신성과도 연관된 것으로 생산 공정을 적극적으로 개발하여 지적장애인이나 중증장애인 등과 같은 노동능력이 극히 취약한 집단도 노동 과정에 참여할 수 있도록 하고 있다.

넷째, 사회적기업은 사회복지서비스 공급자의 역할도 수행한다. 취약계층을 위한 출산, 육아, 보육, 케어, 보건의료 등 다양한 영역에서 사회복지서비스 공급자의 역할을 수행하고 있다.

다섯째, 사회적기업은 지역사회 필요에 주목하여 산모도우미와 같은 새로운 사회서비스의 개발자 역할을 수행하고 있다. 또한 '나비잠'의 사례에서 확인할 수 있듯이 그런 신규 서비스가 전국적으로 확산되는 데에도 기여하고 있다.

여섯째, 사회적기업은 공동화되는 지역공동체 개발자의 역할을 수행한다. 장애인의 지역사회 복귀, 공동화되는 농촌공동체의 개발 등을 사회적기업은 수행할 수 있다.

결국 한국에서 사회적기업은 지역사회에서 노동 취약계층의 고용창출의 대안으로, 새로운 사회서비스의 공급자이자 개발자로서 역할을 하고 있다. 즉, 사회적기업은 지역사회의 문제를 해결하거나 새로운 복지 수요에 대응하는 지역사회복지 발전의 대안으로 각광받고 있다.

2. 사회적기업의 사회복지적 의의는 무엇인가?

사회복지는 인간이 행복하게 살 수 있는 사회 환경을 의미한다. 여기서의 행복은 단순히 개인의 행복한 상태뿐만 아니라, 행복한 삶을 영위할 수 없는 혹은 불우한 생활을 할 수밖에 없는 사람들을 지원하고 도움을 제공하는 사회적 환경을 의미한다(정원오, 2010). 그러므로 사회복지는 공동체의 집합적 이익이 구현되는 상태라고 할 수 있다. 이런 의미에서 사회복지는 사회적기업과 사회적 경제가 추구하는 목적과 부합한다. 따라서 '사회복지-사회적기업-사회적 경제'는 공동체의 이익 실현이라는 동일한 목적을 추구한다고 볼 수 있다.

앞에서 확인했듯이 사회적기업은 취약계층을 위한 고용창출, 기존 복지 프로그램의 혁신화 등 사회복지에 긍정적 기여를 하고 있다. 동시에 사회적기업의 사회복지적 기여는 사회적 경제의 활성화에 기여할 수 있다. 이것은 사회적기업의 양적·질적 발전은 사회적 목적을 가진 경제 조직의 확산을 의미하는 것이다. 예컨대, 영국에서 사회적기업은 2006년 기준으로 약 5만 5,000개가 있으며, 이것은 근로자 고용사업체 전체의 약 5%에 해당한다. 이들 사회적기업의 매출액 규모는 근로자 고용사업체 총 매출액의 1.3%를 차지하고 있다(조영복, 2007). 이러한 예에서 확인할 수 있듯이 사회적기업의 사회·경제적 잠재력은 충분히 있다고 할 수 있다.

또한 사회복지와 사회적 경제의 발전은 다시 사회적기업을 위한 토대의 확충이라는 의미도 갖고 있다. 그래서 '사회복지-사회적기업-사회적 경제'의 선순환적 발전 경로를 구축하는 것이 미래의 사회·경제적 발전의 과제라고 볼 수 있을 것이다. 구체적으로 사회적기업의 사회복지적 의의는 다음과 같다.

첫째, 사회적기업은 국가복지의 새로운 대안을 창출하는 혁신적 수단이라는 점에서 복지국가의 발전에 기여한다. 취약계층의 재활과 노동을 통한 소득보장이라는 가치를 추구하는 노동통합 사회적기업(work integration social enterprise), 공공과 시장이 감당하지 못하는 사회서비스를 공급하고 나아가 일자리를 창출하는 사회적기업 등은 소득이전 정책과 공공 서비스에 의존하던 기존 복지국가에 새로운 기회와 가능성을 열어주고 있다.

둘째, 사회적기업은 실제 노인과 장애인 등 취약계층을 위한 고용창출 영역에서 사회통합을 위해 적극적 역할을 수행할 수 있다. 이와 관련하여 2007년 7월부터 시행되고 있는 '사회적기업육성법'은 정부 '인증 사회적기업'의 요건에 '취약계층 30% 이상 고용'과 같은 구체적인 목표를 제시하고 있다. 이영환(2009a)의 언급처럼, 평생 의존적인 삶을 살 것 같았던 장애아들이 가장 역할을 하게 되고, 구박 덩어리였던 노인들이 사회적, 가정적 존경을 회복하고, 백수 청년들이 벤처창업자로 변신하게 되는 것은 실로 사회통합을 향한 감격적인 전환임에 틀림없다. 나아가 이들의 빈곤 극복과 사회·경제적 불평등을 완화하는 것이 더욱 요구되는 과제이다.

셋째, 사회적기업은 지역사회의 다양한 이해당사자 참여와 사회적 자원동원을 통해 지속가능성을 추구하면서 지역공동체를 복원하는 데 기여할 수 있다. 이영환(2009b)이 언급했듯이 "쓸모없는 사람은 없다", "사회문제를 해결하는 자원은 지역 안에 있다"는 관점은 사회적기업의 발전 동학이 소유에 근거를 둔 일반기업과 다르다는 점을 명확하게 한다. '참여와 동원'에 의한 사회적기업의 성장은 공동화(空洞化)되고 있는 지역사회를 재생시키는 데 기여할 것이며, 나아가 풀뿌리 민주주의 확장에도 기여할 수 있다.

넷째, 사회적기업 운동은 칼 폴라니(K, Polanyi, 1994)가 지적했던 호혜적 경제의 관점, 즉 자본 소유에 기초한 승자독식 사회가 아니라 사회적 소유와 민주적 참여에 바탕을 둔 공동체 경제를 구축하고자 하는 관점으로 바라볼 필요가 있다. 이 관점에서 사회적기업은 시장경제가 주는 폐해를 보완하고 대체하는 사회적 경제의 구축이라는 의의를 갖고 있다.

현재 한국의 사회적기업은 서구 유럽과 달리 국가복지가 성장하는 국면에서 정부의 주도로 발전하고 있는 상황이다. 그렇다고 하더라도 시민사회의 관심은 대단히 역동적이며 세상을 바꾸는 혁신적 사회적 기업가(social entrepreneurs)의 활동은 무시할 수 없을 정도다. 이러한 관심은 국가복지의 혁신적 발전이라는 가치, 대안적 사회·경제를 구축하려는 흐름과 나아가 지역 공동체의 복원 등 다양한 의미가 병행되면서 촉발되고 있다.

  한국이 복지국가로 나아가는 데 사회적기업이 어떠한 영향을 미칠 것인가 하는 질문은 2010년대 주요한 관심사 중 하나가 되었다. 특히, 사회서비스의 혁신과 고용창출과 관련된 지역사회 복지의 발전뿐만 아니라 공동체가 해체되어 가고 있는 농·어촌 지역의 개발에서는 사회적기업이 중대한 역할을 할 것으로 기대된다.

제 II 부

한국 사회적기업에 관한 이슈와 쟁점들

제6장 사회적기업의 특성은 무엇이고, 어떤 쟁점들이 있는가?

사회적기업의 본연의 모습은 무엇이어야 하는가? 이에 대한 사회적 합의는 사회적기업에 대한 경험이 충분하지 않은 우리에게 매우 필요하다. 한국의 사회적기업은 2007년 제도화 이후 급속히 성장하는 중이다. 이 과정에서 제도에 순응하여 정체성의 위기가 도래하는 '제도적 동형화(institutional isomorphism)'의 문제가 지적되고 있다(장원봉, 2008; 심창학, 2007). 제도적 동형화 현상은 특정 영역에서 활동하고 있는 조직이 자신의 정체성을 잃어버리고 (정체성을 반영하지 못하는) 제도적인 모델과 유사해지려고 하거나 그에 순응하려는 경향을 의미한다. 실제 이 문제는 현실로 나타날 수 있다. 만일 정부가 야심 차게 추진하고 있는 '인증 사회적기업'이 예상보다 확대되지 못하고, 이런 상황에서 정부가 조급한 성과주의에 매몰될 경우 영리성, 시장 지향성을 강조하면서 사회적기업이 견지해야 할 사회적 목적성, 민주성 등의 기준을 완화하여 영리 지향적 기업의 진출을 허용할 수도 있다.[27] 그리고 실천 현장에서도 '영리 지향적 기업의 위장 사회적기업화', '사회적기업의 영리기업화' 등의 문제가 야기될 수 있다. 이럴 경우 사회적기업과 일반 기업의 차이가 무엇인가라는 정체성에 대한 논란이 확대 및 파급될 수 있다. 그러므로 사회적기업의 본질적 속성이 무엇인가에 대한 고찰은 매우 필요한 과제라고 할 수 있다.

여기에서는 사회적기업의 이상적 모형에 따른 한국 사회적기업의 특성에 관한 쟁점을 살펴보도록 하자. 베버(Weber, 1918: Laville & Nyssens, 2001 재인용)가 언급했듯이 "이상형이란 사상의 단일한 구조를 형성하기 위해 여러 관계를 연결 짓는 형태"로

---

27) 실제 정부는 2010년에 (대)기업이 사회적기업을 설립하도록 유도하기 위해 '사회적기업육성법'을 개정하였다. 개정 이전에는 상법사 회사의 경우 특정 소유자가 50% 이상의 지분을 갖지 못하도록 하였다. 그러나 개정안은 그 규정마저도 완화하였다.

그려진다. 이상형의 구조가 현실을 정확히 반영한 것은 아니다. 그럼에도 불구하고 이상형 접근은 개념을 좀 더 정확히 규정하고, 개념과 관련된 현상의 특성을 분석하는 수단이 될 수 있다.

1. 사회적기업의 이상적 모형이란 무엇인가?

이상적 모형은 서유럽 사회적기업연구자 네트워크인 EMES의 PERSE 프로젝트[28]에서 제시된 사회적기업의 개념과 이상적 특성을 상정해 볼 수 있다(Defourney, 2006). 드프르니, 보르자가 등에 따르면, 사회적기업은 사회적, 경제적 목적을 통합적으로 생산하는 조직이며(다중목적 조직), 조직운영에 있어서 민주적 협동원리(민주적 지배구조)를 구현하면서 시장과 비시장 영역에서 서로 다른 자원을 동원(혼합적 자원동원)하는 조직이다. 이러한 개념은 '생산성', '재정적 지속가능성', '의사결정구조의 민주성' 등을 이상적 특성(ideal character)으로 구성한 것이다. 한국 사회적기업의 특성을 분석하는 데 서유럽 사회적기업 연구자들의 이론을 채택하는 이유는 우선 그들의 이론이 유럽 12개국의 노동통합 사회적기업에 대한 실증적 연구(PERSE 프로젝트 등)를 바탕으로 도출되었기 때문이고, 또한 유럽의 사회적기업이 한국의 것과 유사하게 사회조직적 맥락[29]에 있다는 점도 고려한 것이다.

<표 6-1>은 EMES가 제시한 사회적기업의 세 가지 이상적 특성을 제시하고, 관련된 쟁점을 제시한 것이다. 각 특성별로 이를 좀 더 구체적으로 살펴보기로 하자.

첫째, 사회적기업의 생산성은 경제활동의 본질적 속성이 사회적 사명과 결합되어야만 한다는 것이다. 이것은 사회적기업의 상거래활동의 목적과 관련된 특성으로 상품과 서비스의 생산은 사회적 사명을 지원하는 것을 의미한다. 이에 따라 경제활동(상거래활

---

28) EMES는 ELEXIES 프로젝트(2002-03년)와 PERSE 연구 프로젝트(2001~04)를 통하여 유럽 12개국의 노동통합사회적기업에 관한 연구를 수행하였다(Nyssens ed., 2006).
29) 이에 대해서는 이 책의 4장 '사회적기업은 사회적 비즈니스인가? 사회조직인가?'를 참고하기 바란다.

〈표 6-1〉 사회적기업의 이상적 특성과 쟁점

범주	개념적 의미	쟁점
생산성	사회적기업의 경제적 목적과 관련된 특성이며, 경제활동(재화와 서비스의 생산)이 사회적 사명과 통합된 것을 의미	영리목적의 허용 여부, 사회적기업은 영리목적과 사회적 목적을 동시에 달성하는 이중목적 조직인가? 아니면 경제적 목적은 사회적 목적에 통합되어 있는 것인가?
재정적 지속가능성	사회적기업의 재정적 지속가능성은 자신의 사명을 지속할 수준의 다양한 자원을 동원한다는 의미	사회적기업은 100% 시장에서 자립해야 하는가?
민주성	자본소유에 기반을 두지 않은 민주적 의사결정구조를 의미	법적 지위 측면에서 자본소유에 의한 의사결정구조를 갖는 상법상 회사가 사회적기업으로서 허용될 수 있는가? 어떤 조건에서 가능한가?

동)의 목적과 사회적 가치추구는 통합된다. 예컨대 사회적기업의 사명이 취약계층을 위한 일자리 창출이라면 경제활동은 그 자체로 노동통합 목적을 지원하는 것이다. 또한 사회적기업의 사명이 사회서비스를 지원하는 것이라면 경제활동의 목적은 서비스 제공을 통한 이윤 창출이 주된 목적이 아니라 서비스를 필요로 하는 사람에게 그것을 제공하는 것이다.

이러한 사회적기업의 생산성에 대한 관점은 환경, 재활용 이슈를 다루는 사회적기업, 제3세계 생산자의 노동가치 지원을 목적으로 하는 윤리적 기업(공정무역 사회적기업) 등에 적용될 수 있다. 이러한 관점에서 사회적기업의 경제적 목적을 '영리지향적 목적'으로 접근하는 것은 상당한 혼란에 빠지게 하고 실천적으로는 사회적기업의 정당성에 대한 의구심으로 진화할 수 있다.

둘째, 사회적기업의 재정적 지속가능성은 사회적기업이 사명을 지속할 정도의 자원을 획득하는 것을 의미하며, 다양한 경제적 영역에서 혼합적으로 자원을 동원한다는 의미이다. 즉, 사회적기업이 사명을 유지하기 위해 획득하는 자원은 상거래활동 만에 국한되지 않는다는 의미이다. 구체적으로 상거래활동을 통한 수입, 공공보조금, 자원활동, 구성원의 기금, 기부금 등 사회적 자본에 의해 획득되는 자원 등으로 구성될 수 있다. 특히 이점은 영리지향적인 기업과 구별되는 중요한 특성이라고 볼 수 있다.

이러한 재정적 지속가능성에 대해 시장에서의 자립과 효율성을 강조할 경우 상거래활동을 통한 수익창출 능력은 중요한 이슈로 드러나게 된다. 아울러 이점은 정책 당국자가 공공의존도에 대한 문제를 제기하는 것과 결합되어 나타날 가능성이 크다.

셋째, 사회적기업의 민주성은 회원(또는 조합원), 자원봉사자, 참여 노동자, 정부당국자, 지역사회 주민 등 복합적 이해당사자의 참여에 의한 민주적 의사결정구조(지배구조)를 의미한다. 기업의 지배구조는 주식과 같은 자본의 소유에 기반을 두고 의사결정을 한다. 즉, '1주 1표'의 원리에 의해서 자본(투자자) 중심으로 기업의 의사결정이 이루어진다는 의미이다. 반면 사회적기업은 공식적 의사결정기구(이사회와 같은)에 서로 다른 이해당사자가 참여하며 자본소유에 기반을 두지 않는 의사결정구조를 갖고 있다. 즉, '1인 1표'의 원리로서 사람 중심의 의사결정이 이루어진다. 이러한 관점은 개인적 리더십에 초점을 둔 관점과 대비되는 것으로 사회적기업이 제3섹터나 협동조합과 같이 사회적 소유, 협동 경영, 민주적 참여에 의해 지배되는 것을 의미한다.

이와 관련된 쟁점은 법적 지위 측면에서 자본소유에 의한 지배구조를 갖는 상법상 회사가 사회적기업으로서 허용될 수 있는가와 관련이 깊다. 상법상회사(주식회사)의 의사결정권은 자본 소유권에 의해 부여되기 때문에 이해당사자의 참여에 의해 의사결정권이 부여되는 사회적기업의 원리와 충돌한다.

이상에서 설명한 세 가지 특성은 사회적기업의 개념을 구성하는 중요한 요소이며, 각각은 상호 밀접한 관련성도 있다. 예컨대, 사회적기업의 영리목적을 인정할 경우 '자본소유에 의한 의사결정구조'는 가능할 수 있고, 이것의 주요한 자원동원 전략은 시장에서의 경쟁력 강화일 것이다.

그렇다면 이렇게 세 가지 특성으로 구성된 사회적기업의 이상적 모형의 의미는 무엇일까? <그림 6-1>을 통해 그 이상형을 살펴보기로 하자.

그림에서 제시된 꼭지점은 각 속성의 이상적 방향을 의미하며 이것이 연결된 이상적

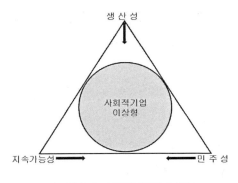

생 산 성

사회적기업
이상형

지속가능성 ◀━━▶ ━━▶ 민 주 성

〈그림 6-1〉 사회적기업의 이상형

* 주. 삼각형(△)과 원(○)은 크기가 아니라 개념이 구성된 상태를
의미한다. 화살표의 방향(→)은 각각의 특성 변화를 의미한다.

상태는 정삼각형이다. 사회적기업의 이상형은 이러한 정삼각형 내부에 접합되어 있는 내심인 '원(circle)'으로 구성된 영역이다. 그리고 삼각형과 원으로 구성된 영역은 크기를 의미하는 것이 아니라 개념이 구성된 상태를 의미한다. 이상형은 사회적기업의 생산성, 지속가능성, 민주성의 조화와 균형을 이룬 영역 안에 구성된다는 것을 의미한다. 이 세 가지 특성의 종합으로 사회적기업 개념은 구성되며 각각의 요소는 상호 연관성을 갖고 있다. 예컨대, 생산성이 '영리목적'을 강하게 지향할 경우, 지속가능성은 '시장 수익 창출'이 강조되고 되고, 민주성에 대해서도 상법상 법적 지위를 갖는 조직에 대해 유연한 태도가 나타나게 된다. 이럴 경우 사회적기업의 법적 지위에 영리기업도 포함하는 양상이 나타날 수 있다.

이렇듯 사회적기업의 개념 구성은 각 속성의 변화에 의해 결정된다. 화살표(→)는 특성 변화를 의미한다. 예컨대, 지속가능성이 화살표(→) 방향으로 이동한다는 의미는 공공의존성이 지배적이거나 시장 안에서의 수익 창출이 지배적인 상황이 된다는 것을 의미한다. 그래서 3개의 특성이 화살표 방향으로 이동할 경우 <그림 6-1>에 제시된 이상형 내부로 사회적기업의 개념(원)이 변형된 양상으로 구성되게 된다.

2. 사회적기업의 특성에 대해 어떤 쟁점들이 있는가?

1) 사회적기업은 이윤극대화(영리목적)를 추구하는 조직인가?

사회적기업에 대해 개념 정의할 경우 가장 쟁점이 되고 있는 것 중 하나는 '다중목적의 특성'에서 '경제적 목적에 대한 관점'이다. 구체적으로 경제적 목적이 사회적 사명과 '통합'된 것인지, 경제적 목적이 영리목적 추구 차원에서 '동시 달성'되어야 하는지에 관한 쟁점이 존재한다. 이상적 모형에서 사회적기업의 생산성은 경제적 목적이 사회적 목적에 통합된 것으로 간주하지만, 핵심은 사회적기업의 최우선적 목적이 '사회적'임을 의미한다. 그러나 이와 달리 최근에 '사회적기업은 이중목적 조직으로서 혼성조직(하이브리드 조직, hybrid orgnization)'으로 보는 경향이 등장하고 있다. 이는 사회적기업의 경제적 목적인 이윤 극대화가 사회적 목적과 동시에 달성되어야 한다는 주장이다. 우선 정책적 차원에서 사회적기업의 영리목적성을 강조하는 경향을 발견할 수 있다.

> "사회적기업은 이윤극대화를 추구하는 전통적인 기업관과 사회서비스의 창출을 목표로 하는 사회적·공익적 목적관을 동시에 지닌 제3의 경제주체이다."(노동부, 2009).

그러나 목적 차원에서 혼성조직을 강조하는 관점은 의도적이든 그렇지 않든 간에 사회적기업을 영리적 속성을 갖는 기업으로 간주할 위험성이 존재한다. 이러한 경향은 서구의 경험(주로 미국과 영국)에서도 나타나고 있는데, 한국도 이와 유사하다고 볼 수 있다. 이 관점은 사회적기업이 영리 목적과 비영리 목적 사이에 경계가 중첩되기 때문에 혼성조직(Low, 2006)이라고 간주하며, 사회적기업이 영리목적을 추구하므로 그것의 핵심 활동 공간은 시장이라고 가정한다. 이점을 과도하게 강조할 경우 실천적으로 영리목적을 위해 시장경쟁이 우선이고, 사회적 목적 추구는 이차적으로 다루어지게 될 가능성이 크다. 또한 이러한 주장은 사회적기업에 대해서 기업활동의 측면을 중시하여 시장반응성, 효율성 증대를 강조(Haugh, 2006)하는 것으로 나타난다. 그러나 이처럼 사회적 목적과 기업활동 연계를 과도하게 강조할 경우 '기업의 사회공헌과 큰 차이점을 발견할 수 없을 것이다. 그래서 오히려 '사회적 목적'이 기업활동에 종속되는 논리로 발전되는 오류에 빠질 수 있다. 또한 정부가 인증 사회적기업 확대를 위해 조급한 성과주의에 매몰될 경우 영리기업의 사회적기업 진출을 관대하게 허용할 수도 있다.

이렇듯 목적 차원에서 사회적기업의 하이브리드적 특성을 강조하는 경향은 필연적으로 사회적기업이 '영리지향성'을 가져야 한다는 논리나 정책으로 전개될 위험성이 크다. 또한 경제적 목표의 과도한 강조는 사회적기업의 본성이 '목적전치(目的前置)'화 될 수 있다. 결국 이러한 논리는 사회적기업의 '시장 자립' 담론으로 이어지게 된다.

반면 앞서 살펴본 정부의 정책 방향과는 달리 사회적기업 인증 요건에서는 '사회적 목적에 경제활동을 통합한 특성'을 엄격하게 적용하고 있다. 이와 관련된 핵심 요건은 '사회적 목적 실현 조항(사회적기업육성법 시행령 제9조)'이다. 아래의 인증 심사결과는 경제활동이 사회적 목적과 통합된 것과 그렇지 않은 것의 차이를 잘 말해주고 있다.

> "(주)노리단은 공연, 워크샵, 악기제작, 문화컨텐츠 개발 등을 담당하는 기관으로 재활용품을 활용한 악기로 공연을 함으로써 문화와 환경 분야에서 취약계층에게는 일자리를, 문화소외계층에게는 공연 서비스를 제공하는 문화공동체이므로 인증"

> "000대학교생활협동조합의 경우 대학식당과 매점 등에서 수익사업을 바탕으로 대학발전기금 기부, 영화제 등 문화행사개최 등을 하나, 학교생협의 경우 조합원 이익중심이고, 수익의 사회환원 등이 불명확하며, (중략) 사회적 목적을 실현한다고 판단하기 곤란하여 불인증"

현재 인증 받은 사회적기업들은 대체로 정부 인증기준에 부합한 것으로 판단된다. 그러나 최근 일부 영리기업이 인증 사회적기업에 진입하면서 사회적 목적과 경제적 목적의 분리 현상이 발견되고 있다. 2008년 현재 218개 인증 사회적기업의 경우 전체의 84%가 사회적 목적 측면에서 '취약계층을 위한 일자리 창출형'과 '사회서비스 제공형'이다(노동부·RISE, 2009). 하지만 최근 일반기업 중에 시중에 잘 알려진 온라인 대출

회사인 '이지론'이 선정된 사례가 있다(그 회사의 정식 이름은 한국이지론(주)이며, 사회적기업 제2010-004호로 인증받았다). 이것은 사회적 목적과 경제적 목적을 분리할 경우 나타날 수 있는 전형적인 사례이다. 이렇듯 사회적기업의 생산성을 경제적 목적과 통합된 관점으로 고려하는 것은 사회적기업이 왜곡(특히 영리기업)될 수 있는 가능성을 예방하는 차원에서도 필요하다.

'사회 통합적 생산상' 관점은 정책입안자나 현장 실천가들이 강조하고 있는 사회적기업을 위한 보호된 시장 정책을 위한 정당성과도 관련이 있다. 이와 관련되어 일각의 지방자치단체 공무원이 "사회적기업에게 보호된 시장을 만들어 주는 것은 지역 영세업체들의 시장을 침해하는 것 아닌가"라고 지적하는 것은 매우 의미심장하다(김정원, 2009). 그래서 사회적기업이 추구하는 경제적 목적이 분명하고 설득력 있게 사회적으로 합의되는 것이 매우 중요하다. 예컨대, 장애인의 노동통합을 추구하는 사회적기업에 대해 우선구매 조치를 취하는 것에 문제를 제기하는 경우는 거의 존재하지 않는다. 이처럼 사회적기업의 경제적 목적은 사회적 사명에 통합된 것임을 분명히 밝히는 것은 사회적기업의 정당성 확보를 위해 중요하다.

2) 사회적기업은 100% 시장에서 경제적 자립성을 실현해야 하는가?

사회적기업이 자신의 사회적 사명을 유지하고자 지속적으로 자원을 획득하는 것은 대단히 중요한 과제이다. 그래서 '자립'이라는 담론은 중요한 이슈로 부각하게 된다. 시장에서 상거래활동만을 통해서 재정적 자원을 획득해야 하는 것인지, 아니면 다양한 사회적 자원의 동원을 통해 재정적 지속가능성을 추구하는지에 관한 쟁점이다. 이상형 모형에서는 상거래활동뿐만 아니라 다양한 사회적 자원이 동원될 수 있다고 본다. 이러한 관점은 '자립' 담론이 실천적 차원에서 필연적으로 '시장 경쟁력 강화'로 이어질 수 있기 때문에 강조될 필요가 있다. 특히 정책당국자들이 '시장경쟁력 강화를 통한 자립'을 강조하는 경향이 두드러지고 있다.

"사회적기업은 시장 경쟁력을 가진 조직이어야 한다", "사회적기업은 시장에서 생존해야 한다."(노동부, 2009)

"사회적기업에 대한 경영컨설팅 지원 정책의 목적은 사회적기업이 시장에서 자립할 수 있도록 하기 위함이다."(노동부, 2009)

물론 이러한 경향은 '인증 사회적기업을 정부 지원을 받기 위한 도구'로 보는 현장의 경향을 견제하기 위한 것으로 추정할 수 있지만, 오히려 무분별한 시장에서의 자립 강조는 정부 정책의 모순을 드러낼 뿐 아니라 역설(paradoxes)적이기까지 하다. 주지하듯이 한국의 사회적기업 육성 정책은 취약계층의 일자리 창출을 강조하고 있고, 실제 '인증 사회적기업'도 상당수는 그러한 목적을 수행하고 있다. 그래서 "사회적기업을 지속적으로 (시장에서 – 필자) 수익을 창출하는 하나의 기업으로 성공시킨다는 것은 낙타가 바늘구멍에 들어가는 것처럼 어려운 일이다"(조영복, 2009)는 지적은 타당하다. 예컨대, 극히 노동능력이 취약하고, 노동시장에 진입하기 어려운 장애인 노동통합사회적기업인 '위캔'의 경우, '직업재활시설'로 정부 지원을 공식적으로 받고 있고, '인증 사회적기업'이기도 하다. 이렇게 노동능력이 극히 취약한 장애인 사회적기업이 시장에서 자립 가능한지 의문이다. 또한, 현재 장애인 사회적기업의 대다수는 복지 서비스 공급조직으로서 공익적 목적을 위해 정부지원을 받고 있는데 이들에 대해 의도했든 그렇지 않든 간에 '시장자립'을 강조하는 것은 정부 정책 간에 모순되는 상황으로 발전할 수 있다.

이러한 측면에서 정부 정책에 대해 "시장경쟁논리에 입각한 일자리 창출의 수단으로써 자기 성격을 명확히 드러내고 있는 정부 주도의 사회적기업 흐름이며, 정부의 사회적기업 지원 정책은 자활근로사업을 통해 취약계층의 공동 창업을 유도했던 자활공동체 육성 사업과 같은 패턴으로 그와 동일한 우를 발생할 가능성이 크다"(문보경, 2008)고 지적하는 것은 일면 타당성이 있다. 더구나 한시적 일자리 지원정책인 사회적 일자리사업과 연계한 사회적기업 육성 정책에 대해서 '3년이라는 단기간에 자립을 강조하는 정부

지원 정책은 일반기업도 감당하기 어려운 과제'라고 지적하고 있다는 점에 주목할 필요가 있다.

'시장 자립'을 강조하는 정책적 경향에 비해 그와 관련된 인증 요건은 상당히 유연하다. '영업활동을 통한 수입 기준(사회적기업육성법 시행령 제10조)'은 '사회적기업으로 인증을 받기 위해서는 최근 6개월 동안의 영업활동을 통한 총 수입액이 총 노무비의 30% 이상이 되어야 한다'고 제시하고 있다. 이것은 인증을 신청하는 상당수 사회적기업이 정부 정책과 밀접한 연관을 맺고 있는 자활공동체, 사회적일자리 사업단, 장애인 직업시설 등임을 감안한 것으로 볼 수 있다. 현장 사회적기업의 경우 시장을 통한 매출뿐만 아니라 정부, 공공시장, 후원금, 회비 등 다양한 형태로 자원동원을 하고 있다. 2009년의 정부 보고서에 따르면, 사회적기업의 수입은 영업활동을 통한 매출액 66.5%, 정부 또는 지방자치단체의 지원금 24%, 기타 사회적 자원 9.5%로 구성되어 있다(곽선화, 2009).

이렇듯 사회적기업의 재정적 지속가능성은 시장에서의 수익창출뿐만 아니라 공공정책과 다양한 지역사회 및 공동체의 자원동원 전략과 관련성이 있다. 재정적 지속가능성을 정부보조금과 영업활동을 통한 수입만을 지표로 보는 것은 협소한 시각일 수 있다. 예컨대 '인증 사회적기업' 중에 의료생활협동조합[30]의 경우 그들 자원의 주요 출처는 조합원이며, 신규 투자나 자금 확보를 위해서 조합원의 출자와 증자를 통한 자원동원 전략을 추구한다. 따라서 사회적기업의 지속가능성을 평가하는 데 그 조직이 갖고 있는 자원동원 능력을 종합적으로 고려할 필요가 있고, 특히 지역사회 주민이나 맴버들의 참여도, 그것들에 의한 자원의 유지 및 동원 능력 등도 지속가능성과 관련된 중요 지표가 될 수 있다.

한편 사회적기업의 자립성은 사회적기업의 유형과 특성에 따라서도 다르게 강조가

---

30) 2009년 기준으로 인증 사회적기업 중에 의료생활협동조합은 '서울 의료소비자생활협동조합', '함께걸음 의료소비자협동조합', '인천평화 의료생활협동조합', '안산 의료소비자생활협동조합', '안성 의료소비자생활협동조합', '원주 의료소비자생활협동조합', '대전민들레 의료소비자 생활협동조합' 7개가 있다(노동부·RISE, 2009).

될 필요가 있다. 예컨대, 취약계층의 노동통합 목적을 갖는 사회적기업에 대해 '시장에서 자립'을 강조하는 것은 논리적으로도 현실적으로도 가능하지 않다. 그렇지만, 윤리적 소비나 생태적 가치를 재화로 생산하는 사회적기업의 경우는 오히려 시장이 주요 경쟁 공간일 수 있다. 따라서 사회적기업의 재정적 지속가능성 확보를 위한 핵심 목표는 다양한 경제 영역에서 자원을 동원할 수 있는 역량의 강화에 있어야 한다. 이러한 역량의 확보는 협동조합처럼 다수 조합원의 참여에 기반을 둔 이용(협동조합에서 조합원은 주인일 뿐만 아니라 소비자이다)이 주요한 방식이 될 수도 있고, 시민단체처럼 시민의 자발적 참여나 후원방식이 될 수도 있다는 점을 인식할 필요가 있다.

3) 사회적기업은 자본소유에 근거한 의사결정구조를 허용할 수 있는가?

다양한 이해당사자의 참여에 의한 의사결정구조의 의미는 사회적기업의 사회적 목적을 확실히 담보하는 수단을 의미한다. 즉, 이것은 사회적 소유에 의한 의사결정구조를 의미한다(노동부, 2009). 하지만 사회적기업은 시장에서의 활동을 위해 선택적으로 일반기업의 지위를 채택하게 되는 경우가 있다. 예컨대 한국의 인증 사회적기업의 상당수는 시장 비즈니스를 위해 주식회사 형태를 띠는 경우가 있다. 그러나 주식회사 지배구조의 원리는 주식 소유자(주인)에 의한 의사결정이 이루어지는 체제이다. 그래서 이러한 상법상의 법적 지위는 '사회적기업의 민주성'과 충돌하게 된다.

첫째, 정부 정책과 정부 인증 요건에서는 '해당 기관의 주요 회의체는 임원이나 이사 이외에 근로자 대표, 서비스 수혜자 등 다양한 이해관계자가 참여하는 의사결정구조를 갖추어야 한다'고 규정한다. 그러나 이 규정은 투자자의 지분에 의해 의사결정이 되는 주식회사의 원리와 충돌할 수 있다.

> "자본 소유에 기반하여 의사결정구조가 이루어지는 주식회사인 상법상 회사의 경우에는 자본 구성 측면에서 적절한 주식배분구조가 이루어져야 한다. 대표 및 가족, 친인척 등 특정 이해관계자 들의 주식 지분이 50%를 넘지 않아야 한다."(노동부, 2009)

하지만 이러한 소유권 통제 기준은 본질적으로 한계가 있다. '49%'나 '51%'나 의사결정권을 주도하는 측면에서는 큰 차이가 없기 때문이다.[31]

한편 실천 현장에서는 상법상회사 지위를 갖더라도 내부에 별도의 민주적 운영구조를 유지하기 위한 정관을 두고 있기도 하다. 예컨대, 한국에서 성공적인 사회적기업으로 알려진 '(주)함께일하는세상'의 경우, 실제 조직을 운영하는 정관은 '1인 1표' 제도에 기반을 둔 협동조합 방식을 따르고 있다. 이렇게 사회적기업이 이중적인 시스템을 갖는 것은 비영리조직이나 노동자 협동조합의 경우 일반 금융기관으로부터 대출을 받기 힘들고, 주식회사에 친숙한 시장의 인식 등을 고려한 고육지책으로 보인다.

이처럼 상법상회사라는 법적 지위를 인정할 경우 사회적기업의 원리와 여러 측면에서 충돌할 가능성이 크다. 그래서 현재의 인증 제도를 보완하는 방안이 모색되는 것이 필요하다. 예컨대, 이탈리아의 '사회적 협동조합법'처럼 사회적기업에게 독립적인 법적지위를 부여하는 제도의 도입이 모색될 수 있을 것이다.[32]

한편 사회적 소유 관점을 전제로 한 민주성은 사회적 기업의 위험 감수성과 관련된 이슈와도 충돌할 수 있다. 즉 사회적기업은 비즈니스적 특성이 있기 때문에 아래의 언급처럼 위험 감수를 위해 주인(소유자)이 분명해야 한다는 입장이다.

> "사회적기업은 자신의 돈으로 자신의 위험으로 운영되는 기업이다. 미국의 성공적인 사회적기업 전체 예산의 99%는 자신의 돈이다."(조영복, 2009)

이러한 입장은 사적소유를 강조하는 전형적인 영리기업의 관점인데 그렇다고 해서 사회적 소유 체제를 갖는 사회적기업이 위험감수성이 없을 것이라는 주장은 근거가 미흡하며, 무엇보다도 그와 관련된 실증적 근거도 제시된 바가 없다. 오히려 우리와

---

31) 2010년에 이 규정은 완화되었는데, 현재는 사회적기업의 인증요건에서 상법상 회사에 대해 지분소유의 제한을 두지 않고 있다.

32) 이에 대해서는 다음 장인 제8장의 '사회적기업육성법의 인증제에 관한 이슈와 쟁점'에서 자세히 다룬다.

유사한 맥락을 갖고 있는 유럽국가의 사회적기업 실증 연구에서는 위험감수성이 분명한 특성으로 확인되었다(Defourney, 2001).

3. 한국의 사회적기업은 이상형과 근접한가?

지금까지 사회적기업의 이상적 모형을 바탕으로 한국 사회적기업의 특성을 세 가지 쟁점을 중심으로 고찰하였다(<표 6-2> 참조). 이를 통해 한국 사회적기업이 어디에 서 있는지 확인할 수 있다(<그림 6-2> 참조).

첫째, 사회적기업의 생산성에 관해 정책이나 담론 차원에서 이윤극대화라는 영리목적이 강조되고 있다. 그러나 현재 인증제도 차원에서는 사회적 사명에 통합된 경제활동 특성이 엄격히 적용되고 있다. 현장에서는 일부 영리목적기업이 인증 사회적기업으로 되는 사례도 나타나고 있다.

둘째, 사회적기업의 재정적 지속가능성에 대해서는 '시장경쟁력 강화'와 '시장자립'이 정책이나 담론 차원에서 강조되고 있지만, 실제 제도 운용 차원에서는 '총 노무비 대비 총 경제활동 수입액 비율 30% 이상'이라는 기준을 적용하여 공공정책과의 연관성을 인정하고 있다. 한편 현장 사회적기업의 경우 시장을 통한 수익창출, 공공 보조금뿐만 아니라 회원, 조합원에 의한 출자 및 증자, 지역사회의 인적, 물적 자원동원 등 다양한 형태의 혼합적 자원동원 특성을 갖고 있다.

셋째, 사회적기업의 민주성에 대해서는 '소유자로서 주인', '위험감수성'을 강조하는 경향이 나타나고 있고 제도 차원에서는 상법상회사가 공식적으로 인증되고 있다. 일부 사회적기업의 경우 민주적 의사결정구조를 유지하기 위해 상법상회사 지위를 갖고 있더라도 내부적으로는 이해당사자가 참여하는 협동조합 방식으로 운영하고 있다.

현실에서 확인된 한국 사회적기업의 특성을 이상적 사회적기업 기준과 비교하면 정책과 제도, 실천 측면에서 각 특성이 여러 측면에서 유사하지만, 아주 대조적인 경우도 있다. 특히 상당부분 영리지향적 기업 속성과 시장자립을 강조하는 징후가

<표 6-2> 한국 사회적기업 특성의 양상

이론적 관점	정책 차원	인증제도 차원	실천 현장
사회 통합적 생산성	• 영리 목적 강조	• 사회적 사명에 통합된 경제활동 특성 기준 적용	• 인증 사회적기업의 경우 다수가 취약계층 일자리 창출형과 사회서비스제 공형 • 일부 영리목적 기업이 인증 사회적기업으로 등장
양상	영리 목적이 과도하게 강조되어 사회적 목적과 분리된 사회적기업 등장의 가능성		
재정적 지속 가능성	• 시장 자립 강조 • 시장 경쟁력 강화	• 총 노무비 대비 총 경제활동 수입액 30 % 기준 • 공공정책과의 연관성 인정	• 상거래 활동을 포함한 다양한 형태의 혼합적 자원동원
양상	시장 기반 영업활동에 대한 과도한 강조로 혼합적 자원동원을 통한 다각적 지속가능성 추구가 약화될 가능성		
의사결정 구조의 민주성	• 제한된 범위에서 사적 소유권 인정	• 법적 지위로서 상법상회사 허용(이윤의 2/3이상 재투자) • 사회적 목적 강제 수단으로서 강제성 미약	• 상거래 활동을 포함한 다양한 형태의 혼합적 자원동원 • 위험감수성 강조하면서 사적 소유권 허용
양상	상법상 회사에 대한 지배권 통제에 관한 쟁점 위험감수성을 강조하면서 사적 소유권을 허용하는 쟁점		

포착되고 있다. 결국 이러한 특성 변화의 양상은 <그림 6-1>에서 제시한 이상형에서 변형된 형태로 사회적기업이 전환될 수 있음을 시사한다. 즉, <그림 6-2> 처럼 각각의 특성이 내부로 이동하여 원래 이상적 타입의 원과 비교하여 변형된 원의 형태로 사회적기업의 개념이 구성되게 된다.

결론적으로 서두에서 지적했던 한국 사회적기업에 대한 '제도적 동형화(institutional isomorphism)'의 문제가 현실화되고 있으며, 이러한 현상이 초래할 부정적 결과에 대한 문제제기와 함께 이를 극복할 수 있는 '제도적 정상화'에 대해 더 많은 관심이

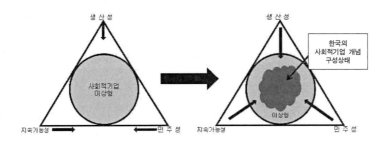

〈그림 6-2〉 한국 사회적기업 개념 구성 상태

필요한 시점이다. 주지하듯이 한국의 사회적기업은 사회적, 경제적 민주주의를 확장하려
는 대안적 운동의 산물이다. 이러한 관점에서 제도는 사회운동적 노력의 산물이라고
볼 수 있다. 그래서 현재의 위기를 넘어 좀 더 적극적이고 능동적 차원에서 현재
사회적기업 제도를 원래의 본성에 적합하도록 실천하는 노력이 필요하다. 이러한 측면에
서 심창학(2007)의 지적처럼 현재 '인증 사회적기업 제도'로 대표되는 '사회적기업육성법'
의 개정에 관한 논의가 필요하다. '제도적 정상화'를 위해 현재의 법적 틀 안에서
개정을 하는 방향이 타당한지, 아니면 사회적기업에 독립적 법적 지위를 부여하는
유럽의 '사회적 협동조합법'과 같은 방향이 적합한지에 관한 논의들이 필요하다.

제7장 사회적기업의 '고용의 질'에 관한 쟁점들과 고용실태는 어떠한가? 33)

　사회정책 차원에서 '고용의 질'은 사회통합, 생산성 향상, 고용확대 등의 목표와 공존하면서 관심을 받고 있다. 구체적으로 이러한 관심은 주로 나쁜 일자리 대신 실업을 선택하는 것을 방지하거나 비경제활동인구를 노동시장으로 끌어들이기 위한 목적에서 나타난다(Green, 2005). 또한, 고용의 질이 사회적 소외 및 빈곤과의 상관관계가 크다는 측면도 그 이유로 작용한다(Kauppinen, 2005). 경제적 측면에서 보면, 특히 유럽연합 국가들에서 고용의 질이 노동생산성과 긍정적 관계가 있다는 결과가 나오면서, 국가의 생산성을 향상시키기 위한 경로로 주목받고 있기도 하다(Kauppinen, 2005).

　국제노동기구(ILO)에서는 '괜찮은 노동'(decent work)라는 용어를 통해서 '사회통합'으로서의 고용의 질을 강조하고 있다. ILO에 따르면, '괜찮은 노동'은 "많은 사람들에게 빈곤탈출의 최우선 경로이자, 일상의 존재에서 자신의 목표를 인식하고 다른 사람과의 연대에 관련한 것이다. 또한, 모든 곳에서 모든 사람에게 인간의 존엄성을 보장하는 것'이다(ILO, 2001). 특히 빈곤, 실업, 불평등에서 기인한 문제를 해결하기 위한 사회통합정책의 주요한 개념으로 '괜찮은 노동'이 강조되고 있다.

　사회적기업이 추구하는 핵심적 가치 중 하나도 취약계층이나 사회적 배제 계층을 위한 사회통합이다. 그래서 사회적기업에서 '고용의 질'은 중요한 이슈라고 할 수 있다. 이 장에서는 사회적기업의 고용의 질에 관한 쟁점을 살펴보고, 한국 사회적기업의 고용실태에 대해 살펴보고자 한다.

---

33) 이 부분의 내용은 필자가 공동연구원으로 참여한 '사회적기업 종사자 노동실태 연구'(이영환·김성기·김종진·이정봉, 2009)에서 발췌하여 재구성하였다.

1. 사회적기업의 '고용의 질'에 대해 어떤 쟁점들이 있는가?

사회적기업은 사회제도로서 위상을 갖고 있다. 그래서 고용정책 측면에서 '제도적 표준'으로서 기준을 갖추는 것이 요구된다. 반면, 사회적기업은 사회적 가치를 추구하는 민간의 자율적 조직이기도 하다. 만일 사회적기업의 일자리가 일각의 지적처럼 '저임금 단기 일자리'로 평가된다면 제도적 정당성을 획득하기 힘들 것이다. 한편, 주체적 차원에서 고용의 질은 사회적기업의 지속가능성도 관련이 있다. 과연 현재의 사회적기업이 주체적인 역량을 통해 고용된 유급노동자에 대해 고용안정성을 보장하고, 사회적 평균 수준의 임금을 감당할 수 있는 지불 능력을 갖고 있는가의 문제가 검토되어야 한다. 그렇지 않을 경우 사회적기업의 주체들은 정부의 고용창출 정책에 편승하여 '질 나쁜 일자리'를 창출하는 집단으로 평가될 수도 있다.

이러한 측면에서 사회적기업의 '고용의 질'은 정부와 민간 양자로부터 관심사로 부각된다. 정부는 사회적기업이 시장경쟁력을 통해 자립성을 확보하고 스스로 고용의 질을 향상시킬 정도로 발전하길 바라겠지만 현실은 그렇게 단순하지 않다. 주체 역량 차원에서도 단기간에 괜찮은 고용의 질을 커버할 정도로 자원획득 능력을 강화하기도 쉽지 않을 것이다. 특히 정부의 한시적 일자리 지원 정책과 밀접한 연관을 맺고 거기에 의존하는 사회적기업은 더욱 그러할 것이다. 구체적으로 사회적기업의 '고용의 질'에 대해 정부의 지원 정책 차원과 민간 주체 차원에서 어떤 쟁점이 있는지 살펴본다.

먼저 정부의 정책과 관련된 사회적기업의 '고용의 질'에 관한 쟁점이다. 이와 관련하여 임금수준, 고용 기간, 고용 형태 등의 쟁점들이 있다.

첫째, 사회적 일자리 중심의 인건비 지원 정책이 정부 의존성이 높은 사회적기업을 양산하고, 그 고용의 질이 '저임금 단기 일자리'로 굳어질 수 있다. 사회적기업 육성에 대한 정부의 목적은 지속가능한 자립적 사회적기업을 개발하는 데 있다. 이를 위해 정부는 3년 또는 5년간 사회적 일자리 사업을 할 수 있도록 사회적기업에게 기회를 부여하고 있다. 하지만 이러한 인건비 중심의 지원 정책은 현장 주체들이 '제도적 편승'을 할 경우 실패할 가능성이 많다. 실제 현장 사회적기업의 경우 비즈니스 능력과 사회적 자원의 동원 능력을 제대로 고려하지 않고, '단순히 인건비를 지원받고 그것을 기반으로 비즈니스를 하는' 식으로 접근하는 경우가 많다. 만일 현장의 실천이 이러한 양상으로 나갈 경우, 사회적기업의 고용의 질은 '저임금 단기 일자리'로 전락할 수 있고, 나아가 그것 자체도 지속가능하지 않을 수도 있다.

둘째, 정부의 사회적 일자리가 적절한 고용의 질을 담보하고 있는지에 대한 검토가 필요하다. 예컨대, 노동능력이 아주 취약한 장애인 사회적기업의 경우 '시장경쟁력을 통해 자립하라'는 주장은 비합리적이다. 그래서 이런 유형의 사회적기업은 제도적 지원을 동반하면서 육성 및 개발을 해야 한다. 이러한 관점에서 노동통합사회적기업의 경우 제도적으로 지원하는 '고용의 질' 수준이 고용의 질에 영향을 미칠 가능성이 크다. 현재 정부의 사회적 일자리의 임금 지원 수준은 겨우 '최저임금을 보장'하는 수준이다. 이런 상황에서 많은 사회적기업의 임금 수준도 그와 비슷하거나 그를 약간 상회하는 수준일 가능성이 클 것이다.

셋째, 사회서비스를 통해 수익을 창출하는 사회적기업의 경우 시장경쟁력을 확보하여 '직고용 방식'을 감당할 수 있느냐의 문제가 있다. 이와 관련하여 정부의 인증 요건은 직고용 방식만을 인정하고 있다. 그러나 현실은 단순하지 않다. 간병이나 가사 서비스, 산모도우미 서비스 등의 사회복지서비스와 같은 케어 영역의 시장은 아직까지 저가 경쟁시장이고, 주로 사람이 제공하는 서비스에 의해 수익이 창출된다. 그래서 시장가격과 적절한 인건비 수준을 맞추기가 쉽지 않다. 이러한 상황에서 사회적기업이 최저임금, 4대 보험 등을 감당하면서 '직고용'을 할 수 있을 정도로 시장경쟁력을 갖추기란 쉽지 않다. 특히 이 분야의 많은 사회적기업이 취약계층을 위한 사회서비스를 제공하기 위해 무료형, 저렴형 등 소득차별형 방식으로 사회성과 사업성을 동시에 추구하고 있다. 이런 점을 고려한다면, 그들이 단기간에 직고용을 감당할 수 있을 정도의 시장경쟁력을 확보하기 힘들 것으로 예상된다.

따라서 이러한 현실적인 공백을 메우기 위해서는 알선, 파견 등 여러 형태의 고용 방식을 인정하던지, 아니면 공공정책 차원에서 적절한 수준의 고용의 질을 담보할 수 있도록 사회서비스 업종 사회적기업에 특화된 지원정책을 수립해야 한다. 예컨대, 간병 사업을 하는 사회적기업 '약손엄마'의 경우 이러한 문제 때문에 알선 사업을 하는 주식회사를 설립하여 활동을 하고 있다. 다른 한편으로 '약손엄마'는 인증 사회적기업이 되지 못하고 있는 상황이다.[34]

이상에서 확인했듯이 고용의 질 측면에서 사회적기업에 대한 정부 정책은 단기 일자리의 양산이라는 문제가 있고, 그 임금 수준도 최저임금을 겨우 상회하는 수준이라는 문제를 동시에 안고 있다. 또한, 대인서비스 분야의 사회적기업은 정부가 요구하고 있는 일정 정도의 직고용 수준을 감당하려면, 취약한 시장 환경에서 생존해야 하는 과제도 안고 있다. 결국 다수가 기대하는 것처럼 사회적기업에서 고용의 질이 담보되기 위해서는 정부의 정책적 노력이 동반되어야 하는 상황이라고 할 수 있다.

다음으로 민간 주체 차원에서는 자체 내의 지불능력과 고용의 질에 관한 쟁점, 고용되지 않은 노동을 지향하는 '협동노동'에 관한 이념적 쟁점이 있을 수 있다.

첫째, 사회적기업을 일으키는 민간 주체들은 자원동원 능력(지불 능력)과 유급근로자의 '고용 규모와 수준'을 적절하게 설계하고 있는지에 대한 문제제기를 받을 수 있다. 앞서도 언급했지만, 과도한 정부 의존을 통해서 사회적기업을 설립할 경우 장기적으로 보았을 때, 고용안정성뿐만 아니라 임금, 법정 기업 복지(예, 사회보험의 제공) 등과 관련된 고용 수준도 저해할 가능성이 크다. 그래서 고용의 질을 고려하지 않은 조급한 규모화 전략은 경계해야 할 필요가 있다.

둘째, 어떤 사회적기업은 이해당사자의 자율적 참여와 선택을 중시하는 '협동노동'을 이념으로 갖는 경우가 있다. 이 경우에 그들의 이념과 정부의 제도적 요건이 상충될 수 있다. 주지하듯이 노동기본권은 고용된 유급 노동자의 고용의 질을 보호하기 위한 것이다. 물론 이는 노동자가 사회적 약자임을 감안할 때 대단히 중요하고 필요한 제도이다. 그러나 한편으로 노동 방식은 고용된 노동만이 존재하지 않으며, 자율적, 자원활동적 노동도 존재한다. 사회적기업의 지속가능성을 위해 사회적 네트워크나

---

34) '약손엄마'는 유급고용자의 규모를 늘려 2011년에 인증 사회적기업이 되었다. 정부는 인증을 신청하는 사회적기업의 유급고용자 인원이 2 내지 3인 이내일 경우는 인증을 하지 않았다.

사회적 자원의 참여와 동원이 중요하다고 할 때, 앞서 언급한 고용이 아닌 자율 선택적 노동은 중요한 요소라고 할 수 있다. 또한, 제도적으로 유급 노동만을 인정할 경우, 조직 내부에서 '자율적 노동으로 참여하는 자'와 '고용된 노동자'와의 내부 갈등을 야기할 수 있다. 결국, 유급노동만을 인정하는 제도가 다양한 이니셔티브를 활용하는 사회적기업의 역동성을 훼손하는 결과로 나타날 수 있다.

이렇듯 사회적기업의 고용의 질은 정부 정책과 사회적기업의 지속가능한 자원 동원 능력과 밀접한 관계가 있다. 결론적으로 사회적기업의 고용의 질은 '제도적 동형화'와 사회적기업 운동 주체의 '자율적 이니셔티브' 간의 '긴장 관계' 속에 있다고 볼 수 있다.

2. 한국 사회적기업의 고용의 질은 어떠한가?

여기서는 사회적기업 근로자의 특성, 고용조건, 임금 수준 등을 구체적으로 살펴보면서 한국 사회적기업의 고용의 질이 어떠한지 알아보자.[35] 여기서 사용한 자료는 2008년 12월 기준의 218개 인증 사회적기업의 고용실태에 관한 것이다.

한국 사회적기업의 일반현황을 살펴보면, 종사자의 규모 측면에서 사회적기업은 50인 이내의 중소기업 특성을 보이고 있다. 총 유급근로자 수는 8,509명이며, 평균 39명을 고용하고 있다. 총 수입액은 198,970백만 원이며, 평균은 912백만 원이다(<표 7-1> 참조).

한국 사회적기업의 고용에 관한 몇 가지 문제점을 지적하면 다음과 같다.

첫째, 고용 측면에서 사회적기업의 종사자의 절반 이상이 취약계층이며, 주로 중장년 여성이 종사하고 있다. 이러한 사실로부터 한국의 사회적기업은 상당수가 취약계층의

---

35) '고용의 질'에 관한 지표는 거시 수준(국가 수준), 조직 수준, 개인 수준 등의 차원에서 검토된다. 여기서는 조직 수준에서 한국 사회적기업의 고용 수준을 검토한다. 사회적기업의 '고용의 질 지표'에 관한 자세한 논의는 이영환 외(2009)를 참고하기 바란다.

<표 7-1> 한국 사회적기업의 고용실태

사회적기업 당 평균 수입 규모		912백만원(총 수입 198,970백만원)
사회적기업 당 평균 고용 인원		39.0명(총 인원 8,509명)
전체 근로자 중 취약계층 고용비율		56.6%
고용실태	성별 특성	70% : 30%(여성:남성)
	연령별	주로 중·장년 층 (20세 미만 0.4%, 20세 이상~30세 미만 12.5%, 30세 이상~55세 미만 63.5%, 55세 이상 23.6%)
	계약형태	단기계약직 64.1%
	근로시간	주40시간 88.1%
	평균임금	정규직 1,194천원, 비정규직 867천원

* 주: 2008년 12월 기준 218개 인증 사회적기업의 고용실태.
* 자료: 이영환·김성기·김종진·이정봉(2009)의 '사회적기업 종사자 노동 실태 연구'의 결과를 재구성하였다.

고용창출에 기여하면서 영업활동을 수행하고 있음을 알 수 있다. 따라서 노동생산성 측면에서는 일반기업에 비해 취약할 것으로 예상할 수 있다.

둘째, 사회적기업 종사자의 노동조건은 주로 2년 이내의 단기계약직이며, 이들 비정규직의 경우 최저 임금을 약간 상회한 정도의 임금을 받고 있다. 이를 통해 아직까지 사회적기업의 고용의 질은 그리 높은 수준이 아니라고 볼 수 있다. 정부 사회적 일자리 지원금이 사회적기업 인건비의 상당한 원천이라는 점을 감안하면, 고용의 질의 수준은 정부 제도에 영향을 크게 받고 있다고 볼 수 있다.

셋째, 무엇보다 중요한 사실은 사회적기업의 수입 대비 임금 지불 능력이 대단히 취약하다는 것이다. 연간 평균 수입 9억 원 대비 평균 고용인원 40명에 대한 최대 인건비 감당 수준은 2,250만 원에 불과하다. 이를 월 단위로 환산하면, 대략 187만 원 수준인데, 제품의 생산, 판매 및 영업 등에 소요되는 생산비용을 감안하면, 사회적기업이 인건비를 감당할 수 있는 수준은 그 수치에 훨씬 못 미칠 것이다. 따라서 단기간에 사회적기업 종사자의 임금 수준이 높아질 것으로 기대하는 것은 힘들 것으로 판단된다.

따라서 사회적기업의 '고용의 잘의 향상을 위해서는 정부 제도적 지원 수준을 높이면서, 동시에 사회적기업이 자구적으로 자원동원 역량을 개발하는 것이 과제라고 할 수 있겠다. 정부는 사회적 일자리 사업과 같은 단기 계약직 일자리(최저 임금 수준의 인건비 지원)를 지원하는 정책을 활용하면서 사회적기업을 육성하고 있다. 이런 인건비 지원 정책은 사회적기업의 고용실태에서 확인했듯이 저임금의 단기 일자리를 양산할 가능성이 크다. 민간의 경우도 정부의 인건비 지원 정책에 기대어 사회적기업을 설립하고 유지할 경우 정부 정책에 편승한 집단으로 평가받을 수 있다. 그래서 사회적기업에 대한 고용의 질을 개선하기 위해서는 정부와 민간의 노력이 병행되어야 한다.

우선적으로 사회적기업이 영업활동을 통해 지속가능성을 높이는 것이 관건 중 하나인데, 이와 관련하여 정부자 사회적기업을 위한 보호된 시장을 창출하는 정책이 중요하다. 정부(특히 지방정부) 차원에서 공공기관의 우선구매, 지방정부 공공서비스의 우선위탁 등 사회적기업에 대한 판로지원을 위한 노력이 필요하다. 또한 지적 또는 중증 장애인, 결혼이민자 등 노동시장에 진입하기 극히 힘든 취업취약계층을 고용하는 사회적기업에 대해서는 고용 측면에서 고용보조금의 지원과 같은 특별한 대책이 필요하다. 예를 들면, 쿠키를 생산하는 지적 장애인 사회적기업인 '위캔'의 경우 장애인과 비장애인이 함께 노동에 참여하는 모델이다. 주로 장애인은 생산 공정에 참여하며, 비장애인은 상품의 기획 및 판매 등에 참여한다. 이들 집단의 노동이 동시에 투입되지 않고서는 '위캔'과 같은 장애인 사회적기업은 존재할 수 없다. 지적 장애인만이 노동에 참여하는 사회적기업이 존재할 수 있겠는가? 역으로 비장애인의 노동만이 존재할 때 장애인 사회적기업으로 볼 수 있겠는가? 그러나 이런 조건의 장애인 사회적기업의 자신의 능력만으로 시장 경쟁력에서 생존하기 힘들 것이다. 그래서 장애인 사회적기업의 노동생산성을 보완해주는 정책이 필요한데, 이와 관련하여 비장애인의 고용을 지원해주는 고용보조금과 같은 정책이 요구된다. 예컨대, 장애인 사회적기업이 장애인 10명의 고용에 기여할 경우 비장애인 1명에 대한 고용보조금을 지원하는 식이다.

사회적기업의 차원도 병행되는 것이 필요하다. 사회적기업이 단기간에 자신의 수익

창출 능력을 높이기 어려운 현실이다. 이런 상황에서 임금 조건의 향상 전략보다는 교육·훈련, 여가, 사내 복지 등 비물질적 보상 체계의 향상을 고려할 필요가 있다.

제8장 한국 사회적기업의 제도는 어떤 성격이며, 어떤 쟁점들이 있는가?

한국에서 '사회적기업육성법(이하 육성법)'은 2006년 12월에 제정되고, 2007년 7월부터 시행되었다. 그동안 한국의 사회적기업은 빈곤과 실업 문제 해결의 대안으로 각광받으며 중앙정부 주도로 육성되어 왔는데, 사회적기업 제도의 핵심 중 하나는 '인증제'이다. 정부는 사회적기업에 '인증'이라는 법적 지위를 부여하고, 그들에게 경영인력이나 사회보험료 등을 지원하며, 사회적 일자리 사업에 대한 기회 제공 등의 지원을 하고 있는 중이다. 즉, 정부는 인증 사회적기업을 중심으로 지원정책을 펼치고 있고, 그렇지 않은 잠재적 사회적기업은 지원의 주대상이 아니라는 말이다.

인증제가 초기 사회적기업의 확산에 기여하고, 공신력을 부여한 것은 분명하다. 하지만 다른 한편으로 절차, 요건 등 여러 측면에서 문제가 있다는 지적을 많은 연구자나 실천가로부터 받고 있다. 이러한 상황에서 육성법의 인증제가 사회적기업의 취지를 올바로 담고 있는 제도인지 검토하는 것은 유의미한 일이다.

1. 제도로서 사회적기업의 의미는 무엇인가?

일반적으로 제도란 관습이나 도덕, 법률 등의 규범이나 사회구조의 체계를 의미한다. 공적 제도는 정부가 사회적으로 필요한 의제를 법률로 규범화하고 정책으로 체계화한 것이다. 주지하듯이 사회적기업은 공적 기능을 수행하는 시민사회 조직이다. 그래서 공공정책과의 관계를 맺게 될 가능성이 크다. 특정 국가가 법적으로 사회적기업을 제도화하는 것은 정부가 정책을 수행하는 주요한 전달자로 고려한다는 것을 의미한다. 이럴 경우 제도로 진입한 특정 사회적기업은 정책의 지원 대상이 될 수 있다. 예컨대,

정부는 고용창출, 사회서비스 공급 등 사회정책에 대한 공급자로 사회적기업을 활용할 수 있으며, 거기에 재정 등을 지원할 수 있다. 또한 정부는 사회적기업의 활동을 활성화시키는 정책을 펼칠 수도 있는데, 그런 정책으로 설립에 필요한 자금을 융자해주거나 제도화된 사회적기업을 지원의 우선대상으로 고려할 수 있다.

명백하게도 사회적기업 제도화의 목적은 사회적기업이 사회적 기준에 부합하면서 지속가능하도록 하는 것이다. 이때 제도의 규범적 정당성, 조직에 대한 자율성을 부여하는 정도, 지원 정책 등이 그와 관련된 이슈로 떠오를 수 있다. 여기서는 규범적 정당성과 자율성에 관한 이슈를 중심으로 설명할 것이다(사회적기업 지원 정책에 관한 이슈는 제13장에서 살펴볼 것이다).

우선적으로 사회적기업의 발전을 지원하는 제도는 사회적 목적을 추구하는 조직이라는 규범적 정당성을 확고히 하면서 양적 확대를 꾀할 수 있도록 설계되는 것이 바람직할 것이다. 여기서의 규범적 정당성은 사회적기업이 사회조직으로서 가치와 상징을 갖는 것을 의미한다. 그것을 획득하기 위해서 사회적기업은 민주성, 사적 이익의 추구가 아닌 공익성 등의 기준에 부합해야 할 것이다. 그래서 사회적기업의 사회적 기준과 관련된 핵심 요건으로 '자본소유에 의하지 않은 의사결정', '이윤 분배의 제한', '잔여 자산의 사적 소유 제한(또는 금지)' 등 세 가지가 강조되고 있다.

다음으로 제도가 민간의 자율성을 어느 정도로 허용할 것인가의 문제가 있다. 제도에 진입하는 대상을 폭넓고 평이하게 할지, 아니면 협소하고 엄격하게 설계할지에 관한 이슈이다. 서구 유럽의 경험에서 확인되듯이 사회적기업은 시민사회의 자율성에 기반을 둘 때 그 성장의 잠재력이 풍부해질 수 있다. 또한 사회적기업의 본질적 속성 중 하나가 '혁신'이므로 민간의 창발적인 시도와 실험이 폭넓게 실천되게 하는 것이 바람직하다고 볼 수 있다. 물론 그 전제는 앞서 제시했던 사회적기업의 규범적 정당성을 충족시키는 것이다. 이와 같은 민간의 제도 진입에 대한 문제는 법적으로 보편적이거나 선별적인 조직지위 방식으로 드러나게 된다.

이어서 규범적 정당성과 관련된 세 가지 핵심 요건과 그에 대한 육성법의 인증 요건에 대해서 알아보자. 자본 소유에 의하지 않은 민주적 의사결정 구조, 제한적 이윤 분배 허용, 잔여재산의 사적소유 금지(또는 제한) 등이 세 가지 핵심 요건으로 꼽히는데 이러한 핵심 요건들이 갖고 있는 의미는 무엇일까.

첫째, 사회적기업에서 자본 소유에 의하지 않는 민주적 의사결정구조의 의미이다. 대표적인 일반기업의 조직형태인 주식회사는 '1주 1표'의 원리를 갖는다는 점에서 자본 소유자 중심이다. 반면, 사회적기업은 자본소유에 의하지 않은 민주적 의사결정 원리를 따르는데, 이것은 사회적기업이 '1인 1표'라는 사람 중심의 운영원리를 구현하는 것이다. 그러므로 사회적기업은 윤리적 경영을 해야 하며 여러 이해당사자가 참여하는 협동경영의 정신이 구현되어야 한다. 이와 관련하여 육성법의 인증제는 '이해당사자가 참여하는 (민주적) 의사결정의 구비'라는 요건을 갖추도록 하고 있다(사회적기업육성법 제8조 ①항의 4).

둘째, 사회적기업에서 '제한적 이윤 분배의 허용'에 대한 의미이다. 통상 사회적 목적을 추구하는 비영리 지향적 조직의 경우 규범적으로 사적 이윤 추구를 금지하고, 수익이 발생할 경우 해당 조직의 사명을 위해 재투자하도록 하는 것이 일반적이다.

반면, 사회적기업은 제한적 이윤 분배를 허용할 수 있다. 사회적기업이 '이윤분배'를 한다면, 일반적인 주식회사나 협동조합과 다르지 않다고 볼 수 있다. 그러나 사회적기업의 이윤분배는 본질적으로 공동체(community)의 이익을 위한 이윤분배를 의미한다. 이때 어떠한 공동체를 위한 이익의 추구가 중요하다. 당연하게도 사회적기업의 공동체는 취약계층의 고용 창출, 지역사회의 발전 등의 사회적 사명을 추구하는 공동체를 의미한다. 또한 실천적인 맥락에서 사회적기업 중 상당수는 취약계층의 자립과 자활에 기여하는 경우가 많다. 그래서 소득보장을 통해 이들의 경제적 이익에 복무하는 것 자체가 지극히 '사회적'이다. 이러한 맥락에서 사회적기업에서 '이윤분배'가 제한적으로 허용될 수 있는 것이다. 따라서 사회적기업은 집합적 공동체의 이익을 위해서 이윤을 재투자하고, 취약계층의 경제적 이익을 위해서 사회적기업의 이윤을 제한적으로 분배할 수 있다.

이윤의 제한적 분배와 관련하여 육성법은 '제8조 ①항의 7'에 상법상 회사에 대해

특별한 요건을 두고 있다. 그 조항에 따르면, 인증 사회적기업이 되고자 하는 상법에 따른 회사는 '회계연도별로 배분 가능한 이윤이 발생한 경우에는 이윤의 3분의 2 이상을 사회적 목적을 위하여 사용'해야 한다. 이것은 사적 이윤 추구를 본성으로 하는 상법상 회사에 대한 제한 조치로 볼 수 있다. 반면, 육성법은 민법에 따른 법인(재단법인이나 사단법인)과 사회복지법인 등에 대해서 이윤 분배의 제한에 관한 별도의 규정을 명시하지 않는데, 이것은 해당 조직을 규정하는 법의 요건 상 수익의 사적 배분을 금지하고 있기 때문으로 볼 수 있다.

셋째, 사회적기업에서 '잔여재산의 사적소유 금지(또는 제한)'에 관한 의미이다. 잔여자산에 대한 사적 소유의 금지(또는 제한)는 조직을 청산하게 될 때, 잔여 이윤이나 재산을 지역사회나 사회적 목적에 환원하도록 하는 것이다. 이를 자산 동결(asset-lock)이라고 하며, 비영리조직에게 법적 지위를 부여할 때 일반적으로 그 규정이 포함된다. 비영리조직에서 자산동결 규정은 사회적 소유의 조직으로서 정당성을 부여받는 핵심적 상징이라고 볼 수 있다. 이때, 정당성이라는 상징은 사회적 메시지를 전달하는 역할을 하게 되며, 사회적 사명에 공감하는 시민들의 자발적 참여나 기여에 대한 동기를 부여하게 된다. 이러한 조직적 정당성의 효과는 비영리조직이 후원금이나 기부금 등을 확보하거나 정부의 공적 지원을 얻게 되는 등 경제적 성과를 획득하는 원동력이 될 수 있다.

사회적기업도 비영리 지향적 조직과 동일하게 사회적 목적을 추구하는 조직이다. 그러므로 사회적기업에서 자산동결 규정도 정당성을 획득하는 핵심적 요건이라고 볼 수 있다. 이와 관련하여 육성법은 앞서 이윤 분배의 제한 조치 규정처럼 상법상 회사에 대해 특별한 요건을 두고 있다. '육성법 제9조 ①항의 9(해산 및 청산에 관한 사항)'에 따르면, 인증 사회적기업이 되고자 하는 상법에 따른 회사는 '배분 가능한 잔여재산이 있으면 그것의 3분의 2 이상을 다른 사회적기업 또는 공익적 기금 등에 기부'하는 규정을 정관에 포함해야 한다.

다음으로 제도에 진입하는 민간에 대한 자율성에 관한 이슈이다. 이것은 사회적기업을 제도화하는 방식, 즉 법적 지위를 부여하는 방식과 관련이 있다.

국제적으로 사회적기업을 제도화하는 방식은 회사나 비영리조직처럼 특정한 법적지위를 부여하는 방식으로 이루어진다. 이런 제도로 인증제와 등록제 등이 있다. 예컨대, 한국의 경우는 기존 법적지위를 갖는 조직에 사회적기업의 지위를 부여하는 인증제를 운영하고 있으며, 이탈리아의 경우는 '사회적 협동조합'이라는 별도의 조직지위를 부여하는 등록제를 시행하고 있다.

첫째, 인증제는 행정법상으로 법령에 근거 조항을 두고 행정청의 선택적 재량에 의해 조직의 지위를 부여하는 행위이다. 즉, 특정 조직이 특정한 행위를 하기 위해서는 행정청의 승인이 있어야 효력이 발생할 수 있는 제도이다. 예컨대, 사회복지법인의 경우 주무부서인 보건복지부의 인가를 받아야 한다. 또한 육성법의 인증제도하에서는 사회적 목적 실현 여부, 영업활동 여부 등 일곱 가지의 구체적인 세부 기준들을 충족시키면서 행정의 심사를 통과해야지만 민간이 제도에 진입할 수 있다.[36] 그래서 인증제는 행정에 의한 통제권이 크고, 반면 민간의 자율성은 제한적인 제도라고 볼 수 있다.

둘째, 등록제는 일반적으로 법률이 미리 정한 법인(혹은 단체)설립에 관한 일정한 요건만 갖추면 당연히 법인(혹은 단체)으로 인정하는 준칙주의(準則主義, normativ-system)를 구현하는 제도이다.[37] 관청의 인가를 받을 필요는 없고, 다만 그 조직과 내용을 공시(公示)[38]하기 위한 등기나 등록을 성립요건으로 하며, 특히 현대사회에서는 상법상회사에 관하여 중요한 의의를 가지는 제도이다.

예컨대, 행정안전부의 비영리민간단체지원 업무 편람에 따르면, 비영리민간단체로

---

36) 이에 대한 자세한 논의는 다음 절인 '3. 현행 인증제의 현황 및 문제점'에서 자세히 다루었다.

37) 역사적으로는 하나의 회사마다 입법적으로 허가하였던 특허주의 시대와 하나의 회사마다 행정관청의 설립인가를 받았던 허가주의 시대를 거쳐, 최근에는 준칙주의를 채택하는 것이 일반적으로 되었다. 한국도 회사의 성립에 준칙주의를 취하였고(상법 172조), 그 밖에 노동조합 등(노동조합 및 노동관계조정법 6조)도 이 주의를 따르고 있다(네이버백과사전, 2011).

38) 공시(公示)란 권리의 변동을 점유·등기·등록과 같이 타인이 인식할 수 있는 표상(表象)으로써 나타내는 일을 의미한다. 동산 양도의 점유, 부동산 양도의 등기, 특허권 양도의 등록, 어음상의 권리양도의 배서, 혼인신고 등이 공시를 위해 정해진 방법이다. 필요한 공시를 하지 않은 권리는 완전한 효력을 나타내지 못한다(네이버백과사전, 2011).

등록하기 위해서는 '구성원 상호 간에 이익분배를 하지 아니할 것', '상시구성원수가 100인 이상일 것', '사업의 직접 수혜자가 불특정 다수일 것' 등 6가지 요건을 두고 있고, 등록관청은 등록 수리 여부를 판단함에 있어 재량적 행위를 할 수 없으며, 요건에 합당하면 등록을 수리해야 한다(행정안전부, 2009). 물론 이 예에서 확인할 수 있듯이 등록제라고 해서 행정의 통제권이 전혀 없는 것은 아니며, 절차상의 통제를 하는 정도이다. 따라서 등록제는 법적으로 민간의 자율성을 폭넓게 보장하는 방식으로 지위를 부여한다고 볼 수 있다.

이상으로 제도로서 사회적기업의 의미와 제도적 측면에서 사회적기업의 규범적 정당성 및 법적지위의 부여 방식에 대해 설명하였다. 결론적으로 사회적기업의 제도는 사회적 기준에 부합하면서 민간의 자율성을 보장하는 방향으로 설계되는 것이 바람직하다.

2. 사회적기업육성법의 인증제는 바람직한 제도인가?

제도적으로 사회적기업은 우리 사회에서 충분하게 공급되지 못하는 사회서비스를 확충하고, 새로운 일자리를 창출함으로써 사회통합과 국민이 삶의 질 향상에 기여하는 것을 목적으로 도입되었다. 육성법은 사회적기업의 설립 및 운영을 지원하고, 육성하는 것을 목적으로 한다. 이 법에서 사회적기업은 "취약계층에게 사회서비스 또는 일자리를 제공하거나 지역사회에 공헌함으로써 지역주민이 삶의 질을 높이는 등의 사회적 목적을 추구하면서 재화 및 서비스의 생산·판매 등 영업활동을 기업으로서 인증받은 자"이다.

어떤 개인이나 조직이 인증되기 위해서는 인증 요건을 갖추고 심사를 받아야 한다. 인증 요건은 조직형태, 사회적 목적 실현, 유급근로자의 고용 및 영업활동, 민주적 의사결정구조 구비, 일정 수준의 영업활동을 통한 수입 창출, 정관 및 규약의 구비, 이익의 재분배(상법상 회사의 경우) 등 7가지를 포함하고 있다(<표 8-1> 참조).[39]

〈표 8-1〉 사회적기업육성법 제8조의 인증 요건

인증 요건	내용
조직형태	민법상 법인 및 조합, 상법상 회사, 비영리단체 등 조직형태 ・'상법'에 따른 회사(주식회사, 유한회사 등) ・'공익법인의 설립·운영에 관한 법률'에 따른 공익법인 ・'비영리민간단체지원법'에 따른 비영리민간단체 ・'사회복지사업법'에 따른 사회복지법인 ・'소비자생활협동조합법'에 따른 생활협동조합 ・그 밖에 다른 법률에 따른 비영리단체
유급근로자 고용	유급근로자를 고용과 영업활동 수행
사회적 목적 실현	조직의 주된 목적에 따라 일자리 제공형, 사회서비스 제공형, 지역사회공헌형, 혼합형, 기타형으로 구분 ・일자리 제공형: 전체 근로자 중 취약계층 고용비율이 50% 이상(2013년 전까지는 30%) ・사회서비스 제공형: 전체 사회서비스 제공받는 자 중 취약계층이 50% 이상(2013년 전까지는 30%) ・지역사회 공헌형: 전체 근로자 중 지역 취약계층의 고용비율이 20% 또는 전체 사회서비스 제공받는 자 중 지역 취약계층이 20% ・혼합형: 전체 근로자 중 취약계층 고용비율과 전체 사회서비스를 제공받는 중 취약계층의 비율이 30% 이상(2013년 전까지는 30%) ・기타형: 위에 언급한 유형으로 사회적 목적 실현 여부를 판단하기 곤란한 경우
영업활동을 통한 수입	직전 6개월 간 영업활동을 통한 총 수입이 동일기간 중 총 노무비의 30% 이상
의사결정구조	이해관계자가 참여하는 의사결정구조의 구비
정관, 규약 등 구비	제9조에 따른 정관이나 규약 등을 갖출 것 ・목적, 사업내용, 명칭, 소재지 등 ・'상법'에 따른 회사는 배분 가능한 잔여재산이 있으면 그것의 2/3 이상을 다른 사회적기업 또는 공익적 기금 등에 기부하는 내용 포함
상법상 회사에 대한 이익배분 제한	회계연도별로 배분 가능한 이윤 발생시 이윤의 2/3 이상을 사회적 목적을 위하여 사용

---

39) 사회적기업육성법 제8조 ①항.

정부는 1년에 4회 신청을 받고, 사회적기업육성위원회가 심사를 하고, 최종적으로 고용노동부 장관이 승인하는 절차를 통해 인증을 하고 있으며,[40] 2010년 12월까지 인증받은 사회적기업은 총 501개이다. 정부는 인증을 받은 사회적기업을 중심으로 전문인력비 지원, 사회보험료 지원, 경영 지원 등의 지원정책을 시행하고 있다. 따라서 정부의 사회적기업 인증제는 정책지원의 대상을 사전에 선별하는 제도로 볼 수 있다.

사회적기업 인증제가 사회적기업 발전을 촉발하는 데 기여한 것은 분명하다. 이 제도의 시행으로 사회적기업에 대한 대국민의 인식이 확산되었고, 시민사회 여러 영역에서 관심이 일고 있다. 예컨대, 사회적기업을 공부하기 위해 수천 명의 사람들이 정부의 사회적기업 아카데미 사업에 참여하고 있다. 또한, '인증'을 받은 사회적기업은 정부로부터 공신력을 부여받고, 그것은 마케팅, 홍보 등 기업활동을 하는 데 인센티브(incentives)로 작용한다. 이렇듯 '인증제'는 사회적기업을 위한 다양한 기회를 만들어 왔다. 그러나 다른 한편으로 '인증제'는 인증을 받으면 정부로부터 어떤 혜택을 받게 된다는 '환상'을 갖게 하는 측면이 있다. 다시 말해서 현행 인증제가 제도에 진입하는 대상에게 사회적기업의 가치를 부차시하도록 허용하고, 인증을 받는 데에 주목적을 두게 할 수 있는 문제가 있다는 지적이다. 특히, 현행 인증제는 사회적기업의 확산과 사회적 기준과의 부합성이라는 측면에서 문제를 안고 있다.

우선, 사회적기업의 확산과 관련하여 현행 제도는 사회적기업에 뜻을 두고 있는 사람이나 조직이 정부의 제도에 진입하는 데 커다란 장벽이 되고 있다. 예컨대, 현행 인증제의 경우 영업활동의 실적이 있는 비영리조직이나 상법상 회사 등의 조직이어야만 신청할 수 있다. 또한 사회적 목적의 실현 정도를 판별하는 기준을 두고 있는데, 인증을 받기 위한 조직은 이미 그들의 조직활동에서 일정 비율의 취약 계층을 고용하거나 사회서비스 제공(현행 기준은 각각 전체의 30% 이상임) 등을 하고 있어야지만 가능하다. 따라서 현행 인증제하에서 인증을 받기 위해서는 특정한 법적지위(조직형태)를 갖춘

---

40) 사회적기업육성법 제8조 ③항에 따르면, '사회적기업 인증의 방법 및 절차에 관하여 필요한 사항은 고용노동부령으로 정하고, 사회적기업 인증 심사기준은 고용노동부장관이 고시한다.'고 되어 있다. 2011년부터 수시 신청이 가능하게 개선되었다. 이 사무는 한국사회적기업진흥원이 담당하고 있다.

상태에서 일정기간 영업활동을 수행한 경험이 있고, 그러면서 동시에 일정 수준의 취약계층과 관련된 사회적 가치를 추구하는 조직이라는 조건을 충족시켜야 한다. 어떤 자연인이 이러한 조건을 모두 충족시키면서 사회적기업을 설립하는 것은 대단히 어렵다고 볼 수 있다.

또 하나의 비판은 현행 인증 기준들에서 일부가 '사회적기업의 기준'에 미흡하다는 점이다. 첫째, '자본소유에 의하지 않은 의사결정'이라는 기준이 취약하다. 정부 요건은 주식회사도 참여할 수 있게 하고 있는데, 자본 소유구조에 제한이 없다. 그래서 특정 대주주가 소유지배권을 행사할 수 있다. 둘째, 현행 요건은 의사결정기구에 이해당사자의 참여에 관한 규정이 명확하지 않고, 다분히 형식적이다. 현행 규정은 이사회와 같은 최고 의사결정기구뿐만 아니라 조직 내 협의기구, 운영회의 등도 허용하고 있다. 셋째, 상법상 회사에 대한 자산처분권 규정도 취약하다. 현행 요건은 상법상 회사가 배분 가능한 잔여 자산의 1/3을 소유할 수 있도록 한다. 이 규정은 특정 대주주가 사회적기업을 처분할 때 자신의 소유 자산을 유지할 수 있도록 허용할 수 있다. 그래서 이러한 요건의 약점을 활용하는 '위장 사회적기업'이나 '유사 사회적기업'의 등장에 취약하다. 따라서 사회적기업을 제도적으로 인정하는 데 윤리적·민주적 경영, 사회적 소유 등과 같은 핵심 조건들을 명확히 할 필요가 있다.

3. 인증제에 대한 대안으로서 등록제의 의미는 무엇인가?

사회적기업 운동의 발전은 사람 중심의 사회적 경제의 구축으로 나아가야 한다. 이를 위해서는 사회적 사명을 갖는 다양한 이해당사자의 참여와 혁신적 사회적기업가의 활동이 아래로부터 물밀듯이 일어나야 한다. 그래서 사회적기업 제도는 사회적기업 운동이 전 사회적으로 활성화될 수 있도록 설계되고 작동해야 할 것이다.

앞서 언급했듯이 현행 인증제는 진입장벽이 높다. 좀 더 보편적인 차원에서 사회적기업으로 진입할 수 있는 '등록제'와 같은 방안이 필요하다. 등록제는 사회적기업의 핵심 요건을 갖춘 조직(또는 사람)은 누구나 법적 자격을 부여받아 사회적기업 운동에 참여할 수 있게 하는 것을 의미한다.

그렇다면 사회적기업 제도로서 등록제의 법적, 정책적, 실천적 의미는 무엇일까? 여기에서는 이에 대해 설명하고, 등록제를 도입하는 방안에 대해서도 제시할 것이다.

첫째, 사회적기업 등록제의 행정법상의 의미이다. 등록제는 법이 정한 일정한 요건이 충족되어 있을 때, 법에 귀속된 행정행위(귀속행위)를 행하도록 되어 있는 제도를 의미한다. 여기서 귀속행위란 행정청이 어떤 행정행위를 할 수도 안 할 수도 있는 선택의 자유가 인정되어 있는 것이 아니라, 법이 정한 일정한 요건이 충족되어 있을 때 법이 정한 특정 행정행위를 반드시 행하도록 되어 있는 경우를 말한다. 이런 예로 앞서 언급했던, 시민의 사회적 활동에 대해 자율성을 존중하면서 제도 진입을 하게 하는 비영리단체를 위한 등록제를 들 수 있다.

반면, 현행 육성법의 인증제는 행정청의 의사에 의해 법률적 효력이 발생한다고 볼 수 있다. 즉, 주무부서의 장인 고용노동부 장관이 인증을 해야 '사회적기업'으로서 지위를 얻게 되기 때문이다.

따라서 사회적기업 등록제는 행정의 재량행위를 최소화하면서 법률이 정한 바에 의거에 사회적기업에게 법적 지위를 부여하는 제도라고 볼 수 있다.

둘째, 시민사회의 자율성 측면에서 사회적기업 등록제의 실천적 의미이다. 앞서 언급했듯이 사회적기업의 발전은 시민사회의 자율적 참여에 기반을 둘 때보다 활성화될 수 있다. 이런 관점에서 사회적기업의 제도는 시민사회의 조직(혹은 사회적기업가)의 자율성을 보장하면서도 제도 진입을 용이하게 하는 것이 바람직하다고 볼 수 있다. 그래서 사회적기업 제도는 행정청의 재량에 의해 선택되는 인증제보다 특정 요건에 부합할 경우 제도적으로 인정되는 등록제가 바람직하다고 볼 수 있다.

이에 대해 좀 더 부연설명을 하면, 사회적기업 등록제는 제도에 진입하는 선택이 타자에 의해서 규정되는 것이 아니라 민간 주체의 자율적 선택에 의해서 이루어지는 것을 의미한다. 또한, 민간주체의 선택에 의한 제도 진입이라는 의미와 더불어 민간이 공신력을 부여받는 의미도 갖고 있다.

셋째, 사회적기업 등록제의 정책적 의미이다.

우선, 제도의 진입 측면에서 사회적기업 등록제는 직전에 확인한 바와 같이 사회적 가치를 추구하는 특정 조직이나 개인에 대해 사회적기업에 관한 제도적 장벽을 완화한다는 정책적 의미가 있다. 이런 정책이 효과를 발휘하기 위해서는 제도에 진입하는 대상을 확대하고, 규모를 키우는 정책목표가 필요하다. 그러한 정책 기반에서 등록제는 효과를 발휘할 수 있을 것이다.

이때 등록제의 요건을 어떤 내용과 절차로 구성할지가 쟁점이 될 것이다. 예컨대, 조직의 목적에 관한 요건, 법인이나 조합 등 조직형태에 관한 요건, 소유구조나 의사결정 구조 등에 관한 요건 등이 등록제의 요건으로 검토될 수 있을 것이다. 사회적기업 등록제의 취지가 제도에 진입하는 장벽을 완화하는 것이고, 그 제도가 법률의 규정에 의해 행정행위가 발생하므로 선별적인 방식이 아닌 간명한 요건으로 구성하는 것이 바람직하다고 판단된다.

다음으로, 사회적기업에 대해 법적 지위를 부여할 때, 사회적 목적 추구, 사회적 소유나 민주적 지배, 투명성 등의 규범적 정당성은 필수적인 고려사항이다. 이것은 정부가 사회적기업에 대해 정책적 지원을 하는 핵심적인 근거로 작용하게 될 것이다. 또한 규범적 정당성에 관한 기준은 위장 사회적기업이나 유사 사회적기업이 제도의 악용을 방지하게 하는 방어장치라는 의미도 있다. 그래서 사회적기업이 사회적 조직으로서 정당성을 획득하기 위해서는 사적 소유나 자본에 의한 지배가 아닌 사회적 소유와 민주적 지배 등에 관한 기준을 명확히 하는 것이 필요하다.

끝으로 사회적기업 등록제는 정책 대상에 대해 다양하고 충분한 지원 정책이 동반될 때 효과를 발휘할 수 있다. 이것은 정책 지원의 측면에서 일반적으로 지원 대상을 선별하는 인증제의 경우도 유사하다고 볼 수 있다. 그러나 등록제하에서 정책 구조는 현행 인증제하에서 '인증=지원'이라는 구조와는 다르다. 예컨대, 현재 정부는 인증 사회적기업에 대해 전문인력에 대한 인건비 지원, 사회보험료 지원 등을 제공하고 있다. 또한, 인증 사회적기업은 취약계층의 일자리 창출을 위한 사회적 일자리 사업에 참여하는 데 우선적으로 기회를 얻을 수 있다. 즉, 인증과 동시에 지원을 받는 정책 구조이다. 이런 방식의 정책은 등록제하에서 지속적으로 실행하기 힘들 것이다. 만일 인증된 사회적기업이 수천 또는 수만 개가 될 때를 상정해보면, 사회적 일자리 사업과 같은 방식은 정부(지방정부 포함)의 재정 여건 등을 고려할 때 거의 불가능하다고 볼 수 있을 것이다. 물론 등록제하에서도 보편적으로 적용되는 지원정책이 있을 수 있다(이것은 인증제도 해당된다). 예컨대, 육성법의 소득세, 법인세 등의 조세 감면과 관련된 지원이 해당될 수 있다. 이것은 정부의 재정이 직접 투여되는 방식이 아니다.

그래서 등록제하에서 정책 구조는 '등록=정책에 대한 참여 기회의 제공'이라고 볼 수 있다. 사회적기업을 위한 정책으로 공공기관의 우선구매, 시설비 지원, 자금 지원 등이 있다. 이런 정책에 대해 등록된 사회적기업이 우선 기회를 부여받는다는 의미이며, 등록이 자동적으로 위에 언급한 정책 지원들의 수혜로 연결된다는 의미는 아니다. 하지만 등록제가 효과를 발휘하기 위해서는 정책에 대한 참여 기회가 다양하고 많아야 할 것이다. 그래야 잠재적인 사회적기업들이 제도에 진입하게 되는 유인책이 될 수 있기 때문이다. 따라서 등록제의 도입과정에서 사회적기업과 관련된 지원 정책의 내용을 어떤 수준으로 구성할 것인가 주요한 쟁점이 될 수밖에 없을 것이다.

이상에서 살펴본 바와 같이 사회적기업 등록제는 민간에 대한 자율성 보장과 제도에 대한 진입장벽의 완화, 정책 범주 및 범위의 확장 등의 정책적, 실천적 의의를 갖고 있다. 현재 사회적기업이 발전하는 초기 단계이다. 그래서 잠재적인 사회적기업의 부문이라고 할 수 있는 자활공동체, 마을기업, 사회복지기관, 시민단체, 생활협동조합 등이 제도에 등록할 수 있도록 하는 육성법의 개정이나 새로운 사회적기업 관련 법의 제정이 필요하다.

사회적기업 등록제는 국제적으로 찾아볼 수 있다. 우선, 사회적기업에게 독립적인 법인격을 부여하는 제도를 운영하는 국가가 있는데, 대표적으로 이탈리아의 '사회적 협동조합법'이다. 이 법은 1991년에 제정되었는데, 이탈리아에는 약 7,000여 개 이상의 사회적기업이 있는 것으로 알려져 있다. 다음으로 영국은 이탈리아와 달리 기존 회사법에 사회적기업에 관한 핵심 요건을 반영하여 공인된 자격을 부여하는 제도를 운영하는데, CIC(Comunity Interest Company, 지역공동체이익회사) 제도이다. 영국의 CIC는 상법상회사가 사회적기업으로 등록하려고 할 경우 자산동결(asset-lock) 조치를 취하게 한다. 이러한 자산동결 조치는 상법상회사에게 사회적기업으로 참여할 수 있는 기회를 부여하면서도 영리목적 추구를 원천적으로 차단하는 방안으로 볼 수 있다.

최근 고용노동부는 기존 인증 요건에서 사회적 목적의 범위를 확대 적용하는 방식으로 인증 사회적기업의 확대를 꾀하고 있다. 2010년 개정된 인증 요건 지침에는 기존의 '기타형'을 '지역사회공헌형'으로 분류하고, 여기에 지역 경제활성화에 기여하는 경우, 특정 빈곤 국가 개발을 하는 경우 등까지 포함한다(<표 8-1> 참조). 그러나 정부의 기대처럼 인증 요건의 완화가 사회적기업이 확대로 이루어질지 미지수이다.

사회적기업육성법이 제정되는 과정에서 민간의 역량이 충분히 성장하지 않기 때문에 '보편적인 등록제'는 위험하다는 논리가 지배적이었다. 그에 따라 인증제가 결정되었다. 하지만 인증제 시행 4년이 경과하고 있는 현시점에서 사회적기업 등록제에 대한 본격적인 검토와 논의가 필요한 시기에 왔다고 생각한다. 사회적 경제의 개발이라는 관점에서 사회적기업 운동이 전 사회적으로 확산되어야 한다고 생각하기 때문이다. 시장경제를 활성화하기 위해 상법상회사에게 법인격을 부여하듯이, 사회적 경제를 성장시키기 위해 사회적기업에게도 법인격을 부여할 수 있을 것이다. '구더기 무서워 장 못 담글까?'라는 속담이 있듯이 사람 중심의 경제를 위해 '작은 우려'는 감수할 필요가 있다.

제9장 다중이해당사자 지배구조의 의미는 무엇이고, 어떤 쟁점들이 있는가? [41]

기업이나 조직은 경영을 통해 지속가능성을 추구한다. 지속가능한 경영을 위해서 조직은 매시기마다 전략적 의사결정을 하는 것이 필요하다. 조직의 전략적 의사결정구조를 지배구조라고 한다. 그렇다면, 사회적기업은 어떤 지배구조가 바람직하고, 어떻게 지배되어야 지속가능할까? 이에 대해서 이 장에서는 다중이해당사자 이론을 중심으로 살펴보고자 한다.

1. 다중이해당사자 지배구조란 무엇인가?

경영학에서 이해당사자라는 주제는 1984년 프리만의 연구(Freeman, 1984)[42] 이후 상당한 조명을 받아 왔다. 이 이론은 조직의 목적은 최우선적으로 이해당사자를 위한 가치를 창출하는 것이라고 본다. 또한, 모든 이해당사자의 이해가 고유한 가치를 갖고 있으므로 수단적으로 기능하기 위한 기반은 그들에 대한 정당성에 있음을 강조한다. 그래서 규범적 정당성이 중요하고, 이해당사자에 의한 경영과 그들의 참여가 가치 창출과 목적 달성의 주요한 수단 중 하나이다.

이해당사자 관점에서 이해당사자의 가치와 '이해당사자 경영'은 불가분의 관계가

---

41) 제9장은 필자의 박사논문의 일부분을 재구성한 것이다.

42) 프리만(1984)의 저서인 'Strategic Management: A Stakeholder Approach'는 이해당사자 이론에 대한 획기적인 전환의 기회를 제공했다고 평가되고 있다. 도널드슨(Donaldson, 1995)에 따르면, 프리만의 연구 이후 기업 경영에 관한 이해당사자 관점이 학문과 실천적 차원에서 상당히 확산되었다고 한다.

있다. 여기서 이해당사자 경영은 그들을 위한 경영이면서, 그들에 의한 경영을 의미한다. 그러므로 이해당사자 경영은 목적과 수단 차원에서 동시에 '이해당사자 참여'를 고려하게 된다.

제3섹터 조직이나 사회적기업 연구에서 이해당사자 참여는 페스토프(Pestoff, 1995)가 지적했듯이 보다 혁신적인 관점에 서 있다. 전통적으로 기업에 관한 연구에서 이해당사자는 앞서 언급했던 프리만의 개념을 바탕으로 외부 주체로 고려되는 경향이 강하다. 예컨대, 경영학 연구에서는 CSR(Corporate Social Responsibility, 기업의 사회적 책임)이 기업 성과에 미치는 영향과 같은 연구가 이루어지는데, 이때 CSR은 고객, 종업원, 시민단체 등의 외부 주체에 대한 책임이나 만족이다(이영찬·이승석, 2008). 즉, 경영자 또는 소유자의 대상으로서 기업의 이해와 관계된 사람으로 보는 경향이 강하다.

사회적기업에서 이해당사자 참여는 캠피 외(Campi, et, al., 2006)가 언급했듯이 '이해당사자의 내부화(internalization of stakeholder)'라는 관점으로 접근하는 것이 중요하다. 이해당사자의 능동적 참여가 그 자체로 사회적기업의 목적에 부합하고, 수단적 측면에서도 긍정성을 갖고 있다. 이런 의미에서 스테이크홀더(이해당사자, stakeholder)에 대해 '이해관계자(利害関係者)'보다는 '이해당사자(利害当事者)'라는 용어가 더 적합하다고 볼 수 있다.

지배구조의 개념은 경영학이나 비영리조직 연구에서 대체적으로 의사결정구조 차원에서 접근한다.[43] 조직의 지배구조에서 의사결정구조와 관련된 기구들로 최고의 의사결정기구인 총회가 있으며, 상시적인 핵심 의사결정기구로 이사회, 경영진 등이 있다. 총회는 조직의 전체 구성원이 참여하는 의사를 결정하는 최고의사결정기구이며, 주식회사에는

---

43) 물론 연구자에 따라 소유구조를 포함하거나 그것에 초점을 두는 경우도 있다. 하지만 이해당사자 관점에서 사회적기업을 연구하는 학자들도 대체적으로 의사결정구조에 관심을 둔다. 이러한 경향은 다른 사회적기업 지배구조 이론에서도 유사하다. 로우(Low, 2006)는 사회적기업 지배구조를 사회적기업의 성과와 방향을 결정하는 다양한 참여자 사이의 관계로 정의한다. 마슨 외(Mason, et, al,. 2007)에 따르면, 사회적기업 지배구조는 이해당사자 사이의 일련의 관계이면서, 사회적기업의 정체성의 지표이자, 그것의 목적의 획득과 통제를 수행하는 수단인 의사결정구조이다.

주주총회가 있고, 협동조합에는 조합원총회가 있다. 이사회는 조직의 경영이나 집행을 위한 상시적인 핵심의사결정기구이다. 이사회는 이사로 구성되며, 이사는 주로 구성원의 대표자, 외부의 관련 전문가 등에서 선출한다. 이때 이사회에 대한 대표성은 특정계층의 단일한 이해가 대변될 수도 있고, 다양한 계층의 이해가 대변될 수도 있다. 여하튼 지배구조에 대해 의사결정의 범주로 접근하는 이유는 그것이 전략 개발, 조직 통제권, 조직성과 등과 밀접한 관련이 있기 때문이다. 통상 조직에서 이와 관련된 핵심기구는 이사회이다. 사회적기업에서 이사회는 조직의 목적 달성을 위한 전략적 의사결정, 통제, 모니터, 전문성 등의 역할을 수행한다(Borzaga and Solali, 2001). 한편, 좀 더 폭넓은 관점에서 지배구조에 일상 경영을 책임지는 경영진을 포함하기도 한다.

이해당사자 관점에서 사회적기업 지배구조는 이해당사자의 참여 구조이자 관계이면서, 지속가능한 경영을 위한 전략적 의사결정구조 및 과정으로 정의할 수 있다. 또한, 사회적기업의 지배구조에 참여하는 이해당사자의 참여구조에 따라 단일이해당사자 지배구조와 다중이해당사자 지배구조로 구분할 수 있다. 단일이해당사자 지배구조형인 사회적기업은 특정 이해를 갖는 집단의 대표자들로만 이사회가 구성된다. 대표적으로 노동자협동조합을 예로 들 수 있다. 이 경우에 이사회는 노동자의 대표자로 이사회가 구성되는데, '이해의 대변' 측면에서 노동자의 단일이해가 대표된다고 할 수 있다.

반면, 사회적기업의 다중이해당사자 지배구조에서는 다양한 이해당사자가 이사회에 참여한다. 예컨대, 청소사회적기업인 '함께일하는세상(이하 함세상)'은 다양한 이해당사자가 참여하는 지배구조를 갖고 있다. '함세상'의 이사회는 노동과 경영의 책임을 맡고 있는 내부 이해당사자와 '함세상'과 관련이 있는 청소 자활공동체의 대표자들과 자활공동체의 지원조직인 경기광역자활센터의 대표자 등 청소 사회적기업기업과 관련된 지역사회의 다양한 이해당사자가 참여한다. 이사회는 매월 정기적인 회의를 하며, 매월 매출상황에 대해 점검하고 평가하며, 판로개척이나 조직체계의 개편, 인사 등에 관한 주요한 전략을 결정한다. 이와 같이 다양한 이해당사자가 지배구조에 참여하는 사회적기업을 사회적 협동조합형 조직이라고 한다.

주목할 점은 다중이해당사자 지배구조에서 이해당사자 참여의 다양성은 다중적이고, 관계적인 속성을 포함하고 있다는 점이다. 이러한 속성으로 인해 사회적기업에서 다중이해당사자 지배구조는 구체적으로 다음과 같은 특성을 내포하게 된다.

첫째, 사회적기업에서 이해당사자 참여는 그들의 집단적 필요를 결합시키는 것과 관련이 있다. 그래서 사회적기업 지배구조는 '이해당사자 대표성'이라는 특성을 갖게 된다. 이때 이해당사자 대표성은 집합적인 커뮤니티의 이해를 대변하는 것과 관련이 있다. 여기서 커뮤니티는 사회적기업의 목적과 관련된 이해당사자를 포함한 공동체이며, 그러한 실천을 공유하는 사람이나 집단이다. 또한 이러한 대표성은 앞서 언급했듯이 참여의 양상에 따라 다중적일 수도 있고(다중 이해당사자형 지배구조), 그렇지 않을 수도 있다(단일 이해당사자형 지배구조).

둘째, 지배구조에 대한 이해당사자의 참여는 '관계성(relationship)'을 동반하게 된다. 여기서 관계성은 지배구조에 참여하는 주체들 간의 영향력 및 긴장관계와 관련이 있다. 이러한 관계는 이해당사자 간에 상호 협력적일 수도 있고, 갈등적일 수도 있다. 또한 공식적 차원뿐만 아니라 비공식적 차원에서도 존재할 수 있다. 예컨대, 사회적기업은 비영리조직처럼 이사나 경영대표자가 자신들과 관련된 네트워크를 통해 기부금, 후원금, 비화폐자원(건물, 부지 등) 등을 비공식적으로 동원하기도 한다.

셋째, 사회적기업은 상거래활동을 통해 사회적, 경제적 산물을 생산한다. 그래서 사회적기업의 지배구조(이사회)는 경제활동의 성과 창출을 위해 기업가적 전략과 비즈니스 전문성을 요구받게 된다. 그러나 여기서 전문성은 비즈니스 능력이 핵심이지만 단순히 그것만을 의미하지는 않는다. 사회적기업의 전문성은 다중적 목적 달성을 위해 요구되는 것으로 비즈니스 능력을 포함한 좀 더 넓은 차원의 스킬(skill)과 능력으로 접근될 필요가 있다. 예컨대, 사회적기업이 다양한 사회적 유용성을 창출하기 위해서는 사회복지, 문화, 교육 등의 전문성도 필요하다.

요약하면, 혁신적인 이해당사자 관점에서 사회적기업 지배구조는 이해당사자의 다중적 참여를 본질적 속성으로 갖고 있다. 이러한 지배구조는 실천적 역할과 기능을 수행하는데 대표성, 관계성, 전문성 등의 특성을 갖고 있다. 그리고 이러한 다중적 특성은 사회적기업 지배구조 안에서 상호 연결되어 있고, 때로는 긴장 관계가 있을 수 있다.

2. 다중이해당사자 지배구조는 어떤 메커니즘으로 작동하는가?

사회적기업에서 지배구조의 기능에 미치는 요인은 조직의 규모, 기원 및 형태, 제도적 환경 등 다양하다(Spear, et, al., 2007). 무엇보다도 다중이해당사자 지배구조의 실천적 기능은 의사결정에 참여하는 모든 이해당사자에게 의존한다.

바끼에가와 보르자가(Bacchiega and Borzaga, 2001)에 따르면, 사회적기업에서 이해당사자 참여는 내부 경영에 있어서 '인센티브 구조(incentives structure)'를 갖게 한다. 그들은 이것을 제도주의 경제학 관점에서 설명한다. 이 관점은 조직은 계약관계에 의해 제도적으로 존재하고, 계약에 의해 통제권이 결정된다고 본다. 여기서 통제권은 조직의 목적을 결정할 권한이다. 제도주의 관점에서 조직은 제도에 영향을 받기 때문에, 통제권은 조직 내부 구조에 영향을 미친다. 이러한 관점을 기업에 적용하면, 기업은 영리추구라는 목적으로 계약이 이루어진 조직이다. 그래서 통제권은 투자자에게 집중된다. 반면, 사회적기업은 다중 목적 조직이다. 이러한 계약이 이루어지기 위해서는 다양한 이해당사자에게 '통제권의 분배가 존재해야 한다. 그래서 사회적기업에서 통제권 분배는 다양한 이해당사자 권한을 갖고 있다는 것이므로 그들에게 인센티브를 갖게 한다.

따라서 사회적기업에서 다중이해당사자 지배구조의 기능은 다양한 이해당사자의 '동기부여 및 기여(incentives and contributions)'와 밀접히 연결되어 있다. 이러한 기능은 지배구조의 안정성에 기여하는 긍정적인 역할을 수행한다. 하지만 동시에 부분적으로는 불안정성의 요인이 되기도 한다.

긍정적인 측면에서 다중이해당사자 지배구조의 이질성은 바끼에가 외가 언급했듯이 경영자, 노동자, 자원봉사자 등이 임금 헌신, 노동 기여 등의 다양한 인센티브를 갖는 구조가 되도록 한다. 또한 경영자나 다른 집단에 대한 통제의 역할도 수행할 수 있고, 특정 이해당사자의 사명 배반 행위를 예방한다. 반면, 다중적 참여는 보드자가 등이 지적한 것처럼 의사결정과정에 대한 소요시간을 동반하므로 사회적기업의 경영 효율성과 효과성에 약점으로 작용할 수 있다(Borzaga and Solari, 2001; Borzaga and Mittone, 1997). 또한 바키에가 외의 지적처럼 다중적 지배구조의 이질성은 경영자의 자기이익추구 행동을 절제하도록 하는데 기여하기도 하지만, 특정 이해당사자의 기회주의적 행동을 발생시키는 원인이 될 수도 있다.

그래서 사회적기업에서 다중이해당사자 지배구조는 다양한 참여를 통한 인센티브 체제를 구축하면서도 동시에 다양한 이질적 주체의 이해에 대한 균형을 유지해야만 지속가능성을 유지할 수 있다. 결국, 사회적기업에서 다중이해당사자 지배구조의 역할은 캠피 외(2006)의 주장과 같이 이해당사자의 동기 및 기여에 대한 '균형'을 유지하는 것이다.

그렇다면 이러한 다중이해당사자 지배구조의 균형은 어떤 메커니즘에 의해서 구현되는가?

첫째, 이사회는 이해당사자의 참여를 본질적 속성으로 하므로 그들을 대표할 수 있는 참여의 기제를 둔다. 이사 구성, 이사 선출에 관한 규정 등이 해당된다.

둘째, 이사회는 상시적인 자원동원을 관할하는 경영진이나 이사회 신하에 경영위원회 등과 같은 부문위원회 등을 설치한다. 이때, 경영진이 상거래활동에 대한 역할을 주로 수행한다. 최고경영자가 아닌 경영진이라는 용어를 쓰는 이유는 사회적기업의 경영이 1인 주도 체제가 아니라 집합적, 협력적 체제에 이루어지는 것이 바람직하다고 보기 때문이다. 사회적기업에서 경영진 메커니즘은 영리기업과 같은 최고경영자를 둘 수도 있고, 비영리조직처럼 집행책임자를 둘 수도 있다. 또한 이러한 경영진은 이사회에 이사로 참여할 수도 있고, 그렇지 않을 수도 있다.

끝으로, 이사회는 이해당사자들과 경영진과의 균형을 위한 메커니즘을 작동시킨다. 이러한 메커니즘은 지배구조에 참여하는 주체들 간의 영향력 및 긴장관계와 관련이 있다. 구체적으로 이사회 회의, 이사회와 경영진의 권한 규정(인사권, 재정권 등), 의사결정원리(1인 1표 또는 1주 1표)와 같은 공식적인 기제가 해당된다. 하지만 이러한 메커니즘은 지방정부 등에 영향을 미치는 로비나 개별 미팅 등 비공식적 차원으로도 존재할 수 있다.

이상과 같은 지배구조의 메커니즘은 영리기업이나 비영리조직에도 있을 수 있다. 그러나 사회적 목적을 갖는 능동적 주체라는 점과 동시에 다양한 주체들 간의 협치를 인정한다는 점 등에서 사회적기업의 다중이해당사자 지배구조는 특수하다.

요컨대, 이해당사자 관점에서 사회적기업의 다중이해당사자 지배구조는 실천적 역할과 기능을 수행하는 데 이사회의 참여기제, 경영전문성 기제, 이사회와 경영진의 관계기제 등이 필요하다. 또한 이러한 기제들은 캠피 외(2006)의 지적처럼 여러 이해당사자가 갖고 있는 이해의 강도와 지속성에 의존한다. 따라서 사회적기업에서 다중이해당사자 지배구조가 효과적으로 작동하기 위해서는 다양한 이해당사자의 능동적 참여를 촉진시키면서도 동시에 그들 간에 발생할 수 있는 상충된 이해를 조정하는 것이 필요하다. 즉, 이해당사자의 참여와 균형이 다중이해당사자 지배구조가 지속되는 핵심적 조건이다.

3. 다중이해당자사 지배구조가 조직에 긍정적인 영향을 미치는가?

여기에서는 사회적기업에서 다중이해당사자 지배구조가 조직에 미치는 영향을 살펴보려고 한다. 즉, '사회적기업에서 다양한 이해당사자 참여가 지속가능성에 결정적 요인인가? 하는 질문에 답해보려고 한다. 그래야 사회적기업에서 이해당사자의 참여는 실천적으로 사회적기업 운동에 적용될 수 있을 것이다.

캠피 외(2006)에 따르면, 실제로 다중이해당사자 지배구조가 자원동원과 조직안정성에 장점을 갖고 있고, 비용편익 효과도 유발한다고 주장한다. 그들은 서유럽의 노동통합사회적기업에 관한 연구에서 다중이해당사자 지배구조와 조직적, 경제적 영향이 상호관계가 있다고 제시한 바 있다. 하지만 그들의 연구가 그들이 주장한 바를 실증적으로 검증한 것은 아니다.

첫째, 사회적기업에서 이해당사자 참여는 외부적 제한요인(external constraints)을 감소시킬 수 있고, 새로운 필요를 개발하는 데 내부적 승인(internal adjustment)을 가속화하여 자원동원에 기여한다. 구체적으로 외부적 제한의 축소는 지방정부나 기업 등 외부적 조건에 영향을 미칠 수 있거나 그것과 관계있는 이해당사자를 내부화하면 발생한다. 예컨대, 어떤 사회적기업은 지방정부의 공공서비스에 위탁이 조직의 생존에 중요할 수 있다. 이럴 경우 사회적기업은 지방정부의 정책 결정에 영향을 미칠 수 있는 인적자원이 조직 내부에 필요하다. 그래서 이런 사회적기업은 행정에 영향을 미칠 수 있는 공익기관의 대표자나 공무원 등을 이사회에 참여시켜 외부적 환경에 대응할 수 있는 조건을 마련하는 것이 유력한 전략이 될 수 있다. 내부적 승인 효과는 어떤 서비스에 대한 수요와 공급에 대한 결정을 이해당사자의 참여에 의해 할 수 있을 때 발생한다. 예컨대, 사회적기업이 생활협동조합처럼 다수 구성원으로 구성된 경우 거기서의 수요와 공급은 시장 가격 메커니즘이 아니라 그들의 필요에 의해서 결정될 수 있다. 그래서 내부적 승인이 가속화될 수 있다.

둘째, 사회적기업에 대한 정부나 시장의 외부 위협—정부 보조금의 축소나 영리기업과의 경쟁 등—이 존재할 경우, 이해당사자 참여는 그러한 위험에 대응하는 능력을 확보한다는 측면에서 조직적 안정성에 긍정적일 수 있다. 물론 여기서의 조직적 안정성에 관한 가설은 캠피 외(2006)도 지적했듯이 특정한 이해당사자의 참여가 갖는 인과관계를 분명히 설정하기 쉽지 않다.

셋째, 다중적 지배구조의 기여와 인센티브의 특성은 비용이나 편익에 관한 효과를 발생시킨다. 이러한 특성은 바끼에가 외(2001)가 주장했던 '통제권 분배'와 관련이 있다. 구체적으로 통제권의 분배는 노동자와의 계약관계에서 그들의 상당한 임금 요구 등의 부정적인 영향을 완화시켜 노동시장에서의 계약비용을 완화할 수 있다. 또한 경영자가 자기이익을 추구하는 행동을 절제하도록 하여 내부 조정에 필요한 소유비용을 절감하는 효과가 있다. 그래서 이러한 효과들은 사회적기업의 위험을 절감하게 하여 조직적 안정성으로 연결될 수 있다.

반면, 사회적기업에서 다중적 지배구조는 보르자가와 솔라리의 지적처럼 의사결정 기간이 길 수 있고, 분쟁을 조정하는 비용이 필요하므로 소유비용이 증가할 수 있다. 또한 이용자 또는 소비자가 사회적기업이 제공하는 서비스에 대해 유리한 가격을 요구할 수 있다. 그래서 그들의 기회주의적 행동은 사회적기업의 생산활동에 부정적 영향을 미칠 수 있다. 이러한 위험을 피하기 위해서는 다양한 자원동원, 내부자의 임금 헌신 등 인센티브가 잘 발휘되는 구조를 만드는 것이 필요하다. 예컨대, 한국의 의료생활협동조합에서 의사들은 일반병원(또는 의원)의 의사보다 훨씬 낮은 수준의 임금을 받고 있다. 이러한 그들의 임금 헌신은 사회적기업의 조직적, 경제적 안정성에 기여한다.

한편, 필자는 다중이해당사자 지배구조와 지속가능성과의 인과관계를 사례연구 수준에서 밝혀냈다.44) 이 연구의 결과에 따르면, 사회적기업의 지속가능성은 경영진의 전문성과 안정성을 전제조건으로 '다중이해당사자 참여'가 핵심조건이었다. 또한, 다중이해당사자가 참여하는 사회적기업 모델에서 이해당사자 참여의 규모가 클수록 지속가능성이 커진다. 구체적으로 '사회적 네트워크와 커뮤니티 구성원의 참여'라는 요인들이 사회적기업의 지속가능성에 강력한 영향을 미친다.

결론적으로 사회적기업 운동은 이해당사자 참여를 조직화하는 것이 지속가능한 발전의 '핵심'이라는 것이다.

---

44) 이 연구(김성기, 2010)는 다중이해당사자 지배구조가 어떻게 지속가능성에 영향을 미치는지를 규명하기 위해 경영진과 이사회 조건을 분석하였다. 그리고 다중비교사례연구를 수행하였고, 연구사례는 총 8개이다. 다중모델(다중이해당사자 지배구조형 사회적기업) 사례는 청소 사회적기업 '함께일하는세상', 재활용 사회적 기업 '에코그린', 간병사 사회적기업 '약손엄마', 의료서비스 사회적기업 '인천의료생활협동조합'이며, 단일 모델은 청소 사회적기업 '늘푸른사람들', 컴퓨터 재생 사회적기업 '한국컴퓨터재생센터', 산후관리사 사회적 기업 '나비잠', 장애인 사회적기업 '핸인핸'이다.

4. 다중이해당사자 지배구조형 사회적기업은 단일이해당사자 지배구조형 사회적기업에 비해 우월한가?

지금까지 사회적기업의 다중이해당사자 지배구조에 대한 의미와 메커니즘 등을 이론을 중심으로 살펴보았다. 사회적기업에서 다중이해당사자 지배구조가 규범적으로 정당하고, 목적의 달성 측면에서도 유의미하다는 것을 설명하였다. 여기서는 실제로 다중이해당사자 지배구조형 사회적기업(다중모델)이 단일이해당사자 지배구조형 사회적기업에 비해 우월한지를 사례를 통해 살펴보고자 한다. 청소 사회적기업 분야에서 성공한 다중모델인 '함께일하는세상'과 실패한 단일모델인 '늘푸른사람들'의 사례를 살펴볼 것이다. 우선 각 사례별로 의의, 지배구조의 특성, 지배구조의 지속가능성 메커니즘 등을 분석할 것이다. 그런 다음 두 사례의 지배구조의 지속가능성 메커니즘을 비교하면서 다중모델의 우월성을 설명할 것이다.[45]

1) 다중모델 사례: '함께일하는세상'

'함께일하는세상(이하 함세상)'은 한국에서 성공한 사회적기업으로 평판을 받고 있는 청소 사회적기업이다. 2009년 현재 '청소대안기업연합회' 소속 사회적기업은 '함세상'을 포함하여 18개이다(www.kfcae.kr, 2009). '함세상'의 대표이사 이철종은 연합조직의 대표자 역할도 겸직하고 있다.

'함세상'은 2002년 경기도 시흥지역의 자활공동체인 '터사랑'에서 출발하였고, 2003년 9월 주식회사로 조직을 전환하고 사회적기업을 표방하였다. '함세상'의 설립 자본은 조합원 기금, 사회적기업 지원기관에 의한 융자 지원, '함세상'의 전신인 자활공동체 사업 기금 등 여러 이해당사자의 참여에 의해 동원되었다. '함세상'의 의사결정구조에는 조합원 대표자, '함세상'을 지원하는 조직인 경기광역자활센터, 시흥, 안산, 부천 지역자활

---

45) 여기서 소개하는 단일비교사례의 결과가 모든 사회적기업에도 적용될 수 있다고 보기는 힘들다. 즉, 본 내용에 대한 과도한 일반화는 곤란하다는 말이다.

센터 등의 대표자, '함세상'의 비즈니스와 결합되어 있는 경기지역 청소 자활공동체들의 대표자 등이 참여하고 있다. 이렇듯 '함세상'은 다양한 이해당사자가 소유와 의사결정에 참여하는 다중모델이다.

이상과 같이 '함세상'은 청소 사회적기업 중에서 성공적으로 평가되는 다중모델 사례이다. 한국에서 향후 청소 분야의 사회적기업은 상당 부분 자활공동체에서 발전될 가능성이 많다. 이러한 점을 고려했을 때, '함세상'은 청소 분야 자활공동체의 발전 모델로서도 의의를 갖고 있다.

'함께일하는세상'의 지배구조 특성

'함세상'은 청소 사회적기업에 이해를 갖고 있는 자활공동체, 지원조직 등의 협력에 의해서 설립된 사회적기업이다.

'함세상'의 이사회는 총 11명으로 구성되어 있다. 내부 이해당사자는 경영진 3명,

〈표 9-1〉 '함세상' 지배구조 특성: 다중모델

지배구조		현황	특성
이사회	구성	·구성 특성 - 내부: 경영진(조합원), 노동자(조합원) - 외부: 지원조직(사회적 조합원), 사외이사(컴윈 대표) ·구성 인원(11명) - 6:5 (내부:외부)	·16개 사회적 네트워크의 참여 - 청소업에 직접적 필요를 갖고 있는 지역 자활공동체(12개), 사회적 기업 지원조직 등의 참여(4개) - 조합원(노동자)의 이해 대변(36명)
	활동	·이사회-최고의사결정기구 - 대표이사 회의의장 겸직 ·경영진-인사권, 경영권 보장 받음 ·연간 이사회 회의 12회	·경영진 주도의 상호협력 관계
경영진		·상근 대표이사 체제(이철종) ·경영 3인, 평균 경력 10년	·최고경영자 중심 전문 경영진 체제 - 전문성 높음

* 주: 2008년 기준
* 자료: 김성기(2010)

고용된 노동자 3명이며, 외부 이해당사자는 사회적 조합원 4명, 사회적기업 지원자 1명(사외이사) 등 복합적으로 구성되어 있다. 정관에 따르면[46] 이사는 일반조합원(개인 자격으로 참여하는 조합원) 이사, 사회적 조합원(단체나 기관으로 참여하는 조합원) 이사, 사외이사 등이 있다. 이들 이사는 조합원 총회에서 1인 1표 방식에 의해 선출된다.

우선, 내부 이해당사자 중 경영진 이사는 대표이사 포함 2명의 본사 직원이 참여하고 있고, 이들 3인은 모두 창업 때부터 함께한 동료(fellow)이다. 노동자 3인은 '함세상'에 소속되어 있는 각 지역의 지점장(남양주 지점장, 의정부 지점장, 안양지점장 등) 중에서 선출된 사람들이다. 여기서 지점은 각 지역의 자활공동체이다. 이들은 일반 조합원으로 현장 청소용역에 종사하며 각 지점의 이해를 대변한다.

다음으로 외부 이해당사자에는 사회적 조합원(3명)과 사외이사(1명)가 있는데, 사회적 조합원은 경기광역자활지원센터 소장 이정근 등과 같이 '함세상' 설립을 지원하거나 개별 지점의 모 조직(경기도 시흥시 지역자활센터, 부천원미지역자활센터 등)에 해당하는 대표자이다. 지역자활센터는 자활공동체를 육성 및 지원하는 역할을 수행한다. 이들은 사회적 조합원의 지위를 갖고 있고, '함세상'에 소속되어 있는 경기도 지역의 청소업종 자활공동체의 대변자 역할을 수행한다. 또 다른 사회적기업 지원자는 정관 상 '사외이사'에 해당하며 현재 사회적기업 '컴윈'의 대표 권운혁이다. '함세상'과 '컴윈'은 이사회에서 전략적 의사결정의 효과성을 높이기 위해 '상호이사제'를 두고 있다.

이처럼 '함세상'의 지배구조에는 조합원과 근로 빈곤층의 고용창출에 이해를 갖고 있는 다수 사회적 네트워크(12개 자활공동체와 4개 지원조직 등)의 대표자가 참여하고 있다.

경영진은 높은 비즈니스 전문성을 가지고 있고, 책임성이 명확하다. 우선, '함세상'의 경영체제는 상근직 대표이사 체제를 두고 있고, 경영진에게 권한이 분명하게 위임되어 있다. 즉, 대표이사 이철종에 의한 책임경영체제이다. 대표이사 이철종(남, 30대 중반)은 창업부터 현재까지 줄곧 경영책임을 맡아온 청년 사회적기업가(social entrepreneur)이

---

46) 이사는 4인 이상 15인 이상으로 구성될 수 있고, 이사의 3분의 1 범위 내에서 조합원이 아닌 사외이사를 둘 수 있다(함께일하는세상 정관, 제25조).

다. 이철종은 경영 및 기업 운영을 총괄하는 역할을 수행하고 있다. 사업본부의 운영은 본부 책임자를 두어 내부 집행을 관장하도록 하고 있고, 본인은 대외적인 영업이나 사회적 네트워크를 구축하는 데 주요한 역할을 수행하고 있다.

본부 경영진 3인의 전문성은 높은 편이다. 이들의 평균 비즈니스 경력은 10년이며, 이철종을 제외한 나머지 2인은 사업본부장, 사업지원국장을 맡고 있다. 경영진은 사업계획 수립, 시장 분석, 마케팅, 공공 및 사회적 네트워크 조직, 이사회 보좌, 기술개발 등 경영과 관련된 제반 사항을 관할한다. 전국의 지역자활센터에 청소사업단이 상당히 많은데, 이들 중 대다수는 '함세상'으로부터 경영 노하우(know-how)와 기술교육을 받는다. 예컨대, 2009년에 '함세상'은 청소업종 사회적기업가를 육성하기 위해 '사회적기업가 아카데미'를 직접 개최하기도 하였다. 이처럼 청소업종 사회적기업 분야에서 '함세상'의 전문성은 우월적 평가를 받고 있다.

이사회는 대표이사가 이사회 의장을 겸직하고 있고, 인사권과 재정권은 대체적으로 대표이사에게 권한이 부여되어 있다. 또한 '함세상'은 협동조합 방식의 운영원리를 갖고 있으며, 이와 관련되어 월 1회 이사회 회의를 개최하고 있다. 이렇듯 이사회와 경영진 관계는 경영진 주도성이 인정되면서도 상호협력적 긴장관계를 유지하고 있다.

이상과 같이 '함세상'의 지배구조는 16개 사회적 네트워크가 참여하는 다중적 대표성을 갖고 있으며, 높은 전문성에 기반을 둔 최고경영자 중심 경영체제이다. 또한, 경영진 주도의 상호협력적 관계를 형성하고 있다.

'함께일하는세상' 지배구조의 지속가능성 메커니즘

'함세상'은 다중이해당사자 지배구조이면서 책임경영진에 의해 경영되는 지배체제이다. 여기서는 이러한 지배구조가 어떻게 작동하면서 지속가능성으로 연결되는지 살펴보고자 한다.

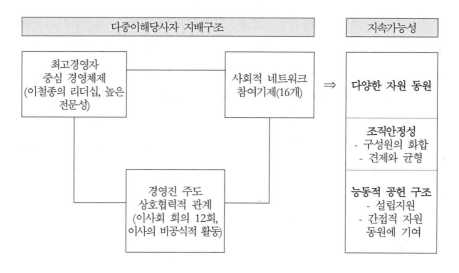

〈그림 9-1〉 '함세상' 지배구조의 지속가능성 메커니즘

　　첫째, '함세상'에서 전문적 노하우과 경험을 갖고 있는 경영진은 영업활동을 통한
매출확대뿐만 아니라 정부와 민간 기금의 동원에 영향을 미치고 있다. 경영진은 청소용품
신규 상품의 개발과 일반 상업시장의 공략 등을 통한 매출 확보에 주요한 역할을
수행한다. 또한 경영진은 사회적기업 지원조직의 프로젝트를 유치하는 등과 같은 자원의
동원에도 역할을 한다. 이를 위해 대표이사 이철종은 사회적 네트워크 구축을 위한
활동에 주력하고 있다. 창업 및 광역법인화 과정 등에서 '자활사업 청소업종 네트워크'에
참여했고, 청소 업종 사회적기업의 네트워크인 '청소대안기업연합회'의 대표이기도
하다. 강연 활동도 적극적이다. 경영에도 바쁜데, 왜 강연에 참여하는가는 질문에 대해
그는 "저는 강연도 영업이자 네트워크 구축의 일환으로 한다"고 답했다. 이렇듯 책임경영
과 높은 전문성은 시장자원뿐만 아니라 공공의 자원을 동원하는 데에도 영향을 미친다.
　　대표이사 이철종은 창업 당시부터 줄곧 '함세상'을 이끌어 왔고, 숱한 노력과 헌신을
해왔다. 그는 자신이 월급을 못 받아도 현장 직원들의 월급부터 챙긴다. 그래서 내부

구성원들로부터 신뢰를 받고 있다. 또한 그는 경영진뿐만 아니라 종사자들과의 소통을 중시한다. 이에 대해 참여자들은 "일단 우리가 이야기를 할 수 있고 대표도 우리의 이야기를 들어주니 편해요."라고 한다. 그는 학교화장실 청소사업과 같은 공적 시장을 공략하는 기회포착 능력을 발휘하여 '함세상'의 비즈니스를 확장하는 데에도 기여하였다. 이렇듯 이철종은 내부 이해당사자부터 신뢰를 받고 있고, 경영 능력도 갖추고 있어 전문 경영자로서 리더십을 인정받고 있다. 그리고 이것이 신뢰의 조직문화를 창출하는 조직안정성[47]으로 연결되고 있다. 따라서 '함세상'이 지속가능한 발전으로 이어질 수 있었던 요인으로 이철종 대표의 리더십은 중대한 기여를 해왔다고 볼 수 있다.

이처럼 '함세상'의 책임경영체제와 높은 전문성을 갖는 경영진 체제는 청소업과 관련된 시장자원 동원에 주로 기여를 하고 있으면서 동시에 공공자원 등의 동원에도 역할을 하고 있다. 또한 이철종의 리더십은 구성원의 화합과 신뢰의 문화를 조성하는 등 조직안정성에 기여하면서 지속가능한 발전에 기여하고 있다.

둘째, '함세상'에서 16개 사회적 네트워크가 참여하는 기제는 이해당사자와 연계된 자원을 동원하는 데 기여한다. 특히, 주요 사업인 유통업과 용역업 등 두 가지 영역에서 이해당사자 참여가 매출에 두드러진 영향을 미친다. '함세상'의 유통업은 청소 용품이나 장비를 판매하는 것인데, 이 상품이 주요 고객은 전국의 청소자활사업단이며, 2008년 기준으로 전체 매출액(약 33억 원)의 25%가량을 차지하고 있다. 유통업은 경기광역자활지원센터와 같은 사회적기업 지원조직의 참여가 유통업에 '상징적 정당성'을 부여하는 역할을 한다. 경기광역자활지원센터는 '함세상'의 설립과정에서 경기지역의 청소 자활공동체가 참여하는 데 적극적으로 관여했고, 전국의 4개 광역자활지원센터 중 하나이다. 이에 대해 '함세상'의 설립에 관여했었던 모세종[48]은 "함세상은 사회적 가치를 지향하는 사회적기업으로 설립되었고, 경기광역자활지원센터 등이 참여하고 있기 때문에 이 분야에서 유통의 독점권을 유지하고 있다. 만약 개인 사업자였다면 전국의 자활사업단이

---

47) 여기서 '조직안정성'은 조직경영 차원에서 구성원이 협동과 화합 등을 하는 상태를 의미한다.
48) 모세종은 사회적기업지원조직에서 활동하고 있고, 현재 간병사 사회적기업 '약손엄마'의 이사이기도 하다.

'함세상'에서 구매를 지속하지 않을 것이다"라는 점을 강조했다.

또한 조합원인 각 지점의 참여는 공공시장에서의 매출 확보에 기여한다. 각 지점은 자활공동체 성격을 갖고 있는데, 공공정책과 연계되어 있다. 그래서 해당 지역의 기초자치단체의 공공시설이나 기관의 용역사업을 수주받는 데 기여한다.

셋째, '함세상'에서 이사회와 경영진은 경영진 주도의 상호협력적 관계를 유지하고 있다. 이러한 관계는 공식적, 비공식적 차원에서 이루어지고 있다.

우선, 공식적 차원에서 '함세상'은 매월 1회 이사회를 통해 경영진과 관계를 형성하고 있다. 이러한 기제는 신속한 의사결정을 통한 자원동원과 조직 통제권의 유지에 영향을 미친다. 이에 대해 대표이사 이철종은 "기업에 재원이 필요할 경우 차입에 대한 결정을 해야 하는데 이때 시기가 중요하다. 또한 통상 외부 프로젝트 사업에 참여할 경우 한 달 안에 공모와 심사가 이루어진다. 이 기회를 놓치지 않으려면 (이사회를 통해) 신속한 결정 체계가 필요하다"고 하였다. 또한 공식적 관계기제는 상시적으로 경영진과의 긴장관계를 유지하면서 조직의 균형을 유지하는 데에도 기여를 한다.

> "정규직원 채용은 사업계획과 인력 충원계획 가운데서 신중하게 해야 한다. 특별히 정규직 채용은 이사회에서 검토하고 논의해야 한다."(이정근 이사).
> "앞으로 정규직원 채용과정에서 이사회에 미리 채용계획을 보고하고 승인을 얻은 후에 채용하도록 하겠다."(이철종 대표이사).
> − '함께일하는세상' 2008년 7회차 정기 이사회 회의록 중에서

다음으로 특정 이사의 공식적, 비공식적 활동도 능동적 공헌을 하면서 지속가능성에 영향을 미친다. '함세상'은 2008년부터 2년간 경기도의 지원을 받아 사무실과 창고를 무상으로 쓰고 있다. 이러한 지원의 배경에는 '함세상'의 현 이사인 경기광역자활지원센터 이정근 소장의 역할이 컸다. 경기광역자활지원센터는 경기도의 지원을 받는 조직으로 자활공동체와 사회적기업 육성을 위해 지원활동을 하고 있다. 또한 그는 공공시장 확보를 위해서도 협력했다. 2008년 '함세상'은 경기도 내 학교 화장실 환경개선사업을

70개소에서 수행했는데, 경기광역자활지원센터에서는 교육청에서 이러한 사업이 추진될 수 있도록 정책 제안활동을 수행하였다.

이렇듯 '함세상'에서 경영진과 이사회의 상호·협력적 관계는 공식적, 비공식적 차원에서 존재하며 공공자원과 민간기금 등이 동원되는데 직·간접적인 영향을 미치고 있다.

이상과 같이 '함세상'의 지배구조에서 지속가능성에 영향을 미치는 조건들은 사회적 네트워크 참여기제, 최고경영자 중심의 전문 경영진 체제, 경영진과 이사회의 상호협력적 관계 등이다. 이러한 지배구조의 조건들이 다양한 자원의 동원, 조직안정성, 능동적 공헌 구조 등을 통해 안정적인 지속가능성을 획득하는 데 기여하고 있다.

2) 단일모델 사례: '늘푸른사람들'

'늘푸른사람들(이하 늘푸른)'은 청소용역업, 청소유통업을 하는 '함세상'과 유사한 비즈니스 특성을 갖는 사회적기업이다. 또한 '늘푸른'은 한국에서 최초로 1998년에 청소 사회적기업을 표방하면서 설립된 노동자협동조합(이하 노협)이다.

'늘푸른'의 전신은 1997년에 노원과 성북 자활지원센터의 공동 청소사업단으로 설립된 늘푸른환경이다. 당시 자활지원 센터는 도시 빈민의 자립과 자활을 지원하는 생산공동체 운동을 배경으로 탄생하였고, 이들 청소사업단도 그러한 활동의 일환이었다. 여기에 지역의 빈민운동 활동가들이 주로 참여하였다. 이러한 생산공동체 운동의 경험을 계승하면서 '늘푸른'은 노동자에 의한 공동출자,[49] 협동을 경영원리로 하는 노협으로 1998년에 설립되었다. '늘푸른'의 설립에는 노원과 성북의 빈민운동 활동가와 청소사업단 책임자 각 2명씩 4명이 결합하였고, 당시 대표자는 노원 지역의 활동가인 변한식(남, 당시 40대)이었다.

사실 '늘푸른'은 '함세상'이 설립(2003년)되기 전까지 한국에서 거의 독보적인 청소 분야 사회적기업이었다. 2000년부터 '늘푸른'은 청소용역사업, 특수청소사업, 청소용품

---

49) '늘푸른'의 설립 자본에는 노동자 조합원의 기금이 주를 이루고 있지만, 설립 당시 사업단 활동의 모단체라고 할 수 있는 '노원 나눔의 집과 성북 나눔의 집' 기금도 일부 포함되어 있다.

물류사업 등 다양한 분야의 사업을 개척해나갔고, 2003년에 9개 지점을 개발하는 등 지속적인 성장을 해나갔다. 이러한 성장의 배경에는 자활사업 활성화를 지원했던 정부정책이 있었다. 2001년에 정부는 자활사업 활성화를 위해서 청소사업을 포함한 5대 자활표준화사업[50]을 지정했다. 이에 따라 전국 각지의 지역자활센터에서 청소사업단을 준비하게 된다. 이러한 과정에서 사업의 경험을 갖고 있지 못했던 전국의 청소사업단들은 '늘푸른'으로부터 기술을 전수받았고 청소용품도 구매하였다.

설립 초기인 1998년에 '늘푸른'의 매출은 4천만 원에도 채 못 미쳤지만, 2000년 이후 지속적인 성장을 하여 2004년에는 연 매출이 약 9억 원 이상까지 성장하였다(정선희, 2005). 하지만 성장세를 거듭하던 '늘푸른'은 2006년에 활동이 중단되었다.[51]

비록 10년이 채 안 된 역사이지만 '늘푸른'은 사회적인 사명을 갖는 노동자 자주기업 운동의 선두에 있었다. 구체적으로 '늘푸른'은 일하는 사람들의 공동노동 및 공동경영, 분배정의를 실현하는 경제공동체, 나아가 사람과 환경의 존엄성을 회복하는 가치를 구현하고자 하였다. 그리고 '늘푸른'은 이러한 노력이 전국에 확산되도록 노력하였다.

이러한 공헌은 '늘푸른'이 영업활동 이외에도 2000년 초부터 청소 사회적기업의 조기정착과 그들을 위한 인프라 구축에 상당한 기여를 했다는 점에서 확인할 수 있다. 예컨대, '늘푸른'은 청소 사회적기업의 인프라 확충을 위해 지역자활센터에서 청소사업단이 한창 만들어지고 있었던 2001년 당시, 수익 중 상당금액을 투자하여 경기도 파주에 '청소 기능인 양성을 위한 교육장'을 건립하고 운영하였다. 그리고 이러한 교육을 지원하는 전문 사회적기업의 필요성에 주목하여 2003년에 '함세상' 설립을 주도하였다.[52]

---

50) 당시 보건복지부가 지정한 5대 자활표준화사업은 간병도우미사업, 음식물재활용사업, 청소사업, 자원재활용사업, 집수리사업 등이다.

51) 여기서 '중단'이라고 규정한 것은 실제 사업을 거의 진행하고 있지 않지만, 아직까지 법인이 해소되지 않았고, 당사자가 새로운 도전에 대한 의지를 갖고 있기 때문이다.

52) 이 점은 당시 '늘푸른'의 대표였던 변한식의 말에 따른 것이다. 변한식은 실제 2003년 '함세상' 설립당시 이사이기도 하였다. 당시 '늘푸른'은 '함세상'에 20%의 지분을 투자하였다. 그에 따르면, '함세상'은 '늘푸른'의 자회사 성격을 갖고 있다. 구체적으로 설립 당시 '함세상'의 법인 명칭이 '(주) 함께일하는세상 늘푸른사람들'이라는 점이 그가 제시한 근거이다(변한식 인터뷰, 2009년 9월 12일). 물론, 이에 대해서 '함세상'의 견해는 다를 수 있다.

또한, '늘푸른'은 청소 분야의 사업 아이템과 기술 개발에 많은 기여를 하였고, 결과적으로 여러 청소 사회적기업의 태동에 밑받침이 되었다. 앞서 언급했던 '청소대안기업연합회' 소속의 상당수는 '늘푸른'으로부터 기술 및 기능 교육을 받고 사업을 시작하여 성장하였다.

이상과 같이 '늘푸른'은 도시 빈민지역의 생산공동체 운동을 기반으로 발전되었던 청소 분야 단일모델 사례였다. 여기서는 '늘푸른'의 지배구조 등을 살펴보면서 동시에 노협 모델의 실패에 관한 시사점도 확인할 것이다.

'늘푸른사람들'의 지배구조 특성

'늘푸른'은 노협 방식을 지향했기 때문에 이해당사자인 노동자가 경영자인 단일모델이다. 핵심 의사결정기구는 조합원 회의이며 이것이 경영진 회의이기도 하다. 따라서 '늘푸른'의 지배구조에는 경영진과 의사결정기구가 통합되어 있다.

구체적으로 지배구조 특성은 협동노동 이념을 갖고 있는 노동자 조합원 단일이해이며, 외부 참여는 배제되어 있다. '늘푸른'의 설립 자금에는 그의 모태가 되었던 지역사회 조직(노원 성공회 나눔의 집 등)의 출자가 있었지만, 그들은 이해당사자로서 의사결정기구에 참여하지 않았다. 이에 대해 '늘푸른'의 주주였던 김홍일[53]은 "변한식이 내가 책임지는 방식으로 해 보겠다"고 하였다. 아마도 변한식 대표는 일하는 노동자 중심의 경영체제를 지향했던 것 같다.

'늘푸른'에서 지배구조의 변화는 크게 두 단계로 구분될 수 있다. 2004년 이전 변한식 대표 체제 시기와 그가 사퇴한 2004년 이후 활동이 중단된 2006년까지 시기이다.

변한식 대표이사 체제에서 내부의 핵심 이해당사자(노동자 조합원)는 변 대표를 포함하여 A씨, B씨, C씨, D씨 등 총 5인이다. 변한식(남, 당시 40대)은 '노원 성공회

---

53) 김홍일은 설립 당시 '노원 성공회 나눔의집'의 신부였으며, 각종 빈민운동을 지원했던 주민운동가이기도 하다. 당시 김홍일은 변한식의 동료이기도 하였다. 현재는 사회적기업 지원조직인 '사회투자지원재단'의 상임이사를 맡고 있다. 2003년까지 김홍일은 '늘푸른'의 전체 주식 중에 10%의 지분을 보유하고 있었다.

지배구조		성장기(2004년 이전)	쇠퇴기(2004년 이후)
이사회	구성	· 조합원(노동자)의 이해 - 18명	· 조합원(노동자)의 이해 대변 - 18명
	활동	· 협동경영 - 매주 조합원회의	· 공식 회의 실종
경영진		· 최고경영자의 리더십(변한식) · 높은 전문성체제 - 5인, 평균경력 5년	· 리더십 약화 - 변한식 사퇴 · 높은 전문성체제 - 3인
특성		· 변한식 대표 중심의 협동경영체제	· 경영진이 개별 분화된 체제 - 리더십 실종

〈그림 9-2〉 '늘푸른' 지배구조의 특성 변화: 단일모델

나눔의 집'에서 주민운동을 했었고, 노원 지역자활센터 청소사업단을 맡고 있었던 지성희 신부의 제안으로 1998년부터 참여하였다. 그는 이전에 일본 노동자협동조합연합회(이하 일본 노협)의 센터사업단에서 6개월간 연수를 한 바 있고, 1997년 당시 한국에서 청소사업이 자활사업으로 시도될 때 일본의 경험을 전파하는 역할을 하였다. 그는 일본 노협의 영향을 받아 일하는 사람에 의한 협동 노동·경영이라는 이념에 투철하였다. 그는 2003년까지 '늘푸른'의 경영을 총괄하였다. 그러면서 전국 청소 자활사업단이 활성화됨에 따라 이를 지원하는 활동과 '한국 노동자협동조합연합회' 활동 등 대외 활동도 활발하게 수행하였다.

A씨와 B씨도 노원 지역 출신이다. A씨는 '노원 성공회 나눔의 집'의 청소년 야학 학생 출신이었으며 초기부터 사업단에 결합하였다. A씨는 숱한 노력과 연구를 통해 청소업종 분야의 알아주는 교육 및 기획 전문가가 되었다. 그는 청소약품 관리, 기계장비 조작 등 각종 전문기능에 관한 교육을 기획하고, 직접 교육을 할 정도였다. B씨와 C씨는 설립 초기부터 참여하지는 않았지만, '노원 성공회 나눔의 집'에 봉사를 하던 주민으로 변대표가 그들의 일솜씨에 주목하여 영입하였다. 그들은 현장 기능직 전문가로

성장하였다. 특히 B씨는 고부가 가치를 창출하는 건물외벽 청소, 전기관리 등 특수청소의 책임자 역할을 맡았다. D씨는 성북지역 자활센터 사업단 활동가 출신이다. 그는 주로 총무와 회계 역할을 맡았다.

이 당시에 상시적 핵심 의사결정기구는 매주 열리는 본부 조합원회의이다. 동시에 이것은 내부 이해당사자 간의 합의구조라고 볼 수도 있다. 한편, 지점까지 포함한 전체 조합원 회의는 월 1회 개최되었다. 본부 조합원 회의를 통해 일상 경영을 총괄하였고, 주요 의사결정을 하였다. 당시 변대표는 경영 원칙으로 공동 토론, 공동 합의의 중요성을 인식하여 매 회의 기록을 정리하도록 하였다.[54]

이상과 같이 설립 이후 2004년까지 '늘푸른'의 지배구조는 변한식 대표 중심의 협동경영체제였다고 볼 수 있다.

2003년까지 성장을 지속하던 변한식 대표 체제는 2004년 이후 변화를 겪는다. 변대표가 2004년 2월에 사퇴한 것이다. 사퇴 이유는 두 가지로 추정된다. 하나는 협동조합 이념에 따라 경영과 연대를 강조하는 대표의 입장과 수익 창출을 강조하는 현장 팀과의 갈등이다. 당시 변대표는 전국에서 들어오는 교육 요청을 거의 수용하였고 몸소 그 역할을 수행해다. 한편, D씨는 당시 이런 상황을 견디지 못하고 그만두었다. 다른 이유로 변대표가 어느 정도 '늘푸른'이 안정기에 접었다고 판단하여 젊은 세대에게 역할[55]을 넘겼다고 볼 수도 있다. 변 대표는 교육전문 청소 사회적기업을 전국적으로 설립해 확산하려는 계획을 품고 있었고, 그는 이 활동에 주력하고자 했다. 그의 말에 따르면 '함세상'도 그러한 구상의 일환으로 설립된 것이다.[56] 아마도 이 두 가지 요인이 복합적으로 작용하여 변대표가 사퇴한 것으로 판단된다.

2004년 이후 '늘푸른'의 지배체제는 A씨, B씨, C씨 등 3인에 의해 경영과 의사결정이 이루어진다. 2004년에서 2005년까지는 B씨가 대표를 맡았고, 2005년 이후 2006년

---

54) 지금도 그는 대표를 맡고 있었던 시기에 각종 회의 자료를 모두 보관하고 있다.

55) 실제 A씨는 "변대표에게 자신이 직접 경영 책임을 지고 싶다"고 했고, 2003년 잠시 변대표가 대표직만 맡고 그에게 경영 권한을 넘긴 적이 있다. 그러나 곧 자금 문제가 발생하여 다시 복귀했다(변한식 인터뷰. 2009년 9월 12일).

56) 당시 '늘푸른'은 '함세상'에 20%의 지분을 투자하였고, 변대표는 '함세상'의 이사로 참여하였다.

활동이 중단되기까지는 A씨가 대표를 맡았다. 이 시기에 협동조합 원칙에 의한 의사결정은 거의 이루어지지 않은 것으로 판단된다. 당시 당사자를 통해 정확한 확인을 할수는 없지만, 2003년까지 매년 발행되었던 '늘푸른'의 총회자료집이 2004년 이후에는 공식적으로 발간되지 않았다는 점에서 그러하다. 이에 대해 변대표는 "아마도 내가 사퇴한 이후 3인이 개별 분산된 체제로 경영했던 것 같다"고 하였다.

이렇듯 단일모델인 '늘푸른'은 변한식 대표 체제를 중심으로 헌신적인 노력을 하면서 청소업에 관한 기능을 개발하면서 성장하였다. 그러나 초기 민주적 협동 경영 체제에서 변대표 사퇴 이후 개별 분산된 비민주적 경영진 체제로 전환되었다. 그러면서 '늘푸른'의 지속가능성도 위기를 맞게 되었다.

'늘푸른사람들'의 지속가능성 메커니즘

초기 '늘푸른'은 노동자 중심의 경영 체제를 구성하고, 전문성 개발을 통해 시장자원을 개발하는 데 주력하였다. 설립 과정에서 지역사회 이해당사자의 참여가 있었지만, 단일 이해당사자형 지배구조를 구축하였다. 그들은 수많은 시행착오와 헌신적 노력을 통해 청소대행업과 청소용역업에서 시장 경쟁력을 확보해 나갔다. 그들은 이 분야에서 건물 외벽 청소와 같은 특수 청소 분야가 고부가가치를 창출한다는 것에 주목하였다. 이러한 능력을 개발하기 위해 당시 숙소를 잡고 서로 숙박하면서 건물 외벽타기 연습을 했다. 그러나 초기 용역과 대행 중심의 현장사업은 그들의 기대처럼 지속적인 성장으로 이어지지 않았다.[57]

오히려 '늘푸른'의 성장을 주도한 것은 청소 물류 유통사업이다. 이 사업이 활성화된 배경에는 변대표의 역할이 크다. 그는 당시 '한국노동자협동조합 연합회' 회장을 맡았고, 자활사업 진영과도 유기적인 협력을 했다. 2000년부터 자활사업이 제도화되는 것을 배경으로 '늘푸른'은 그동안 자신들이 개발한 전문성을 기반으로 대외 교육사업을

---

57) 이것은 2003년까지 '늘푸른'의 회계를 담당했던 D씨의 말을 근거로 한 것이다.

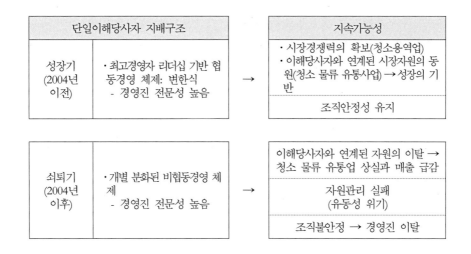

단일이해당사자 지배구조			지속가능성
성장기 (2004년 이전)	·최고경영자 리더십 기반 협동경영 체제: 변한식 - 경영진 전문성 높음	→	·시장경쟁력의 확보(청소용역업) ·이해당사자와 연계된 시장자원의 동원(청소 물류 유통사업)→성장의 기반 조직안정성 유지
쇠퇴기 (2004년 이후)	·개별 분화된 비협동경영 체제 - 경영진 전문성 높음	→	이해당사자와 연계된 자원의 이탈 →청소 물류 유통업 상실과 매출 급감 자원관리 실패 (유동성 위기) 조직불안정 → 경영진 이탈

〈그림 9-3〉 '늘푸른' 지배구조의 지속가능성 메커니즘

하면서 전국적인 청소물류 유통망을 확보해 나갔다. 이러면서 '늘푸른'은 청소 사회적기업으로서 이 분야에서 독보적인 지위를 확보하였다. 즉, '늘푸른'은 청소 자활사업이 확대되는 데 기여하면서 청소용품 유통업에서 이해당사자와 연계된 매출을 높이게 되었다. 유통업에서의 매출은 2004년까지 '늘푸른'의 전체 매출에서 가장 큰 비중을 차지하게 되었다. 이처럼 성장기에 '늘푸른'은 변한식 대표의 리더십에 기반을 둔 경영진 체제로 지속가능성 메커니즘이 작동했다고 볼 수 있다.

그러나 이러한 메커니즘을 바탕으로 성장을 지속하던 '늘푸른'은 2004년 이후 변대표가 사퇴하면서 지속가능성에 중대한 변화가 일어났다. 하나는 특수청소의 기술력을 갖고 있던 B씨가 '늘푸른' 파주 지점이라는 회사로 따로 사업을 시작했다. 그는 변대표가 물려준 대표직을 사퇴하고 '늘푸른'을 이탈한 것이다. 또 하나는 핵심적 자원이었던 청소유통업을 '함세상'에 넘겨준 것이다. 이에 대해 변대표는 "청소유통사업은 늘푸른에 아주 중요한 전국 물류망이었는데, 그것을 맡고 있던 친구가 조금씩 넘겨준 거죠. 한마디로 경영마인드가 없었던 거죠. 아니면 귀찮았던지"라고 하였다. 따라서 변대표 사퇴 이후 '늘푸른'에서 경영진 내부의 리더십이 실종되어 경영 메커니즘이 제대로 작동하지 않았다고 볼 수 있다.

이와 동시에 변대표 사퇴 이후 핵심 경영진 간에 공식적 의사결정체제도 거의 와해되었다. 협동 경영의 원칙은 사라지고 개별 분산된 체제로 조직을 운영하여 결국은 누구도 책임지지 못하는 상황이 되었다. 그러면서 자금을 순환시키지 못했고, 자원을 동원할 수 있는 체제 자체도 상실해 버렸다.

> "2004년 2월 이후 사업에 대한 논의과정과 결정, 자산처분에 관한 문서(회의자료)가 전혀 없어요. 또한 회사를 위해 투자(시설, 기기나 장비, 교육)를 하지 않고 운영되었죠. 2005년까지 개인적으로 빼먹을 것은 다 빼먹고 빚만 남았어요. 거의 껍데기 상태였죠. 이게 2006년 상황이에요."
>
> "현장, 물류와 연구개발이 회계 집행을 다 갈라서 한 거죠. 각각이 모두 통장을 따로 만들어서 딴살림을 차려서 살았던 거죠. 그러니까 회사가 발전할 리가 없죠."
>
> "노협이 협동조합 원칙을 안 지켰기 때문에 사라진 겁니다. 시장 논리에 따라가서 사라진 거죠. 원칙을 갖고 늘푸른을 운영했더라면 지금과 같은 상황은 안 됐을 겁니다. 그게 힘이거든요. 그 힘에 의해서 어려워지면 주변에 도움을 요청할 수 있는데, 자기네들이 제대로 못했으니까 남한테 도움을 요청 못 하죠."
>
> — 변한식 대표 인터뷰, 2009년 9월 12일

이상과 같이 변대표 사퇴 이후 '늘푸른'에서 경영자 리더십은 실종되었고, 내부 구성원 간에 공식적 관계의 와해가 일어나는 메커니즘의 위기가 도래하였다. 이에 따라 '늘푸른' 은 심각한 위기를 맞게 되었다.

3) 다중모델 '함세상'과 단일모델 '늘푸른' 사례의 비교와 시사점

여기서는 다중모델인 '함세상'과 단일모델인 '늘푸른'의 지속가능성 메커니즘을 비교하면서 다중모델의 어떤 지배구조 조건이 단일모델에 비해 우월한지를 살펴볼 것이다.

'함세상'과 '늘푸른'은 공히 청소 업종에 대한 높은 비스니스 능력을 갖고 있으면서 시장경쟁력을 확보해 나갔다. '함세상'은 이철종 대표이사의 책임경영체제와 높은 전문성을 갖는 경영진 체제를 구축하고 있다. 성장기 '늘푸른'의 경우도 '변한식' 대표의 책임경영체제를 바탕으로 5명의 청소 분야 전문가가 경영진으로 활동하였다.

하지만 '함세상'과 '늘푸른'의 비슷한 수준의 높은 경영진 전문성을 고려하면 자원동원과 관련된 지속가능성의 확연한 차이는 이해당사자 참여 구조의 차이에서 확인할 수 있다. '함세상'은 청소 용품 유통업에서 안정적으로 주문 물량을 확보하고, 청소용역업에서 지방정부의 공공용역사업도 위탁받고 있다. '함세상'의 안정적인 자원 확보는 청소업에 직접적 필요를 갖고 있는 16개의 복합된 사회적 네트워크의 이해가 대변되기 때문이다.

반면, '늘푸른'에는 '함세상'과 같은 다양하고 직접적 이해를 갖는 사회적 네트워크의 참여가 존재하지 않는다. 성장기에 '늘푸른'의 청소 용품 유통업에서의 매출은 지역의 청소사업단에게 기술 및 교육지원을 한 것에 대한 사회적 평판을 얻어 획득된 것이다. 그래서 '늘푸른'의 자원 동원능력은 '함세상'에 비해 다소 미약하다. 결국 '함세상'은 폭넓은 다중이해당사자가 참여하는 기제를 작동시킴으로써 '늘푸른'에 비해 우월한 지속가능성 확보했다고 분석할 수 있다.

또 다른 측면에서 지속가능성 메커니즘의 차이는 '늘푸른'의 쇠퇴기에 자원관리 실패의 원인을 분석하는 과정에서 확인될 수 있다.

우선, 성장기에 '늘푸른'은 변대표의 리더십에 기반을 둔 경영진 체제로 지속가능성 메커니즘이 작동하였다. 그러나 변대표 사퇴 이후 '늘푸른'에서 경영자 리더십은 실종되었고, 이에 따라 조직은 불안정성에 빠졌다. 이러한 쇠퇴기에 '늘푸른'의 상황과 비교해서 '함세상'은 상반된 메커니즘을 보여준다. 쇠퇴기의 '늘푸른'과 '함세상'의 경영진은 공히 경영책임자가 존재하는 책임경영체제를 갖고 있고, 전문성도 높은 편이다. 그러나 변대표가 사퇴하면서 급격한 위기를 맞은 '늘푸른'과 달리 '함세상'은 이철종 대표이사의 리더십이 굳건히 유지되면서 조직안정성을 유지하고 있다. 그래서 최고경영자의 리더십은 조직안정성에 중요한 조건으로 볼 수 있다.

다음으로 이사회 활동 측면에서 '함세상'이 공식적인 협력 체제를 지속하고 있는 것도 쇠퇴기 '늘푸른'의 사례와 확연히 구분되는 점이다. '함세상'은 정기적인 이사회 회의를 통해서 이사회와 경영진이 상호협력적 긴장 관계를 유지하고 있다. 이러한 기제는 자원동원과 조직안정성에 직·간접적으로 영향을 미친다.

이상과 같이 두 사례는 다중모델과 단일모델에서 경영진의 전문성과 사회적기업가 리더십이 지속가능성에 중요한 조건임을 시사하고 있다. 또한, 다중모델에서 다양한 이해당사자 참여기제가 자원동원과 조직안정성에 기여하는 유의미한 조건이라는 점도 시사하고 있다. 반면, 단일모델에서 사회적기업가 리더십은 지속가능성에 핵심적 영향요인일 가능성이 크지만, 동시에 그것을 보완할 조건이 없는 것이 약점이 될 수 있다는 것을 '늘푸른'의 사례는 보여주고 있다.

한국에서 청소사회적기업은 청소 용역업을 할 가능성이 많다. '함세상'의 사례에서 확인했듯이 경영진의 전문성을 전제할 경우 청소용역업이 비즈니스에 성공하기 위해서는 일반시장에서 경쟁을 통해 용역을 받는 것뿐만 아니라 공공기관이나 공익적 단체의 용역이나 위탁을 안정적으로 받는 것이 필요하다. 여기서 취약계층을 고용하는 청소사회적기업은 시장 경쟁력에 다소 취약할 가능성이 크므로 이것을 보완할 기제가 필요하다. 그래서 청소용역업을 수행하는 사회적기업의 지속가능성은 '함세상'의 사례에서 볼 수 있듯이 지배구조에 다수의 사회적 네트워크가 참여하는 것이 유력한 조건이라고 할 수 있을 것이다.

[보론] 사회적기업 지배구조에 관한 이론들

　조직은 이해를 갖는 자들의 목적을 위해 존재한다. 또한 조직은 목적을 안정적으로 유지하고, 성과를 달성하기 위한 수단을 필요로 한다. 이러한 수단은 능력, 구조, 자원, 제도 등 여러 차원이 존재한다. 그래서 전략적 의사결정의 역할을 수행하는 지배구조도 수단으로서 고려될 수 있다. 다른 한편으로 이러한 수단은 '조직 정체성'의 준거가 된다. 예컨대, 조직의 '소유-의사결정구조'가 정체성의 준거가 될 수 있다. 영리지향적 기업(for-profit enterprise)은 주주라는 소유자의 권리를 보장하기 위해 '1주 1표'의 권리를 부여하는 구조를 갖는다. 반면, 사회적 사명을 추구하는 비영리지향적 조직 (for-nonprofit organization)은 특정 개인의 소유구조가 아닌 자산동결(asset lock) 조치와 같은 사회적 소유 시스템을 마련하고, 사람중심의 '1인 1표'라는 민주적 의사결정 구조를 갖는다. 그래서 조직 지배구조에 관한 논의에서는 목적, 수단과 정체성이 동시에 고려된다.

　사회적기업의 목적은 공공과 공동체의 사회 · 경제적 이익에 기여하는 것이다. 이때 사회적 목적은 사회통합이나 평등권 이슈와 관련이 깊다. 또한 경제적 목적은 라빌과 니센(2001)이 제시했듯이, 공동체의 이익에 바람직한 영향을 미치는 '집합적 외부성 (collective externality)'에 기여하는 것이다. 집합적 외부성이란 어떤 조직의 행위가 가격 시스템에 의해 통제되는 않는 상태로 다른 조직의 안녕에 영향을 미칠 때 발생한다. 이러한 외부성은 사회통합, 공공보건 또는 지역개발 등 공동체의 이익과 관계되기 때문에 본질적으로 집합적이 된다.

　이러한 목적을 달성하기 위해 사회적기업에서 지배구조는 전략적 의사결정에 관한 기능을 수행하며, 동시에 사회적 정당성의 차원에서 민주적 의사결정구조를 내 · 외적으로 요구받는다.

사회적기업 지배구조에 관한 연구도 목적, 수단, 정체성 등의 차원에서 관심을 받고 이슈가 되고 있다. 첫째, 사회적기업이 어떻게 지배되어야 하는지, 그리고 어떤 이론적 프레임이 지배구조와 관련된 활동에 유용한지에 관한 이슈가 있다(Mason, et, al,. 2007). 둘째, 사회적기업의 지배구조가 성과 또는 지속가능성, 혹은 조직 목적에 어떻게 영향을 미치는지에 관한 이슈가 있다(Mason, et, al,. 2007; Campi, et, al.,2006). 이와 관련된 논의로 집사이론, 신제도주의이론, 이해당사자이론 등이 있다.58)

첫째, 사회적기업 지배구조에 관한 집사이론은 로우(2006)에 의해서 제기되었다. 여기서 집사(stewardship)란 재산관리에 대한 책무를 맡은 자를 의미한다. 이 이론은 경영자가 선한 사람이라고 가정한다. 그에 따르면, 사회적기업은 혼합적 목적 조직이지만 기업처럼 재정적 부를 창출해야 한다고 본다. 이러한 관점에서 사회적기업이 시장 경쟁력에 대응할 수 있는 전문성 체제에 의해 지배되어야 한다고 설명한다. 그래서 이사회가 경영자를 지원하는 전문성 중심의 파트너십 체제가 되어야 조직성과를 달성할 수 있다고 설명된다. 이때 민주성은 경영자에 대한 전폭적인 신뢰라는 가정으로부터 부차화된다.

둘째, 신제도주의 관점에서 논의는 마슨 외(2007)에 의해서 제시되었다. 이 이론은 사회적 목적을 가진 제도로서 사회적기업을 분석한다. 이때, '제도'는 상징적 요소, 사회적 활동, 물질적 자원으로 구성된 다중적 사회구조이다. 그들은 사회적기업은 '사회적 가치'라는 상징을 고려해야 하기 때문에, 지배구조의 본질적 속성은 규범적 정당성에 있다고 보았다. 그들에 따르면, 여기서의 정당성(legitimacy)은 사회적 목적을 위해 자원을 유용하게 사용하는 것과 관련이 있다. 그래서 그들은 사회적기업의 산물이 규범적 정당성에 의해 결정된다고 주장한다. 그리고 이것을 매개하는 조건으로 지배구조의 투명성과 책임성을 강조하고, 사회적 회계(social accounting)나 사회적 감사(social

---

58) 이외에 영국 사회적기업 지배구조의 특성과 활동의 쟁점에 관한 연구를 수행한 스피어 외(Spear, Cornforth and Aitken, 2007)의 연구가 있다. 여기서 그들은 이사회 행동에 대한 역설적 관점(paradox perspective)을 제시한 바 있다. 역설적 관점은 지배구조가 상반된 기능을 모두 갖고 있다고 보는 관점이다. 예컨대, 그의 관점에 따르면, 이사회는 경영자를 통제하기도 하지만, 역설적으로 협력도 한다.

audit)가 실천적으로 유력한 방안일 수 있다고 제시한다. 그러나 이러한 조건들이 어떻게 사회·경제적 결과를 창출하는지에 대한 설명이 제시되지 않아 인과관계가 명확하지 않다.

셋째, 사회적기업 연구에서 이해당사자 이론은 보르자가, 드프르니, 라빌 등 유럽사회적기업연구자 네트워크 소속의 EMES 연구자에 의해서 주장된다. 이해당사자라는 주제는 1984년 프리만의 연구 이후 경영학에서 상당한 조명을 받아 왔다. 프리먼, 도널드슨 등의 이해당사자 이론가들에 따르면(Freeman, Wicks and Parmar, 2004; Donaldson and Preston, 1995; Freeman, 1984), 이 이론은 모든 이해당사자의 이해가 고유한 가치를 갖고 있고, 이러한 가치가 조직의 활동이나 비즈니스에 필수적이고 일부분이라고 전제한다. 여기서의 이해당사자는 프리만(Freeman, 1984)의 정의를 따른 것으로 조직에 영향을 미치거나 받는 모든 사람이나 집단이다. 이러한 관점에서 조직의 목적은 최우선적으로 이해당사자를 위한 가치를 창출하는 것이다. 또한 모든 이해당사자의 이해가 고유한 가치를 갖고 있으므로 수단적으로 기능하기 위한 기반은 그들에 대한 정당성에 있다. 그래서 규범적 정당성이 중요하고, 이해당사자에 의한 경영과 그들의 참여가 가치 창출과 목적 달성의 주요한 수단 중 하나이다.

이러한 관점을 바탕으로 EMES 연구자들(Nyssens, ed., 2006; Borzaga and Defourny, ed., 2001)은 사회적기업의 다중목적이 공익적 가치를 갖는 노동자, 자원봉사자, 주민, 투자자, 공공행정가 등 다양한 이해당사자 참여에 의해서 실현된다고 설명한다. 보르자가와 솔라리(2001: pp. 347)의 정의에 따르면, 여기서의 이해당사자는 사회적기업의 사회적 사명과 밀접히 결합된 자이다. 물론 이러한 이해당사자는 영리기업에도 존재하지만 사회적기업에서의 성격은 본질적으로 사회적 목적과 결합되어 있다는 점에서 특수하다. 또한, 그들은 이러한 이해당사자 참여가 공동체 이익과 집합적 외부성을 창출하는 데 기여한다고 주장한다. 라빌, 니센 등(Laville and Nyssens, 2001)은 사회적기업이 이해당사자의 참여에 기반을 두고 설립되고, 또한 그것에 기반을 하여 정부 보조금, 영업활동 수입, 후원금이나 기부금 등의 다양한 자원을 동원하여 사회·경제적 산물(outputs)을 생산한다고 설명한다.

이상과 같이 검토한 3개의 이론은 사회적기업이 어떻게 지배되어야 하는지에 대한 각각의 논리에 차이가 있다.

우선, 사회적기업의 목적과 정체성을 고려하는 데 차이가 있다. 이해당사자 이론과 신제도주의 이론은 지배구조에 대해 공히 사회적 목적을 강조하면서, 그것의 규범적 정당성을 강조한다. 반면, 두 이론과 대조적으로 집사이론은 재정적 목적에 초점을 두고 지배구조의 역할을 설명한다. 특히, 집사이론은 목적과 정체성을 동시에 고려하지 않는다. 이러한 관점은 실천적으로 심각한 문제를 양산할 수 있다. 구체적으로 집사이론은 지배구조의 민주성을 무시하여 사회적 기업의 정체성을 훼손시키는 데 일조할 수 있다. 물론, 이렇다고 해서 사회적기업의 경영에서 '전문성'을 배제하자는 것은 아니다.

다음으로 이해당사자 이론과 신제도주의 이론은 규범적 정당성을 고려하는 공통점을 갖고 있지만 지배구조의 수단적 역할에 대한 관점이 다르다. 신제도주의 이론은 규범적 정당성이 목적을 결정한다고 보지만, 이해당사자 이론은 규범적 정당성에 기반을 두면서도 실천적으로 이해당사자 참여라는 조건에 의해서 조직 목적이 달성된다고 본다.

결국 조직의 목적, 수단, 정당성 등의 측면에서 지배구조를 설명하는 이론으로 이해당사자 이론이 사회적기업에 부합한다고 볼 수 있다. 경영학의 연구에 대해 도널드슨 외(1995)가 언급했듯이, 학문적으로 이해당사자 이론은 사회적기업 지배구조의 현실을 묘사하면서 동시에 사회적기업의 목적을 달성하는 수단으로서 그것이 미친 결과나 영향을 분석하는 데 유용할 수 있다. 실천적으로 이해당사자 관점은 서유럽의 사회적기업 운동이나 사회적 경제 운동의 역사 속에서 발전되어 왔다. 그것은 단일 이해당사자 패러다임에서 다중 이해당사자 패러다임으로 진화하는 양상으로 나타났다. 다중 이해당사자 관점은 전통적인 협동조합의 지배구조가 단일한 구성원의 참여를 지향하면서 그들의 경제적 이익조직으로 전락했던 것에 대한 반성으로 등장하였다. 즉, 이 관점은 사회적, 경제적 조직은 공익적 이익을 추구하는 조직으로서 지역사회의 다양한 이해당사자의 가치를 실현하기 위해 그들의 참여가 바탕이 되어야 한다는 역사적 경험을 축적하면서 세워진 것이다. 그리하여 유럽의 사회적 경제 운동에서 다중 이해당사자 관점은 제도적으로도 정당성을 확보하게 된다. 그것의 첫 시발이 1991년에 제정된 이탈리아의 사회적 협동조합법이다. 이 법의 조합원 규정은 노동자, 이용자, 자원봉사자 등을 포함하도록 하고 있다.

제10장 사회적기업에서 자원혼합의 의미는 무엇이고, 어떤 쟁점들이 있는가? [59)]

1. 다원적 경제 관점에서 본 '사회적기업 경제'의 의미는 무엇인가?

전통적인 경제학의 관점에서 경제는 희소한 자원에 대한 개인의 합리적 선택을 전제로 한다. 여기서의 '경제'는 재화나 서비스의 공급이 가격 메카니즘 안에서 개인의 최적화된 선택에 의해서 이루어지는 시장경제이다. 이러한 경제는 노동과 인간의 가치를 화폐화하면서 그들을 객체화한다. 반면, 이와는 대조적인 실체적 경제(substantive economy)라는 접근이 있다. 이 관점은 모든 인간들의 구체적 삶과 연결되어 있는 것까지 경제 영역을 확장시킨다(홍기빈, 2009). 폴라니의 정의에 따르면(Polanyi, 1997), 이러한 '경제'는 여러가지 사회적·경제적 구조 속에서 호혜(reciprocity), 시장(market), 재분배(redistribution)라는 세 개의 경제원리가 혼합된 '다원적 경제(a plural economy)' 이다. 위에서 언급한 두 개의 경제 관점은 인간을 고려하는 데 있어 대조적이다. 사회적기업이 인간 공동체의 이익을 추구하는 조직이라는 측면에서 두 개의 접근 중 다원적 경제 관점이 보다 부합한다고 볼 수 있다.

라빌과 니센(2001)에 따르면, 다원적 경제는 시장경제(the market economy), 비시장경제(the non-market economy), 비화폐경제(the non-momentary) 영역 등이 복합적으로 구성된 경제이다. 이러한 경제 영역의 구분은 정태인(2011)이 세 박자 경제론에서 말하는 시장경제, 공공경제, 사회적 경제 등으로 삼분하는 것과 맥을 같이한다(<그림 10-1> 참조). 첫째, '시장경제'는 재화와 서비스의 순환에 중요한 책임을 가지는 경제영역

---

59) 제10장은 필자의 박사논문 중 일부분을 재구성한 것이다.

<그림 10-1> 다원적 경제의 의미

* 자료: 정태인(2011)의 "시장, 복지, 그리고 사회경제"에서 제시된 내용을 원용하였다
  (성공회대학교 2011년 항동복지포럼 강연자료)

이다. 이때, 시장경제는 단순한 시장만의 산물은 아니다. 시장에 우선권이 주어지고 비시장 및 비화폐경제 등의 관계가 시장에 종속되는 것을 의미한다. 둘째, '공공경제'는 재화와 서비스의 순환이 공적부조, 사회보험 등의 국가복지체제의 관할 안에 있는 경제이다.

셋째, '사회적 경제'는 재화와 서비스의 순환이 호혜적 관계에 기초한 경제이다. 여기서 '호혜'란 이해당사자와의 사회적 관계를 기반으로 작동하는 유·무형의 경제적 관계이다. 이러한 다원적 경제 영역에서 경제 주체는 각각의 특수한 목적을 갖고 자원을 혼합시킨다. 예컨대, 사적 자본 축적에 목적을 두는 기업은 우선적으로 시장 영역에서 경제적 관계를 형성하면서 타 영역의 자원을 부차적으로 연결시킨다.

그렇다면, 사회적기업과 다원적 경제와의 관계는 어떠한가?

우선, 사회적기업과 호혜적 경제와의 관계이다. 호혜적 경제 원리의 핵심은 상호성이다. 상호성은 풋남(Putnam, 1993)이 제시한 사회자본(social capital)의 의미를 갖고 있다. 그에 따르면, 개인과 집단 등의 차원에서 네트워크, 규범, 신뢰 관계를 기반으로 형성되는 유·무형의 자본이다. 이러한 사회자본은 기업, 정부 등 여러 사회조직에 있을 수 있다. 심지어 일부 사회자본 연구에서는 '마피아' 조직도 사회자본으로 분석하기도 한다.

그러나 에바스(Evers, 2001)는 사회적기업의 사회자본을 특수한 시민자본으로 규정한다. 그에 따르면, 사회자본은 시민자본은 공익의 영역에서 사회적 유용성을 목적으로 형성되는 특수한 사회자본이다. 사회적기업의 목적은 시민자본(civil capital)의 성격을 갖는 사회자본(social capital)을 축적하는 것이다. 그러므로 사회적기업의 사회자본은 사회적 사명과 동시에 신뢰의 네트워크에 기반을 둔 호혜적 경제를 의미한다. 즉, 사회적기업은 사회자본 축적을 목적으로 호혜적 경제와의 관계를 형성한다고 볼 수 있고, 이점은 사회적기업과 사회자본의 특수한 관계이기도 하다.

다음으로 사회적기업이 왜 시장경제 및 공공경제와 관련을 맺는가이다. 이것은 시장실패와 정부실패의 맥락에서 설명할 수 있다. 시장은 집합적 외부성을 내부화하지 않는 문제를 발생시킨다(시장실패). 이것은 경제학적으로 의료, 교육 등과 같은 공공재에 대하여 시장이 수요(필요)만큼 공급하지 않는다는 의미이다. 이럴 경우 정부나 비영리조직, 사회적기업 등이 공급에 개입하게 된다. 또한, 정부는 표준화된 복지 서비스 위주의 공급을 하는 상황에서 고용, 사회서비스 등 공동체의 사회적 필요에 대한 공백이 발생하는 경우가 있다(정부 실패). 이런 상황에서 사회적기업은 공동체의 사회적 이익을 위해 혁신적 수법을 강구하게 된다. 여기서 혁신적 수법은 전통적인 비영리조직과 다르게 기업가적 전략을 통해서 시장 메카니즘을 활용하는 것이다. 이런 점은 사회적기업이 영리지향적 기업이나 비영리조직의 경제 관계와 다른 점이기도 하다.

이상으로 다원적 경제의 이론에 따르면, 사회적기업은 호혜적 관계에 기초하여 시장, 공공, 사회 등 복합적 영역에서 자원을 동원하면서 경제활동을 한다. 그리고 호혜적 경제에 우선권을 두고 타 경제영역을 종속시킨다. 이것이 사회적기업과 다원적 경제의 특수한 관계이다.

그러나 실제 사회적기업과 다원적 경제와의 관계는 국가복지의 체제와 사회적 경제의 발전 정도에 따라 다를 것이다. 예컨대, 영국이나 미국 등 자유주의적 복지국가의 경우 사회적기업은 시장경제를 중심으로 경제활동을 할 가능성이 크다. 반면, 프랑스, 독일 등 조합주의적 복지국가의 경우 협동조합 운동이 활성화되어 있으므로 사회적 경제에 기반을 두고 경제활동을 할 가능성이 크다. 하지만 이러한 이론이 실증적으로 검증된 것은 아니기 때문에 실제 그러한지는 아직 미지수이다.

2. 사회적기업은 실제로 자원혼합을 하는가?

사회적기업은 사회적, 경제적 목적을 실현하기 위해 국가, 시장, 시민사회 등 제 경제영역과 관련을 맺으면서 다양한 자원혼합을 할 수 있다. 라빌과 니센(2001)에 따르면, 사회적기업의 자원혼합은 시장자원과 동시에 공공자원, 호혜적 자원 등을 복합적으로 동원하는 것이다. 이때 제 영역의 자원은 균등한 혼합이 아니라 복합적이고 다중적인 혼합이다. 그리고 자원은 현금 수입인 화폐자원과 건물, 자원봉사 등 비화폐자원 모두를 포함한 것이다.

가딘(Gardin, 2006)에 따르면, 사회적기업은 사적 섹터(the private sector), 공공섹터 (the public sector), 제3섹터(the third sector) 등에서 영업활동과 이해당사자 참여에 의해서 다양한 자원을 동원한다. 이러한 자원을 가딘(2006)은 '일반시장 자원(이하 GM, general market resources)'과 '사회·정치적으로 결합된 사회적 시장 자원(이하 EM, socio-politically embedded market resources)' 등의 시장자원과 공공자원, 호혜적 자원 등으로 구분한다. 이러한 범주들은 이해당사자와의 연계성을 기준으로 재분류할 수 있다. <표 10-1>에 제시된 것처럼 이해당사자 참여와 연계성이 강한 자원에는

<표 10-1> 사회적기업이 동원하는 자원의 종류

종류		개념 정의
이해당사자 참여와 연계성 강한 자원	사회적 시장자원 (EM자원)	이해당사자, 협력조직 등과 연결된 시장(일반시장, 공공시장 등)에서 영업활동을 통해 얻어지는 수입
	호혜적 자원	시민사회, 기업 후원, 회원 회비, 자원봉사 등 이해당사자나 지원조직 등을 통해 확보되는 유·무형의 호혜적 자원
이해당사자 참여와 연계성 약한 자원	일반 시장자원 (GM자원)	일반경쟁시장에서 영업활동을 통해 얻어지는 수입
	공공자원	일자리 창출 등의 목적으로 사회적기업에게 제공되는 정부지원금이나 정부의 무상건물지원 등 비화폐자원

* 주: Gardin(2006)의 분류를 이해당사자와의 연계성을 결합하여 재구성

EM자원(사회적 시장자원)과 호혜적 자원이, 연계성이 약한 자원에는 GM자원(일반 시장자원)과 공공자원이 포함될 수 있다.

첫째, 사회적기업은 수요와 공급에 의해 상품 가격이 결정되는 경쟁시장에서 영업활동을 통해 수입을 올릴 수 있다. 이러한 일반 시장자원이 GM자원이다.

둘째, 시장에서 획득한 수입 중에는 사회적 가치와 사명이 결합된 이해당사자가 참여하거나 연계하여 획득된 수입이 있다. 예컨대, 사회적기업은 소비자협동조합처럼 구성원(조합원)과 연결된 사적시장, 사회적기업 간 거래, 이해당사자 네트워크를 통한 거래 등 사회적 성격을 가진 시장자원을 동원할 수 있다. 이러한 사회적 시장자원이 EM자원이다.

셋째, 사회적기업은 취약계층의 고용창출과 같은 공공의 목적을 수행하면서 정부지원금이나 공공건물 등을 정부로부터 지원받을 수 있다. 예컨대, 일자리 창출 등의 목적으로 사회적기업에게 제공되는 사회적일자리 인건비 지원과 같은 정부지원금이 해당된다. 이러한 자원이 공공자원이다.

넷째, 사회적기업은 EM자원 이외에도 이해당사자의 호혜적 관계에 의해 유·무형의 자원을 동원할 수 있다. 구체적으로 각종 후원금과 회원 회비, 자원봉사 등 이해당사자나

<표 10-2> 서유럽과 한국 사회적기업의 자원혼합의 양상

서유럽 노동통합 사회적기업의 자원혼합 양상				
구분	시장자원		공공자원	호혜적 자원
	GM	EM		
비율(100%)	33.5%	22.2%	36.9%	7.4%
한국 인증 사회적기업의 자원혼합 양상				
구분	시장자원		공공자원	호혜적 자원
비율(100%)	65.0%		28.1%	6.9%

 * 주: GM은 일반시장에서 동원되는 자원, EM은 사회정치적 사명이 결합된 자원
 * 자료: 가딘(2006: pp. 123) 재구성 - 서유럽 노동통합사회적기업 대상
　　홍희덕 의원실(2009) - 2008년 인증 사회적기업 218개 대상

지원단체 등을 통해 자원을 확보할 수 있다. 이러한 자원이 호혜적 자원이다.

　사회적기업의 자원혼합은 유럽과 한국에서 실제로 그 양상이 확인된다(<표 10-2> 참조). 우선, EMES의 서유럽 11개국, 160개 노동통합사회적기업을 대상으로 한 연구(PERSE 프로젝트)에서 자원혼합 특성이 확인되었다. 구체적으로 가딘(2006)은 서유럽에서 사회적기업의 자원혼합이 시장자원 55.7%, 공공자원 36.9%, 호혜적 자원 7.4% 등으로 구성되어 있다고 보고하였다. 또한, 시장자원 중에서 EM 자원은 22.1%에 달한다.

　한국의 경우, 사회적기업은 시장자원 65.0%, 공공자원 28.1%, 호혜적 자원 6.9% 등으로 자원을 혼합하는 것으로 보고되었다(홍희덕, 2009). 이 자료는 '인증사회적기업보고서'를 기초로 분석된 것이다. 이 보고서는 자원동원 특성을 영업활동과 비영업활동으로 구분한다. 또한 영업활동은 일반시장 수입과 공공시장 수입으로 구분하고, 비영업활동은 정부지원금, 기업후원금, 모기관 지원금 등으로 구분한다.

　이상과 같이 사회적기업은 시장, 국가, 시민사회에 걸쳐 중첩된 공간에서 이해당사자 참여와 연계하면서 실제로 자원혼합을 하고 있다. 물론, 일반 경쟁시장에서 영업활동 수입만으로 자원을 동원하는 사회적기업도 있을 수 있다.

3. 사회자본은 사회적기업에 긍정적인 영향을 미치나?

앞서 확인했듯이 상당수 사회적기업은 이해당사자와 연계된 자원을 동원하고 있다. 사회적기업이 호혜적 관계를 통해 경제활동을 한다는 사실을 확인해주는 실례이다. 그러므로 사회적기업은 어느 정도 사회자본에 기반을 둔 경제활동을 하고 있다고 볼 수 있다. 물론 모든 사회적기업이 그러하다는 것은 아니다. 그렇다면, 사회자본은 사회적기업에 긍정적인 영향을 미치는가?

라빌과 니센(2001)의 경제학적 분석에 따르면, 사회적기업에서 사회자본은 거래비용과 생산비용 등을 감소시키는 효과를 발생시킨다.

우선, 거래비용은 대리인이 거래와 관련된 계약을 위해 소비하는 비용을 의미한다. 신제도주의 경제학에서는 조직은 제도이면서 계약을 조정 및 관리하는 역할을 수행한다고 본다(Borzaga and Solali, 2001). 사회자본은 조직적 활동과 관련된 자원이라는 특성을 갖고 있다. 그래서 외부의 이해당사자(소비자, 기부자, 관공서)와의 관계를 통해 거래 비용을 줄일 수 있다. 또한 사회적 지원 조직과의 연계를 통해 공공위탁이나 공공 프로젝트의 동원과정에서 거래비용을 줄 일 수 있다.

다음, 생산비용은 생산과정에 소용되는 비용을 의미한다. 라제토(Razeto, 1998: Laville and Nyssens, 2001 재인용)의 경제적 자원 관점에서 잠재적으로 기여하는 모든 자원은 생산의 요소가 될 수 있다. 사회자본은 신뢰와 네트워크라는 자원 속성을 갖고 있다. 사회적기업에서 사회자본은 노동 헌신, 자원활동 등 다양한 인센티브를 유발할 수 있기 때문에 생산과정에 소요되는 비용을 감소시킬 수 있다.

한편, 사회자본은 정부의 사회적기업에 대한 지원이 축소될 경우 그에 저항할 수 있는 능력을 제공할 수도 있다. 또한 사회적기업이 사회자본을 축적한다는 것은 그 자체로 사회적 유용성을 재생산하는 것이기 때문에 집합적 외부성에 긍정성을 갖고 있다고 볼 수 있다. 그래서 사회적기업에서 사회자본은 사회적, 경제적 지속가능성에 긍정적인 영향을 미칠 수 있다.

하지만, 라빌과 니센이 언급했듯이 사회적기업에서 사회자본이 경제활동의 완전한 대안은 아니다. 사회자본이 긍정적인 영향과 관련된 위험을 모두 다 막을 수는 없다. 예컨대, 사회적기업에 참여하는 임금노동자가 보편적 법적 지위와 권리를 얻지 못한다면, 그들의 노동은 고통을 인내하는 노동이 될 수 있다.

따라서 사회적기업에서 사회자본에 기반을 둔 자원혼합은 경제적 존속력을 높이는 데 긍정적인 영향을 미칠 수 있다. 그렇다면, 그러한 자원혼합이 구체적으로 어떤 상태에 도달하면, 지속가능성이 높은 것으로 간주될 수 있는지 설명이 필요하다.

라빌과 니센(2001: pp. 325)의 가설에 따르면, 사회적기업이 제 경제영역의 자원을 동원할 때, '이해당사자들과의 협력을 통해서 보완성(complementarity)과 다중적 연결 (multiple linkage)을 균형이 있게 하는 상태'가 되면 경제적 존속력은 높아진다. 다시 말해서 이것은 사회적기업이 '자원혼합의 균형성'60)에 이르게 되면, 경제적 존속력은 높아지는 것으로 해석될 수 있다. 여기서 자원혼합의 균형성은 호혜적 관계에 기초해서 다원적 경제에서 균형적으로 자원을 동원하는 상태이다.

자원혼합의 균형성은 앞서 개념에서 언급했듯이 보완성과 다중연계성과 관계가 있다. 여기서 '다중연계성'은 사회적기업이 이해당사자 참여에 의해서 다원적 경제영역에서 자원을 연결시키는 능력을 의미한다. 보완성은 사회적기업이 경제적 안정성을 유지하기 위해 이해당사자 참여에 의해서 필요한 자원의 공백을 보완하는 능력이다. 이것들과 사회적기업이 동원하는 자원 특성을 분석하면 자원혼합의 균형성의 구체적 특성이 무엇인지 확인될 수 있다.

사회적기업이 동원하는 자원은 이해당사자가 연계된 자원과 그들에 의해 보완된 자원이 있을 수 있다. 다시 말해서 사회적기업의 자원은 '자원연계성'과 '자원보완성' 등을 갖춘 자원으로 구분할 수 있다. 여기서 자원연계성은 커뮤니티나 사회적 네트워크 등의 이해당사자 참여와 개입에 의해서 창출되는 자원 특성이다. 구체적으로 이와 관련 자원은 EM 자원과 사회적 자원 등이 해당한다. 또한 자원보완성은 자원연계성을 갖추고 있는 것을 전제로 사회적기업이 사명을 유지 또는 개발을 하기 위해 총 자원의

---

60) 이 용어는 필자가 개념화한 것이다.

부족이나 결핍이 있을 경우 이를 보완하기 위해 동원되는 자원 특성을 의미한다. 예컨대, 소비자생활협동조합의 증자금이 해당한다.

그래서 자원혼합의 균형성은 자원연계성과 자원보완성을 갖춘 상태라고 할 수 있다. 사회적기업이 이러한 상태에 도달한다는 것은 시장과 공공의 경제관계를 상호 보완하면서 다원적 연결에 기초한 경제활동의 자율성을 확보하게 되는 것을 의미한다. 또한 자원혼합의 균형성은 사회적기업이 호혜적 관계를 통해 사회자본을 동원하거나 창출할 수 있는 능력과 관련이 있다. 이것은 정부, 시장, 사회 등의 제 경제 영역에 대한 대응력을 확보하게 되는 것이며, 조직적 안정성과 지속가능성을 확보한 상태를 의미한다.

실증 연구 차원에서 사회적기업의 자원혼합과 지속가능성에 관한 연구는 그리 많지 않다. 이와 관련되어 보드 외(2006)의 연구가 있다. 이 연구에서 사회적기업의 지속가능성은 사회통합의 가치를 지속하는 것을 의미하며, 그들은 사회적기업의 본질이 목적, 자원, 생산에 대한 다중적 혼성화(hybridization)에 있다고 보았다. 그들의 관점에서 혼성화가 깨지면, 사회적기업의 지속가능성은 취약한 것으로 평가된다. 서유럽의 노동통합사회적기업을 분석한 결과 상당수 국가의 사회적기업이 혼성화를 유지하는 조직적 안정성을 갖추고 있다고 분석하였다. 그러나 이러한 결과를 다른 지역의 국가에도 적용할 수 있을지는 미지수이다.

한편, 이러한 혼성화의 경제적 안정성은 특정한 조건하에서 유지되고 확보될 수 있다. 그들은 혼성화를 지지하고, 저해하는 요인들에 대해서 제도적 환경, 시장, 조직 차원에서 제시하였다. 우선, 제도적 환경 차원에서 정부와의 협력이나 지원은 경제적 안정성을 유지하는 데 요인이 될 수 있지만, 역으로 정부의 간섭이나 규제가 위협 요소로 작용할 수도 있다. 다음으로 사회적기업이 치열한 경쟁 시장에 진입하는 것은 혼성화의 위협요소가 될 수 있고, 사회적 필요와 결합된 틈새시장을 공략하는 것은 긍정적일 수 있다. 끝으로 조직 차원에서 사회자본은 정부 제도의 변화에 저항할 수 있는 내적 역량을 제공하는 지지 요인임을 제시하였다.

요약하면, 사회적기업은 호혜적 관계에 바탕을 두고 시장자원, 공공자원, 사회적 자원 등을 복합적으로 혼합하는 자원혼합을 통해 경제적 지속가능성을 획득할 수 있다. 다시 말해서 사회적기업의 경제적 지속가능성의 실체는 자원혼합이다. 이러한 자원혼합에서 사회적기업은 자원연계성, 자원보완성 등의 균형성을 확보하여 경제적 존속력을 높일 수 있다. 특히, 호혜적 관계가 강한 자원혼합은 생산비용이나 거래비용 등을 축소시키는 데 기여하여 사회적기업의 경제적 존속 능력을 높이는 데 기여할 수 있다. 동시에 이러한 사실은 공동체에 이익을 위한 긍정적인 외부성을 창출하는 효과도 갖고 있다는 점에서 사회적기업의 지속가능성에 바람직한 영향을 미칠 수 있다.

제11장 사회적기업 지속가능성의 의미는 무엇이고,
어떤 쟁점들이 있는가?

1. 사회적기업의 지속가능성이란 무엇인가? '성과'인가 '안정적 지속성'인가?

　지속가능성(sustainability)에 관한 개념은 통상 지속가능한 발전(sustainable develop-
ment)이라는 용어와 함께 사용되어 왔다. 베빙톤과 그레이(Bebbington and Gray,
2001: pp. 584)에 따르면, 지속가능성은 인간 활동과 관련된 것이 지속되는 상태로,
지속가능한 발전은 그러한 지속가능성을 향해 나아가는 과정이나 그 상태를 유지하는
것이다. 이러한 지속가능성에 대해서 사회적 관심이 본격화되기 시작한 것은 1992년
UN환경개발회의(UNCED, United Nations Conference on Environment and
Development)가 '환경과 개발에 관한 라우 선언(The Rio Declaration on Environment
and Development)'을 채택한 이후부터이다. 이 선언 이후 전 지구적 차원의 지속가능한
발전과 관련된 사회적 의제를 채택하는 시도가 이어져 왔다.

　다른 한편으로 지속가능성에 대한 관심은 기업의 사회적 책임 차원으로 확장되었고,
1990년대 중반 이후 기업의 사회적·환경적·경제적 지속가능성에 관한 가이드라인을
공시하는 활동으로 전개되었다. 예컨대, GRI(Global Reporting Initiatives)[61]가 2000
년에 발표한 '지속가능성 보고 가이드라인(SRG, Sustainability Reporting Guidelines)'
등이 있다. 현재 국·내외 많은 대기업들은 GRI의 기준을 활용하여 지속가능성 보고서를

---

61) GRI는 전 세계에 통용되는 기업의 지속가능보고서의 기준에 관한 연구를 하는 센터이다. 미국의 환경경제연
　합 세리스(CERES, Coalition for Environmentally Responsible Economics)와 UN환경계획(UNEP, United
　Nations Environment Programme)이 중심이 되서 설립된 기구이다. GRI는 2000년에 G1, 2002년에
　G2, 2003년에 G3를 발표하였다(남상민, 2009).

공개하고 있다(남상민, 2009; 최정철, 2006).

학문적 차원에서 지속가능성에 관한 개념은 앞서 관련된 동향에서 나타나듯이 개념의 적용 범위가 다를 수 있다. 구체적으로 세대 간, 지역 간에 평등과 균형을 강조하는 전 세계적 차원의 접근과 조직 차원의 접근이 있다. 여기서는 후자에 초점을 두고 사회적기업의 지속가능성에 관한 의미를 다룬다.

통상적으로 조직에 대한 성과나 지속가능성 등을 표현하는 의미로 '성공'이라는 단어를 주로 사용한다. 일반기업의 경우는 궁극적으로 이윤 창출을 달성했을 때 성공적 기업이라고 본다. 반면, 사회적기업에서 성공은 사회적 가치와 경제적 가치를 통합적으로 달성하는 것이다. 여기서 성공에 대한 기준이 무엇인가가 쟁점으로 부각가게 된다. 즉, 성공이라는 가치는 '목표치 달성 정도(성과)'가 기준이 될 수 있고, '목표의 지속성과 안정성(지속가능성)'에 중심을 둘 수 있다.

사회적기업의 성공은 사회·경제적 가치 창출의 지속성과 안정성에 기준을 두는 것이 바람직하다고 생각한다. 여기서 사회적기업의 경제적 가치 창출은 사회적 가치 창출의 지속성을 전제한다. 동시에 사회적 사명을 지속할 수 있는 경제적 안정성을 획득하는 의미도 포함된다. 이러한 접근이 사회적기업의 본질에 좀 더 부합한다고 보는데, 그 이유는 사회적기업의 궁극적 목적이 사회문제 해결에 있기 때문이다.

반면, '목표치'를 강조할 경우 현실적으로 사회적 가치 창출과 경제적 가치 창출을 구분하여 달성하는 논리로 접근할 가능성이 크다. 이때, 경제적 가치 창출을 '순이익'을 기준으로 보게 되는데, 이러한 접근은 사회적기업의 현실과 부합하지 않다. 예컨대 상당수 사회적기업은 취약계층을 고용하는 것을 주된 목표로 한다. 그러나 이러한 사회적기업이 '순이익'을 달성해야 한다는 것은 합리적인 목표라고 볼 수 없다.

따라서 사회적기업의 지속가능성은 사회적 사명을 지속하면서 동시에 다양한 자원동원 능력을 통해서 경제적 재생산을 안정적으로 유지하는 상태이다. 이러한 지속가능성 개념은 사회적기업의 사회·경제적 가치 창출을 전제로 '지속성'과 '안정성'을 유지하는 것을 성공의 의미로 보는 것이다. 이와 같은 인식에 동조하면서 최근 학문적, 정책적 차원에서도 사회적기업의 성공에 대하여 '지속가능성'이라는 용어를 사용하는 경향이 커지고 있다.

2. 사회적기업의 경제적 지속가능성에 관한 세 가지 딜레마?

사회적기업의 경제 활동 영역은 시장경제, 공공경제, 사회적 경제 등이 존재한다. 어떤 사회적기업은 시장경제 영역을 중심으로 자원을 획득할 수 있고, 또는 공공정책의 영역을 중심으로 경제활동을 할 수도 있다. 이처럼 현실에서 사회적기업의 경제 활동은 다양한 양상으로 전개될 가능성이 크다. 그렇다면 사회적기업이 경제적 지속가능성을 획득하기 위해서는 어떤 전략이 필요할까?

첫째, 사회적기업의 시장경쟁력 강화론은 대안이 될 수 있는가? 이에 대한 옹호적 주장은 주로 정부나 일부 경영학자들에 의해서 제기되고 있다. 그들은 '사회적기업이 정부에 대한 재정 의존도가 높고, 취약한 상거래활동 능력을 갖고 있기 때문에 지속가능성을 확보하기 위해서는 시장경쟁력을 강화해야 한다'고 주장한다(노동부, 2009; 김용호·송경수, 2009 등).[62] 그러나 사회적기업은 경제적 목적과 동시에 사회적 목적을 동반하므로 본질적으로 일반 영리지향적 기업에 비해 시장경쟁력이 취약할 가능성이 크다. 또한 한국의 사회적기업 종사자들의 노동생산성은 취약한 경우가 많다. 예컨대, 2008년 기준의 인증 사회적기업 218개 중에 장애인, 근로빈곤층, 노인 등 취약한 계층을 고용하는 사회적기업은 90개(41.0%)에 달한다. 이러한 사회적기업이 정부 지원과 같은 특별한 조건 없이 일반 영리기업과 동일한 비즈니스 경쟁력을 갖추는 것은 현실적으로 실현가능성이 극히 제한적이다. 따라서 사회적기업의 경제적 지속가능성은 시장경쟁력을 획득하는 전략만으로는 한계적이라고 볼 수 있다. 물론, 이런 전략으로 지속가능성을 획득하는 사회적기업도 있을 것이다.

---

62) 사실 이러한 경향은 국제적으로 영국에서 먼저 이슈가 되어 왔다(Wallace, 2005; DTI, 2002).

둘째, 정부의 지원정책은 의존적 사회적기업을 양성하게 되는가? 이 이슈는 상당수 사회적기업이 종사자의 인건비를 지원하는 사회적 일자리 사업과 연계하여 경제활동을 하고 있는 현실과 관련이 있다. 이런 조건의 사회적기업이 취약한 경영능력을 갖고 있을 경우 그것의 지속가능성은 불안정하다. 그러나 정부의 정책 환경에 따라 사회적기업의 지속가능성은 안정될 수도 있다.

정책적 차원에서 사회적기업의 발전은 수요 중심 전략과 공급 중심 전략으로 접근해 볼 수 있다. 우선, 공급 측면의 정책은 고용창출, 사회서비스 공급 등 사회정책에 기여할 수 있는 공급자를 육성하는 정책이다. 이와 관련하여 사회적기업가의 육성, 사회적기업을 위한 컨설팅(경영, 노무 등), 사회적기업을 위한 자본 조성 등의 지원정책이 있다. 수요 측면의 정책은 정부가 수행해야 하는 여러 사회정책에 대하여 사회적기업에게 기회를 부여하는 정책이다. 예컨대, 현재 정부의 사회적 일자리 사업은 취업계약계층을 위한 고용창출이라는 정책 목적을 갖고 있는데, 정부는 이 과제의 수행을 사회적기업에 맡기고 있다. 또한 공공기관의 우선 구매 제도나 판로 지원 정책은 정부가 필요한 재화나 서비스의 공급을 사회적기업에 맡기는 정책이다. 따라서 사회적기업의 발전을 위해서는 수요와 공급의 양 측면에서 정부의 정책이 개발될 필요가 있다. 특히, 사회적기업이 경제적으로 안정성을 획득하기 위해서는 판로를 안정적으로 지원하는 정책이 중요하다. 즉, 정부가 필요로 하는 재화나 서비스를 사회적기업을 통해 지속적으로 구매하는 것이다. 이럴 경우 사회적기업은 정부로부터 인건비 지원에 의존하지 않더라도[63] 경제적 지속가능성을 획득할 가능성이 높아질 수 있다.

셋째, 사회적기업이 자원혼합을 하면 지속가능한가? 이것은 서유럽 사회적기업 연구자에 의해서 주장되어 왔다.[64] 그러나 사회적기업의 자원혼합이 유지된 상태만으로 지속가

---

63) 이 의미를 모든 사회적기업이 정부의 인건비 지원을 받지 않는 것으로 받아들여서는 곤란하다. 장애인이나 이주민 등 노동생산력이 극히 취약한 사람들의 고용창출을 목적으로 하는 사회적기업에 대해서는 그것을 보존해주는 인력 지원 정책이 동반되어야 한다.

64) 이 주장은 보드 외(2006)의 연구에서 제시되었다. 이 연구에서 사회적기업의 지속가능성은 사회적기업이 자원혼합을 안정적으로 유지하는 것이 관건이다. 그들에 따르면, 서유럽 노동통합 사회적기업의 상당수는 자원혼합을 유지하고 있다. 이러한 연구결과는 거시적 차원에서 각 국가 사회적기업의 자원혼합 양상을

능성을 획득했다고 보는 것은 지극히 단순한 논리이다. 문제는 어떤 자원혼합을 하느냐가 관건이다. 우선, 사회적기업의 자원혼합에서 비즈니스 능력은 필수조건이다. 그래야 이해당사자와 연계된 시장자원(EM 자원)과 일반 시장자원(GM) 등의 시장자원을 동원할 수 있다. 다음으로 사회적기업에서 이해당사자 참여는 시장자원과 연결될 수도 있고, 시장 영역 이외에도 공동체 또는 시민사회와의 협력을 통해 자원을 동원할 수 있다. 이러한 자원은 EM자원과 호혜적 자원이다. 따라서 사회적기업은 이해당사자의 참여에 기반을 둔 비즈니스 전략을 통해 다양한 자원혼합을 하는 것이 지속가능성을 획득할 수 있는 유력한 전략일 것이다.

3. 사회적기업은 어떤 조건들이 있어야 지속가능성을 획득할 수 있을까?

사회적기업의 성공요인을 연구한 이광우(2008)에 따르면, 경영 전략적 요인이나 경영자의 경영역량 요인, 사회적기업가 정신, 협의에 의한 의사결정 등의 조직요인, 다양한 자원의 연계 능력인 사회적 네트워크, 정부 및 시장 환경 등의 환경적 요인 등이 사회적기업의 지속가능성에 긍정적인 영향을 미친다. 또한, 보드 외(2006)는 정부제도적 환경, 시장 환경, 이해당사자의 참여에 의해서 동원되는 사회자본 등이 영향을 미치는 요인임을 제시하였다. 그러므로 사회적기업의 지속가능성에 영향을

평가하여 제시한 것이다. 구체적으로 그들은 사회적기업의 자원혼합을 섹터 간 동형화의 4가지 수준(조직적 안정성, 제도적 유연성, 조직적 변형, 제도적 동형화)으로 평가한다. 여기서 섹터 간 동형화는 시장섹터나 공공섹터에 닮아가는 것을 의미하는데, 평가기준은 외부 섹터에 동형화되지 않는 정도이다. 이러한 섹터 간 동형화에서 조직적 안정성(organizational stability)을 갖는 자원혼합이 4개의 단계 중 가장 지속가능성이 높은 수준이다. 여기서 조직적 안정성은 사회적기업이 자원혼합을 유지하는 상태이다. 조직적 안정성 이외에 제도적 유연성(institutional flexibility)은 사회적기업이 환경적 압력에 의해 조직의 사명을 상징적으로 재해석하는 상태이다. 이때 사회적기업은 자원혼합을 유지하는데, 다소 불안정한 위험에 처할 수 있다. 조직적 변형(organizational transformation)은 사회적기업이 비즈니스 친화적 경영을 하는 상태이다. 제도적 동형화(institution isomorphism)는 사회적기업이 완전히 새로운 목적과 활동으로 변형을 하는 경우이다. 이때 사회적기업의 자원혼합은 상실된 것으로 본다.

미치는 조건은 내부와 외부 차원으로 나누어볼 수 있다. 이때, 사회적기업의 지속가능성은 정부, 시장환경 등의 외부요인과 경영역량, 이해당사자의 참여 등 내부역량 사이의 긴장관계에 있다(<표 11-1> 참조).

첫째, 안정적이고, 우호적인 정부의 정책지원은 사회적기업의 지속가능성에 매우 필요한 조건 중 하나이다. 한시적인 정부의 지원정책도 사회적기업에게 기회를 제공해줄 수 있지만, 특정 사회적기업이 한시적 지원에 의존하면서 내부 역량의 개발을 못하게 되면, 실패의 나락으로 빠질 위험도 존재한다. 한편, 정부의 안정적인 지원정책도 완전한 해결책이 될 수 없다. 왜냐하면, 사회적기업이 어느 정도 양적으로 성장하게 되면, 정부의 정책이 모든 사회적기업을 커버(cover)하기는 힘들게 된다. 이런 상황에서는 사회적기업 간에도 경쟁이 야기될 공산이 크다. 그래서 사회적기업은 내부 역량을 갖춘 조건에서 안정적인 정부정책과 연계하는 것이 필요하다.

둘째, 업종 간 경쟁이 치열한 시장환경이나 가격 등이 열악한 시장환경은 사회적기업의 경제활동에 불리하다. 특히, 취약계층을 고용하거나 그들에게 사회서비스를 제공하는 사회적기업에게 치열한 시장환경은 더욱 불리할 것이다. 예컨대, 간병이나 가사업종 등의 대인서비스 사회적기업은 시장 환경이 열악하여 주로 알선 방식에 의해서 영업활동이 이루어진다. 일반 영리기업의 경우도 다수의 서비스 제공자(근로자)를 직고용하여 기업을 유지하는 경우가 흔치 않다. 이것은 이 업종에서 시장가격이 겨우 인건비를 커버할 정도로 형성되어 있기 때문이다. 이런 상황에서 상당수 대인서비스 제공 사회적기업은 사회적으로 바람직하지 못한 고용을 하면서 영업활동을 하게 된다.

사회적기업이 틈새시장을 공략하는 것이 대안이 될 수 있다. 그러나 사회적기업이 틈새시장을 공략할 수 있는 가능성은 그리 크지 않을 것이다. 왜냐하면, 틈새시장은 일반기업도 시장 진출을 꺼리는 분야라는 의미도 있다. 그래서 사회적기업이 틈새시장에 접근하기 위해서는 상당한 정도의 경영 능력과 자금, 자본 등을 확보해야 가능할 것이다. 안타깝게도 사회적기업 주체들이 그러한 조건을 모두 갖추면서 활동을 하기는 쉽지 않을 것이다.

〈표 11-1〉 사회적기업의 지속가능성에 필요한 조건들

영역	요인	개념 및 요소
외부 요인	정부 정책	사회적기업 지원과 관련된 정부의 정책 - 지원정책의 성격: 한시적 또는 안정적 지원 - 제공의 주체: 중앙정부, 지방정부 등
	시장 환경	사회적기업을 둘러싼 산업 환경의 가변성이나 경쟁강도 - 산업환경의 가변성: 기회 활용 가능성 - 업종 내의 경쟁 환경 조건: 경쟁시장 vs 틈새시장
내부 요인	사회적기업가	최고경영자(또는 핵심경영자)의 책임성과 전문성 - 책임성: 리더십, 헌신성, 도전정신, 참여도 등 - 전문성: 비즈니스 능력과 기회포착 능력 등
	비즈니스 능력	경영진의 영업활동 능력 - 경영진 규모, 경력, 기술능력, 상품 개발 및 판로개척 등에 대한 능력
	조직문화	조직의 민주적 운영과 안정성 - 민주적 의사결정 : 이사회의 특성(구성, 회의 빈도 등) - 소통구조 및 갈등 해결 방법 - 구성원의 화합 정도
	이해당사자의 참여와 네트워크	사회적 사명을 가진 이해당사자가 사회적기업의 가치 창출에 참여하는 방식, 형태, 정도 등 - 사회적 네트워크: 협력 파트너, 관계 조직 등 - 커뮤니티 구성원: 조합원, 회원, 자원봉사자 등

* 자료: 이영환·김성기·엄형식·장원봉·김동언(2010), 김성기(2010), 이광우(2008) 등의 연구에서 제시된 사회적기업의 지속가능성에 영향을 미치는 조건들을 재구성

따라서 외부 환경 측면(정부 정책 및 시장환경)에서 사회적기업을 위한 '블루오션'이 필요하다. 블루오션(blue ocean, 푸른 바다)이란 경쟁자들이 없는 무경쟁시장을 의미한다. 수많은 경쟁자로 우글거리는 레드오션(red ocean, 붉은 바다)과 상반되는 개념이다. 이것은 현실적으로 사회적기업을 위한 보호된 시장을 의미한다. 공공기관의 재화와 서비스를 우선구매하거나 우선위탁해주는 제도가 그 예이다. 최근 저출산, 고령화, 가족구조의 변화 등 사회환경 변화에 따른 환경, 복지, 교육, 의료 등 사회서비스 영역의 새로운 수요(필요)가 증대하고 있다. 정부가 정책적으로 사회서비스 분야에서 사회적기업을 위한 '블루오션'을 만드는 것이 필요하다.

셋째, 사회적기업가, 비즈니스 능력, 조직문화, 이해당사자의 참여 및 네트워크 등은 내부 역량에서 필요한 조건들이다. 중요한 사실은 사회적기업의 발전단계별로 비즈니스 능력을 전제(경영진의 전문성)로 핵심적 성공조건이 다르다는 점이다. 우선, 설립기에는 사회적기업가가 핵심적 성공조건이다. 이러한 사실은 한국의 성공한 사회적기업에서 다수 발견되었다. 예컨대, 청소 사회적기업인 '함께일하는세상'의 이철종, 컴퓨터재생 사회적기업인 '한국컴퓨터재생센터'의 구자덕, 생활재 재사용 사회적기업인 '아름다운가게'의 박원순 등은 성공적 사회적기업을 이끈 사회적기업가들이다.

다음으로 성장기와 확장기에는 이해당사자 참여 및 네트워크가 핵심적 조건이다. 예컨대, 청소 사회적기업인 '함께일하는세상'에서 청소용품 유통업은 안정적인 매출에 기여하면서 성장의 기반을 제공했다. 중요한 사실은 여기에 주요 고객이 전국에 있는 청소 자활공동체의 청소사업단들이다. 이것은 '함께일하는세상'이 10개 이상의 경기도 청소 자활사업 관련 조직들의 참여에 의해서 설립되었기 때문이다. 이러면서 '함께일하는세상'은 이 분야의 대표체로서 위상을 얻게 되었고, 이것이 안정적인 매출로 연결된 것이다. 이런 예는 의료생활협동조합에서도 확인할 수 있다. 여기의 주요한 이용자(고객)는 조합원(이해당사자)이다. 그래서 경제적 지속가능성은 상당 부분 조합원의 이용률과 규모에 의해 결정된다. 즉, 조합원이 많고, 그들이 자주 이용할수록 경제적 가치의 창출은 늘어난다.

한편, 확장기에 이해당사자의 참여가 중요한 역할을 한다는 사실은 의료생활협동조합이 치과병원을 확장한 사례에서 확인할 수 있다. 예컨대, 인천평화의료생활협동조합은 2011년에 인천지역의 소비자협동조합과 파트너십을 통해 치과병원을 건립했다. 중요한 사실은 이 치과병원이 설립된 지 한 달 만에 손익분기점(월 매출 4,000만 원 수준)을 넘어섰다는 것이다. 일반 치과병원의 경우 개업 후 손익분기점에 도달하려면 수개월이 걸린다고 한다. 이렇게 의료생활협동조합의 치과병원이 단기간에 확장하게 된 것은 협동조합 조직 간 협력을 통해 자금을 확보하고, 동시에 각 협동조합의 조합원이 이용자가 되었기 때문에 가능했던 것이다. 따라서 사회적기업의 지속가능한 성장에 중요한 조건은 '이해당사자의 참여 및 네트워크'에 있다고 볼 수 있다.

결론적으로 사회적기업은 사회적기업가와 이해당사자의 참여 등 내부요인에 기반을 두고 정부정책이나 시장환경 등 외부요인을 적절하게 결합시켜야 지속가능한 발전을 할 수 있다.

제 III 부

한국 사회적기업의 발전을 위한 과제들

제12장 지속가능한 사회적기업을 어떻게 개발할 수 있는가? ⁶⁵⁾

사회적기업에서 관건은 지속가능성에 기여하는 자원혼합을 하는 것이다. 특히, 다양한 영역의 자원을 동원함에 있어서 영업활동을 통한 시장자원의 동원이 중요할 것이다. 시장자원은 일반 시장자원(이하 GM)과 이해당사자와 연계된 시장자원(이하 EM)으로 구분할 수 있다. 그러므로 사회적기업은 GM 중심의 자원혼합을 할 수도 있고, EM 중심의 자원혼합을 할 수도 있다. 이 둘 중에 사회적기업의 지속가능성에 기여하는 자원혼합은 EM 중심의 자원혼합이다. 이에 대한 설명은 제10장에서 사회자본의 거래비용과 생산비용 절감 효과로 설명한 바 있다. 따라서 사회적기업은 이해당사자의 참여와 연계를 통해 자원동원을 하면 지속가능성을 획득할 가능성이 높아진다.

사회적기업에서 다양한 이해당사자의 참여에 의한 지속가능성 획득 방법은 업종의 환경에 따라 그 양상이 다를 것이다. 이 장에서는 다양한 비즈니스 조건에서 사회적기업이 어떻게 지속가능성을 획득할 수 있는지 알아보도록 하자. 여기서는 청소업종, 재활용업종, 대인서비스 업종, 의료서비스업종 등 네 개의 업종에서 '다양한 이해당사자가 참여하는 사회적기업(다중모델)'이 어떤 방식으로 EM 기반의 자원혼합을 하는지 살펴볼 것이다. 구체적으로 청소 사회적기업 '함께일하는세상(이하 함세상)', 재활용 사회적기업 '에코그란', 대인서비스 제공 사회적기업 '약손엄마', 거점 기반 의료서비스 제공 사회적기업 '인천평화의료생활협동조합(이하 인천의료생협)' 등 4개의 사례를 통해 각 업종별로 사회적기업이 어떻게 지속가능성을 획득하는지 살펴볼 것이다.

첫째, 청소업종에서 다중모델 사례는 경기도(수원)에 소재하고 있는 '함세상'(주식회

---

65) 제12장은 필자의 박사논문(사회적기업의 지속가능성 연구: 다중 이해당사자 참여를 중심으로)의 결론에 해당하는 내용을 재구성한 것이다. 여기서 다루는 사례는 2008년의 상황이 중심이며, 그 이후의 각 사례별로 변화된 상황은 부분적으로 반영되어 있다는 것에 유의하기 바란다.

사)이다. '함세상'의 핵심 비즈니스는 청소용역업과 청소용품 유통업 등이다. 이사회에는 조합원뿐만 아니라 지역의 여러 자활사업 관련 조직 등이 참여하고 있다. 이 사례는 성공적인 청소 사회적기업으로 평가되고 있다.

둘째, 재활용업종에서 다중모델 사례는 경기도(남양주)에 소재하고 있는 '에코그란'(주식회사)이다. 이사회에는 노동자와 3개의 지역 협력조직이 참여하고 있다. 폐자원을 수집하는 수도권 소재 재활용 사회적기업의 대표적인 사례이다. 이 사례의 핵심 비즈니스는 폐플라스틱 재활용과 소형 가전제품 재활용이다.

셋째, 대인서비스업에서 다중모델 사례는 서울특별시(마포구)에 소재하고 있고, 비인증 간병사 사회적기업인 '약손엄마(주식회사)'이다. 이사회에는 간병사 조합원과 자활 및 사회적기업 관계자가 참여한다. 이 사례의 핵심 비즈니스는 병원이나 보호를 필요로 하는 개인에게 간병서비스를 제공하는 것이다. '약손엄마'는 사회적일자리 사업과 관련 없이 독립적인 역량으로 활동하고 있는 간병 업종의 사례인데, 직고용을 하지 않고 알선방식으로 사업을 한다.[66] '약손엄마'가 알선방식으로 비즈니스를 하는 것은 이 분야의 시장 환경이 열악하여 유급고용자를 고용하는 모델로 경영하기 힘들기 때문이다. '약손엄마'가 한국에서 취약계층이 참여하는 최초의 자립적 간병사업단이라는 평판을 얻고 있다.

넷째, 소비자협동조합에서 다중모델은 보건의료서비스를 제공하는 '인천의료생협'이다. 이사회에는 조합원뿐만 아니라 의사, 전문가, 지역사회 명망가 등이 참여한다. 이 사례는 다른 사례와 달리 다수 이해당사자가 참여하는 소비자 협동조합 방식이라는 점에서 의의가 있다. 이 사례의 비즈니스 방식은 지역사회에 있는 소규모 의원과

---

66) 간병, 가사업종 등의 대인서비스 분야는 시장 환경이 열악하여 주로 알선 방식에 의해서 영업이 이루어진다. '약손엄마'의 모세종 이사에 따르면, 일반 영리기업의 경우도 다수의 서비스 제공자(근로자)를 직고용하여 기업을 유지하는 경우가 흔치 않다고 한다. 그러나 인증 사회적기업이 되기 위해서는 유급고용자를 직접 고용하는 규모가 일정 정도 이상이어야 한다. 법령에 최소 인원 규정이 없지만, 너무 소규모일 경우 '사회적기업 육성위원회'의 인증심사를 통과하지 못할 가능성이 크다. 상당수 대인서비스 인증 사회적기업의 경우는 일자리 참여자에게 인건비를 지원하는 정부의 사회적일자리 사업을 수행하면서 이러한 기준을 통과하고 있다.

유사하며, 한방 서비스, 양방 서비스, 건강 검진 서비스 등의 영업활동을 한다.

1. 유통업과 용역업에서 사회적기업은 어떻게 지속가능성을 획득할 것인가?
  : 청소 사회적기업 '함께일하는세상'의 사례

1) '함세상'의 EM 기반 자원혼합

'함세상'의 연간 총수입은 2008년 기준으로 3,649백만 원이다. 이 중에서 영업활동에 의한 연간 매출액은 3,300백만 원이다. 2007년 기준으로 51개 인증 사회적기업의 평균 매출액은 약 860백만 원(곽선화, 2009: 27) 정도이다. 이와 비교하면 '함세상'의 매출 규모는 사회적기업 중에서도 큰 편인데, 이러한 '함세상'의 자원혼합에 관한 특성은 <표 12-1>에 제시되어 있다.

우선, '함세상'의 비즈니스는 청소용품 유통사업과 청소용역사업으로 구성되어 있다. 여기서 유통사업은 본사가 역할을 맡고, 공공 및 일반 건물 용역사업은 본사와 11개 산하 지점을 통해 이루어진다.

유통사업은 청소용역업을 하는 개인이나 단체에게 청소용품을 판매하는 비즈니스이다. 주요고객은 청소사업을 하고 있는 전국의 자활근로사업단과 자활공동체이다. 사회적기업 간에 거래가 이루어지고 있고, 상당히 안정적인 고객들이다. 그래서 유통업의 자원 특성은 EM이라고 할 수 있겠다. 이 분야의 매출 규모는 총수입의 25%를 차지한다. '함세상'은 그동안의 유통업 경험을 바탕으로 일반시장을 공략하기 위해 친환경 상품을 출시하는 등의 노력을 하고 있다.

청소용역사업은 건물, 주택 등에 클리닝 서비스(cleaning service)를 제공하는 사업이다. 이 분야의 비즈니스는 공원, 병원, 공공시설 및 기관, 학교 등 공공용역과 일반 건물에 대한 용역 등을 통해 이루어지고 있다. 우선, 용역사업의 상당한 부분은 공공정책

<표 12-1> 청소 사회적기업 '함세상'의 자원혼합

자원혼합		'함세상': EM 기반 혼합형	
		세부 자원 특성	구성비
시장 자원	GM	· 청소용역업	30.9%
	EM	· 청소유통업-전국에 있는 청소 자활사업단에서 구매(25%) · 공공용역-학교와 공공시설 등(33.6%)	58.6%
공공자원		· 사회적 일자리 23명 - 전체 종사자 154명의 15% · 사무실, 창고 무상임대(무형)	8.4%
호혜적 자원		· 업종별 네트워크 지원사업, 조합원 기금 등	2.1%

* 주: '함세상'의 총수입은 2008년 기준 3,649백만 원(영업활동 수입: 3,300백만 원).
* 자료: '함세상'은 2008년 노동부 제출 인증 사회적기업 보고서 참조.

과 밀접한 연관이 있다. 구체적으로 학교 청소사업은 교육부 및 교육청의 환경개선사업이며, 지역의 공공기관이나 시설 청소사업은 지방자치단체의 용역사업이다. 또한 복지부와 지방정부의 '지역혁신서비스사업'을 위탁받아 취약계층의 주거환경개선사업을 시행하고 있다. 이러한 공공용역은 청소사업에 이해를 갖고 있는 사회적 네트워크인 직영점이나 지점과 연계되고 있다는 점에서 EM으로 볼 수 있고, 총수입의 33.6%를 차지하고 있다. 반면, 일반시장에서의 GM형 용역사업은 총수입의 30.9%를 차지하고 있다.

이상과 같이 '함세상'이 시장에서 동원하는 자원은 GM이 30.9%(일반 용역업), EM은 청소유통업 25%와 공공용역업 33.6%를 합하여 58.6%로 구성된다. 그리고 시장자원의 규모는 전체 자원의 89.5%이다. 특히, '함세상'의 경우 시장자원 중에서 EM이 큰 비중을 차지하고 있는 점이 주목된다.

다음으로 공공자원은 중앙정부 지원금과 경기도의 무상 공간지원으로 구성되어 있다. 이러한 자원의 규모는 전체의 8.4%이다. 주로 노동부 '사회적일자리 사업' 기금이며, 취업 취약계층 총 23명(2008년 기준 전체 154명 종사자 중 약 15%에 해당)의 일자리를 지원받고 있다.

호혜적 자원은 사회적기업 지원조직의 프로젝트 사업기금과 조합원 조성금으로 구성되어 있고, 규모는 전체의 2.1%이다. 프로젝트 기금은 사회투자지원재단의 '업종별 네트워크 지원사업' 기금으로, '함세상'은 이 사업을 통해 전국에 있는 청소업종 사회적기업의 연계를 구축하여 그들의 대표 기관 역할을 수행하고 있다. 조합원 기금은 출자금에 의해 조성된 기금이다. '함세상'은 개인 및 단체 조합원의 조합비를 일시 납부 또는 분할 납부 방식으로 받고 있다. 이처럼 공공자원과 호혜적 자원은 취약계층을 위한 고용창출이라는 목적과 관련되어 외부로부터 '함세상'에 지원되거나 내부 구성원이 참여하여 자체 동원하는 자원들이다.

종합적으로 '함세상'의 자원혼합 특성은 근로빈곤층의 자활과 관련된 사회적 네트워크와의 연계를 기반으로 다양한 영역에서 자원을 동원하는 'EM 기반 혼합형'이라고 할 수 있다.

2) '함세상'의 사례를 통해서 본 유통업과 용역업 사회적기업의 지속가능성 획득 방안

청소 사회적기업 '함세상'은 주로 청소유통업과 청소용역업을 통해 시장 자원을 동원하고 있다.

우선, '함세상'의 청소유통업은 청소 사회적기업의 대표조직으로서 전국 물류망을 담당하고 있다는 의미가 있다. 즉, 여기서의 유통업은 사회적기업 간 거래망으로 구축된 것이다. '함세상'과 같은 유통업을 하는 사례로 인천시에 소재하고 있는 사회적기업인 '한국자활중앙물류'가 있다. 이 사회적기업은 전국에 있는 주거복지 자활사업단에게 집수리에 필요한 자재를 공급하는 유통업을 하고 있다. 즉, '함세상'처럼 집수리 자활사업단의 전국 물류망 역할을 하고 있는 것이다.

이러한 예에서 확인할 수 있듯이 사회적기업이 유통업을 할 경우 전국 차원의 물류망을 구축하면 안정적인 지속가능성을 획득할 수 있을 것이다. 즉, 특정 상품 유통에 이해를 갖고 있는 개별 사회적기업들이 전국적인 차원에서 집합적으로 참여하는 유통업 사회적

기업을 설립하면, 이러한 사회적기업은 안정적인 거래망을 확보하면서도 규모의 경제를 창출하여 지속가능성을 획득할 수 있을 것이다. 예컨대, 현재 '함세상'의 유통업도 전국의 청소 사회적기업이나 자활사업단이 직접 커뮤니티 구성원(회원제)으로 참여하는 체제로 전환할 수 있을 것이다. 이럴 경우 '함세상'은 좀 더 안정적으로 EM 자원을 동원할 수 있을 것이다.

다음으로 '함세상'에서 청소용역업은 일반 경쟁 입찰을 통한 방식(GM)과 공공기관 용역이나 위탁사업을 하는 방식(EM)이 있다. '함세상'에서 EM자원은 각 지점과 연결되어 있는데, 각 지점은 자활공동체의 성격을 갖고 있다. 여기서 주목할 부분은 왜 지역의 청소 자활공동체들이 '함세상'과 결합했느냐는 것이다. 즉, '함세상'은 왜 자활공동체가 참여하여 규모화하였는가이다.

이에 대해서는 청소 자활공동체의 처지를 통해 설명할 수 있다. 지역에 있는 청소 자활공동체의 경우 주로 10인 이내의 소규모 사업체이다. 여기서 문제는 이들 사업체들이 청소 서비스 제공능력은 갖고 있지만, 입찰이나 용역에 대응할 수 있는 경영능력이 취약하다는 점이다. 또한 소규모 사업체는 큰 규모의 공공사업에 참여할 경우 규모의 문제로 인해 불리한 위치에 있다. 그래서 '함세상'은 이러한 자활공동체의 취약한 경영능력을 극복하기 위해 경기지역 청소 자활사업단의 대표체로서 설립된 것이다. 이러한 조건을 바탕으로 '함세상'은 취약계층의 고용창출이라는 사명을 지방자치단체나 공공기관에게 적극적으로 요구하면서 용역물량을 확보하고 있는 것이다. 따라서 용역업을 하는 사회적기업은 사회적 사명을 가진 다수 사회적 네트워크의 참여를 기반으로 공공시장 자원을 동원하면, 지속가능성을 높일 수 있을 것이다.

2. 재활용업에서 사회적기업은 어떻게 지속가능성을 획득할 것인가?

: 재활용 사회적기업 '에코그린'의 사례

1) '에코그린'의 EM 기반 자원혼합

일반적으로 재활용 사업은 재처리 물량 확보가 중요하다. 일반 재활용 시장에서의 경쟁을 통해 물량을 확보하는 방법과 지방자치단체나 기업 등의 연계를 통해 물량을 확보 하는 방법 등이 있다. 이러한 두 가지의 물량 확보 방식이 '에코그린'의 비즈니스에도 적용되며, 여기서는 폐플라스틱 재활용사업과 소형 전자제품 재활용사업 등이 주력이다.

플라스틱 분야의 영업활동은 일반시장에서 치열한 물량 확보 경쟁을 통해 이루어진다. 구리 및 남양주 지역의 공동주거시설에 있는 PP, PE, PET 등 플라스틱 폐자원을 수거하여 선별장을 통해 분리수거하여 판매하는 방식이다. 이 사업을 통해 2008년에 210백만 원의 매출을 올렸고, 이는 총수입의 28.1%를 차지한다. 그래서 이 분야에서의 자원은 일반시장에서 획득된다는 점에서 'GM'이다.

〈표 12-2〉 재활용 사회적기업 '에코그린'의 자원혼합

자원혼합		'에코그린': EM 기반 혼합형	
		세부 자원 특성	구성비
시장 자원	GM	·폐플라스틱 재활용 사업	28.1%
	EM	·전기전자폐기물 사업 - 삼성전자, 구리시 협약	38.0%
공공자원		·사회적일자리 25명 - 총 종사자의 78%	33.9%
호혜적 자원		-	-

* 주: '에코그린'의 총수입은 2008년 기준 747백만 원, 시장자원 494백만 원.
* 자료: 2008년 노동부 제출 인증 사회적기업 보고서.

전기전자폐기물 사업은 대기업과 지방자치단체와의 협약을 통해 소형가전제품을 기증받아 비철, 고철 등을 선별하여 판매하는 방식이다. 이 사업의 성시는 재활용대안기업 연합회의 지원이 컸다. 이러한 지원에 힘입어 '에코그란'은 삼성전자로부터 월 40톤의 물량을 확보하고 있고, 이를 재처리하여 총 수입의 38.0% 정도의 매출을 올리고 있다. 그래서 이 분야의 영업활동은 'EM형' 특성을 갖고 있다.

이러한 전기전자폐기물 영역의 매출에 대해 이형출 상무이사는 "폐플라스틱보다 안정적인 물량 공급을 받고 있는 소형가전 재활용 분야가 매출에 안정적이고, 실제 이것이 '에코그란'이 초기 정착을 빠르게 할 수 있는 배경이 되었다"고 하였다. 그래서 물량 공급 측면과 전체 매출 측면 모두를 고려했을 때, '에코그란'의 시장자원은 GM보다는 EM에 기반을 두고 있다고 볼 수 있겠다.

공공자원은 '에코그란'이 근로 빈곤층의 고용창출이라는 사명을 갖고 있기 때문에 사회적일자리 사업과 연계하여 동원되는 자원이다. 이를 통해 취약계층 25명(총 종사자의 78%)을 고용하고 있다.

이상과 같이 '에코그란'의 자원혼합 특성은 재활용 사업 분야에서 근로빈곤층의 고용 창출에 관계된 사회적 네트워크와의 연계를 기반으로 자원을 혼합하는 'EM 기반 혼합형'이다.

2) 폐자원 재활용업과 중소자원 재생업 사회적기업의 지속가능성 획득방안

'에코그란'의 사례에서 확인했듯이 재활용 사회적기업에서 지속가능성의 핵심은 안정 적인 재활용 물량의 확보이다. '에코그란'은 사회적 네트워크와의 연계를 통해 소형가전제 품 재활용 물량을 확보하면서 상당한 매출의 성장과 동시에 취약계층의 고용을 증대시켰 다. 이러한 '에코그란'의 사회적 네트워크 참여 전략은 앞서 언급했던 '함세상'의 이유와 유사하다. 지역에 있는 재활용 자활사업단은 소규모였는데, 이들의 큰 과제는 재처리를 할 수 있는 시설과 물량의 확보였다. 이를 위해 각 지역 사업단이 축적했던 사업자금을 공동으로 투자하여 '에코그란'을 설립한 것이다. 여기서 '에코그란'의 사례에서도 확인했

듯이 '재활용대안기업연합회'와 같은 사회적기업 지원조직이 참여하면 재활용 물량 확보의 가능성은 더 높아질 수 있을 것이다. 이러한 상황은 '함세상'에서 경기광역자활지원센터가 참여한 사례에서도 확인할 수 있다. 따라서 폐자원을 재활용하는 사회적기업은 사회적기업 지원조직을 포함한 복합적 사회적 네트워크의 참여를 기반으로 안정적인 재활용 물량을 확보하면 지속가능성을 획득할 수 있을 것이다. 이러한 EM자원 동원전략은 앞서 논의했던 용역업에도 적용될 수 있을 것이다.

한편, 중고 생활재 재생사업에서 회원제 등의 방식으로 다수 커뮤니티 구성원이 참여하면서 재생 물량을 확보하는 방안이 있을 수 있다. 예컨대, 중고컴퓨터재생 사회적기업 '한국컴퓨터재생센터'의 경우 개인이 갖고 있는 중고 컴퓨터를 기증받아 필요로 하는 곳에 후원하는 사업모델을 구상하고 있다. 이러한 사업을 실현하는 데 소비자협동조합과 같이 다수 커뮤니티 구성원이 참여하는 조직모델을 구상할 수 있다. 그러나 이것은 현실적으로 실현가능성이 거의 없다. 왜냐하면 이해당사자가 참여해야 할 필요성의 정도가 낮고, 지속적으로 요구되지도 않기 때문이다. 이와는 대조적으로 소비생협이나 의료생협에서 다수 커뮤니티 구성원이 참여하는 이유는 안전한 먹거리나 질 좋은 의료서비스에 대한 필요가 크기 때문이다.

중고 생활재 재생사업과 관련하여 대표적인 사례로 사회적기업 '아름다운 가게'가 있다. '아름다운 가게'는 시민들로부터 중고 의류, 잡화 등을 기증받아 지역 거점(가게)에서 영업활동을 하는 사회적기업인데, 생활문화운동을 하는 시민운동단체의 성격도 동시에 갖고 있다. '아름다운 가게'는 시민들이 참여하게 하는 강력한 사회적 신호─예를 들면 박원순과 같은 명사의 활동 등─을 보내면서 기증물량을 확보하였다. 따라서 중고 생활재 재생을 하는 사회적기업은 '윤리적 소비운동'처럼 사회적 메시지를 보내면서 시민 참여를 유도하는 방식으로 공급 물량을 확보하면, 지속가능성을 획득할 수 있을 것이다. 물론 이러한 사회적기업은 소규모 사회적기업이 선택할 수 있는 모델은 아니다.

3. 대인서비스업에서 사회적기업은 어떻게 지속가능성을 획득할 것인가?

: '약손엄마'의 사례

1) '약손엄마'의 EM 기반 자원혼합

간병서비스를 제공하는 기업은 간병을 필요로 하는 병원이나 개인 등을 수요처로 확보하고, 그러한 수요자에게 간병사를 투입하는 방식으로 비즈니스를 한다. 이러한 비즈니스에 의한 매출은 두 가지 방식으로 이루어질 수 있다.

우선, 서비스 이용자가 이용료를 직접 공급업체에 지급하는 경우이다. 이러한 방식이 가능하기 위해서는 해당 기업은 충분한 재원을 확보하고 있어야 한다. 간병 서비스 이용료가 후불제로 지급되는 상황에서 간병사의 인건비를 자체적으로 지불할 수 있는 능력이 필요하기 때문이다. 사회적기업에서는 '교보다솜이'가 해당된다. '교보다솜이'는 교보생명-노동부-(재)함께일하는재단[67]이 파트너십을 통해 직고용하는 간병사 비즈니스 모델을 개발하였다.

다른 경우는 서비스 이용료가 공급업체에게 바로 오는 것이 아니라 이용료를 간병사 개인이 받고, 공급 업체는 간병사에게 알선 수수료를 받는 방식으로 매출이 이루어지는 경우이다. 대부분의 영세한 영리기업은 이러한 방식으로 비즈니스가 이루어진다. '약손엄마'의 비즈니스 방식도 여기에 해당한다.

직전에 언급했듯이 '약손엄마'의 시장자원은 조합원 간병사와 일반 간병사의 알선 수수료로 획득된다. 이럴 경우 <표 12-3>에 제시된 것처럼 이용자가 지급하는 서비스 이용료가 회계에 반영되지 않게 된다. 만일 간병사 1인당 월 1백만 원의 간병 서비스 이용료를 받을 경우, 100명의 간병사를 고용하고 있다면 월 매출은 1억 원이 된다. 그래서 '약손엄마'의 실제 시장자원 수입은 이보다 훨씬 크다. 하지만 비율로 따질 경우는 거의 유사하다고 볼 수 있다.

---

67) (재)함께일하는재단은 한국에서 사회적기업을 지원하는 대표적인 조직 중에 하나이다.

자원혼합		'약손엄마': EM 기반 혼합형	
		세부 자원 특성	구성비
시장 자원	GM	· 비조합원 - 간병사 회비 (70명)	32.7%
	EM	· 조합원 - 간병사 회비 (130명)	60.9%
공공자원		-	-
호혜적 자원		· 사무실 무상 - 경비 지원	6.5%

* 주: '약손엄마'의 총수입은 2008년 기준 78백만 원, 시장자원 73백만 원. 여기에 제시된 금액은 알선수수료이며, 이용자가 지급하는 서비스 이용료는 회계에 반영되어 있지 않다. 실제 자원규모(수입)는 이보다 훨씬 크지만, 비율상으로 거의 유사하다.
* 자료: '약손엄마'는 2009년 총회 자료집.

이렇듯 '약손엄마'의 시장자원은 비즈니스 특성 상 간병사(총 200명)에 의해 확보된다. 여기서 중요한 것은 이러한 비즈니스 체제가 간병사 조합원(130명)에 기반을 두고 작동한다는 점이다. 그래서 '약손엄마'의 시장자원은 직접적인 이해당사자와 연결된 'EM'에 기반을 두고 있다고 볼 수 있다. EM자원은 총수입의 60.9%(간병사 알선 수수료)를 차지하고 있다(<표 12-3> 참조).

간병사의 일자리 유지를 위해서는 수요처 확보가 중요하다. 현재 '약손엄마'의 간병사 들이 서비스를 제공하는 병원은 성바오로 병원, 한마음 병원, 적십자 병원 등이다. 이들 병원은 '약손엄마'의 설립 초기인 2005년부터 취약계층 고용창출에 기여하는 '약손엄마'의 사명에 공감하여 서비스 계약을 체결하였다. 당시 이러한 수요처 확보에 서울지역자활센터협회의 역할이 있었다. 그러나 '약손엄마'의 자체 평가에서도 지적 되었듯이 현재의 수요처 개발 수준은 미흡한 편이다.[68]

한편, '약손엄마'는 공공시장의 자원을 동원하지 못하고 있다. 예를 들어 이 분야의

---

68) (주)약손엄마. 2009년 총회 자료집 중에서.

다른 사회적기업의 경우 사회적기업 지원조직과의 연계를 통해 노인 요양과 관련된 사업이나 공공 의료서비스 개발 차원에서 실험적으로 진행되고 있는 '보호자 없는 병동 사업'[69] 등을 수행하고 있다.

호혜적 자원(총 자원의 6.5%)은 사무실 경비를 무상으로 지원받는 것이며, 후원자 이사가 기여하였다. 현재 호혜적 자원을 동원하는 수준은 이전에 비해 많이 약화된 것이다. 예컨대, 2005년 '약손엄마'는 당시 실업극복국민재단(현재 (재)함께일하는재단)과 '간병업 사회적기업 건설을 위한 희망만들기' 등의 프로젝트를 공동 수행하기도 하였다.

이상과 같이 '약손엄마'는 다수 간병사 조합원의 참여에 기반을 두고 EM자원을 동원하면서, 취약계층 여성의 일자리 창출을 위한 호혜적 자원도 동원하고 있다. 이러한 점에서 '약손엄마'의 자원혼합 특성은 'EM 기반 혼합형'이다.

2) 대인서비스 제공 사회적기업의 지속가능성 획득 방안

'약손엄마'의 사례에서 확인했듯이 대인서비스 사회적기업은 서비스 제공자 및 수요처 확보가 중요하다.

첫째, 대인서비스업은 수요처의 확보가 중요하다. 여기서 개인 수요자 확보 방식과 기관 수요처 확보 방식 등이 있을 수 있다. 이 두 가지의 혼용도 가능할 것이다.

우선, '약손엄마'처럼 사회적 네트워크와의 연계를 통해 병원과 같은 기관 수요처를 확보하는 방식이다. 이 방식은 어느 정도 규모가 되는 서비스 물량을 확보하면서 동시에 다수 취약계층의 고용창출까지 연결시킬 수 있는 장점이 있다. 여기서 문제는 대인서비스 분야의 시장 환경이 열악하여 소규모 업체의 경우는 직고용 수준으로 고용의 질을 담보할 수 없다는 점이다. 이러한 조건을 감당하려면 사회적기업은 충분한

---

69) '보호자 없는 병동 사업'은 2007년부터 보건복지부가 시행하는 시범사업으로 병원 내에 간호 및 간병 인력을 충분히 확보하여, 환자 가족이 별도로 병실에 상주하면서 환자 간병과 돌봄을 할 필요가 없는 병원을 말한다.

지불준비금을 확보하고 있어야 한다. 이와 관련하여 간병사 사회적기업 '교보다솜이'의 사례를 교사로 삼을 필요가 있다. '교보다솜이'는 기업, 정부, 사회적기업지원조직 등이 협력하여 충분한 지불준비금을 확보하면서 직고용방식을 유지하고 있다. 따라서 대인서비스 사회적기업은 지불준비금을 확보한 조건에서 사회적 네트워크의 참여를 통해서 기관 수요처를 확보하면, 경제적 안정성과 동시에 사회적 가치를 동시에 달성할 수 있을 것이다.

다음으로 이용자 참여에 의한 안정적인 수요자의 확보이다. 대표적으로 의료생협의 사례가 있다. 이러한 소비자협동조합이 가능하기 위해서는 이해당사자의 필요와 이해가 긴밀하게 결합되는 과정이 필요하다. 그래서 대인서비스 사회적기업에서 다수 커뮤니티 구성원이 참여하는 기제를 작동시키기 위해서는 오랜 준비기간이 필요하다. 이러한 조건에서 대인서비스 사회적기업은 집합적인 수요자를 확보하면서 지속가능성을 획득할 수 있을 것이다.

둘째, 대인서비스업은 서비스 제공자의 확보가 중요하다. 적절한 인력을 확보하고 있어야 기관 수요처에 대응할 수 있는 규모의 경제를 작동시킬 수 있다. 이와 관련하여 '약손엄마'처럼 다수 서비스 제공자가 이해당사자로 참여하는 대인서비스 사회적기업 모델을 고려할 필요가 있다. 이러면 대인서비스 사회적기업은 '약손엄마'처럼 규모의 경제를 작동시키면서 커뮤니티 구성원이 기여하는 자원도 확보할 수 있을 것이다.

그러나 '약손엄마'의 모델도 완전한 대안은 아니다. '약손엄마'에서 확인했듯이 알선 방식을 하면서 열악한 노동조건을 감수해야 한다는 한계가 존재한다. 문제는 이를 보완해줄 수 있는 공공지원정책이 마땅치 않다는 것이다. 특히, 고용노동부의 사회적 일자리 지원사업과 같은 한시적 공공정책과 연계한 대인서비스 사회적기업은 그 연계사업이 종결될 경우 고용의 지속성을 유지하기 힘들다. 그래서 대인서비스 사회적기업에서 괜찮은 노동조건을 보장하기 위해서는 정부의 안정적 지원이 필요하다. 특히, 취약계층의 고용창출과 사회서비스 제공이라는 목적을 동시에 추구하는 사회적기업에 대해서는 안정적으로 인건비와 운영비 지원을 보장해주어야 할 필요가 있다. 이럴 때 대인서비스 사회적기업의 지속가능성은 더 높아질 것이다.

이상과 같이 대인서비스 사회적기업에서 EM자원 동원의 조건을 수요처 확보와 서비스 제공자 확보 차원에서 설명하였다. 여기서 중요한 것은 대인서비스 사회적기업에서 수요처 확보와 서비스 제공자 확보는 분리되어 있지 않다는 점이다. 따라서 대인서비스 사회적기업은 안정적인 공공지원이 정책이 결합된 조건에서 사회적 네트워크와 다수 커뮤니티 구성원의 혼합적 참여를 기반으로 수요처(자)를 확보하면, 안정적인 지속가능성을 획득할 수 있을 것이다.

4. 거점 기반 의료서비스업(의원)에서 협동조합 방식의 사회적기업은 어떻게 지속가능성을 획득할 것인가?

: '인천평화의료생활협동조합'의 사례

1) '인천의료생협'의 EM 기반 자원혼합

의료생협의 기본 매출 원리는 일반적인 의원처럼 의사와 간호사에 의한 의료서비스 제공이다. 하지만 의료생협은 일반병원과 달리 1차적으로 조합원에게 의료서비스를 제공하여 수익을 창출한다. 그래서 의료생협의 자원동원은 이해당사자 사명과 결합된 'EM' 특성을 갖고 있다.

구체적으로 '인천의료생협'의 시장자원은 의원 시설을 갖추고 양방진료, 건강검진 등의 양방서비스와 한방서비스, 가정간호서비스를 통해 제공되는 수입으로 구성된다. 이 중에서 조합원이 양방 및 한방 서비스를 이용하여 발생하는 EM은 30.1%이다. 일반 주민의 이용에 의한 GM은 전체의 66.1%이다. 또한 '인천의료생협'은 일반병원과는 달리 노인 등의 요보호계층에 대한 가정간호서비스를 추가적으로 제공하고 있다. 이 조직의 사명이 상업적 이윤 창출에 있지 않고, 의료 사각지대에 있는 요보호계층에 대한 건강복지를 구현하고자 하기 때문이다. 주로 무료 서비스를 제공하고 있어 월

〈표 12-4〉 '인천의료생협' 자원혼합

구분	시장자원		공공자원	호혜적 자원
	GM	EM		
세부 자원 특성	·양방서비스 ·한방서비스	·양방 조합원 이용자율 (38.2%) ·한방 조합원 이용자율 (29.3%) ·가정간호서비스	·인천광역 시 정책발 전기금	·조합원 후원금 ·임대료 지원(월150만원) ·사회복지공동모금회 프로젝트 기금 ·조합원 출자금, 증자금
비율 (100%)	66.1%	30.1%	0.5%	3.3%

* 주 : 2008년 기준 총수입 844백만 원, 시장자원 수입 812백만 원.
* 자료: 2008년 노동부 제출 인증 사회적기업 보고서, 인천평화의료생활협동조합(2009). 제10차 정기 총회 자료집.

매출은 평균 1,500천 원으로 많지 않다.

공공자원으로는 인천광역시 기금(저소득 여성노인을 위한 건강 증진 사업)이 있으며, 총수입의 0.5%를 차지하고 있다. 의원 거점 중심의 서비스 이외에도 지역사회 의료, 복지의 필요에 대응하기 위해 공공자원을 확보하고 있는 것이다. 호혜적 자원의 규모는 전체의 3.3%이다. 구체적으로 조합원 후원금과 한 조합원으로부터 임대료 지원을 받고 있다. 또한 저소득 재가 노인 복지서비스를 위해 '인천시 사회복지공동모금회'로부터 프로젝트 기금을 지원받고 있기도 하다. 조합원 출자 및 증자금(37,273천 원)은 별도 회계로 관리된다.

이상과 같이 '인천의료생협'은 광범위한 조합원에 참여에 의해 경영되는 소비자협동조합의 성격을 갖고 있고, 자원혼합 특성은 EM 기반형이다. 또한 시장영역에서의 자원 이외에도 공공자원과 호혜적 자원이 필요에 의해서 혼합적으로 동원되고 있다. 이처럼 '인천의료생협'은 'EM 기반 혼합형'으로 자원혼합을 하면서 지속가능성을 추구하고 있다.

2) 거점 기반 의료서비스 제공 사회적기업의 지속가능성 획득 방안

'인천의료생협'은 다수 커뮤니티 구성원이 참여하는 소비자협동조합이면서 거점 기반의 의료서비스를 제공하는 사회적기업이다. 주목할 점은 의료생협의 EM자원이 사회보험 기반에서 다수의 소비자가 병원서비스를 이용하면서 안정적으로 동원된다는 사실이다.

우선, 거점 기반 서비스업은 소비자의 생활에 대한 이해가 높고 근린지역에 구매력이 있는 소비자가 충분한 조건에서 작동할 수 있을 것이다. 이러한 조건에서 의료생협은 병원을 통해 의료서비스를 제공하면서 영업활동을 하고 있다. 여기에 더해서 의료생협은 의료보험과 연계되어 비즈니스가 이루어지는데, 이것은 구매력 있는 일반 소비자를 획득하는 데 보다 유리한 환경을 제공해줄 수 있다. 다음으로 의료생협은 자신의 사회적 가치로 인해 서비스 제공 시간이 일반 영리지향적 병원에 비해 많이 소요된다. 이럴 경우 의료생협은 충분한 정도의 집합적 이용자층을 확보해야 경제적 안정성과 동시에 사회적 가치를 획득할 수 있다. 그래서 의료생협에서 다수 커뮤니티 구성원이 집합적으로 참여하는 것은 EM자원 동원을 위한 필수조건이라고 볼 수 있다.

이상과 같이 거점 기반에서 사회보험과 연계된 대인서비스를 제공하는 사회적기업은 집합적인 커뮤니티 구성원의 참여를 기반으로 수요자를 확보한다면, 지속가능성을 증진할 수 있다.

한편, '인천의료생협'은 새로이 치과병원 설립을 준비하는 과정에서 지역 생활협동조합 등의 참여가 있었고, 그러한 참여가 상당한 설립 자본금의 확충으로 이어졌다. 그리고 향후 그들은 치과생협의 주요한 이용자가 될 것이다. 이것은 앞서 대인서비스 사회적기업의 EM자원 동원에서 논의했듯이, 의료생협의 경우도 사회적 네트워크와 다수 커뮤니티 구성원이 혼합적으로 참여하는 기제를 통해 자원을 동원할 수 있다는 것을 의미한다. 특히, '인천의료생협'의 경우는 소비자생협과의 연계를 통해 치과병원을 설립했는데, 이럴 경우 다수의 안정적인 이용자층이 존재하므로 지속가능성은 더욱 높아질 것이다. 따라서 다수 커뮤니티 구성원을 보유하고 있는 조직(예를 들면, 소비자생활협동조합)들이 사회적 네트워크로 참여하면서 서비스를 개발할 경우 그러한 사회적기업은 매우 안정적인 지속가능성을 얻을 것이다.

지금까지 네 개의 사례를 통해 다중모델의 EM 동원을 하는 방식에 대해 살펴보았다. 이를 통해 업종별로 사회적기업의 지속가능성을 획득하게 하는 여러 조건들을 확인할 수 있었다. 중요한 사실은 사회적기업에서 다양한 이해당사자의 참여가 서로 다른 업종 환경에서도 안정적인 EM자원을 동원하는 데 중대한 기여를 한다는 것이다. 또한 다중모델이 안정적인 EM 자원을 동원하기 위해서는 안정적인 공공정책의 지원, 충분한 자금의 확보, 강력한 사회적 신호, 전국(광역)단위 또는 업종별 사회적기업지원조직 등의 조건도 필요하다. 물론 다중모델이 지속가능성에 기여하는 자원혼합을 하기 위해서는 경영진의 전문성과 안정성은 당연히 필요한 필수조건이다.

제13장 사회적기업 지원정책의 현황은 어떠하며, 어떤 쟁점과 과제들이 있는가? [70)]

　　한국에서 사회적기업 지원정책의 출발은 2007년 '사회적기업육성법(이하 육성법)'이 시행되면서부터다. 이후 중앙정부는 인증제를 중심에 두고 사회적기업의 육성 및 지원정책을 시행하고 있다. 인증 제도의 목적은 '기본적 요건을 갖춘 비영리조직이나 영리기업을 심사하고 선별하여 사회적기업이라는 명칭을 사용할 수 있도록 하고 경영컨설팅, 세제 지원 등을 제공'하여 지속가능한 자립 모델을 개발하는 것이다. 이와 같이 한국의 사회적기업 지원 정책은 정부 인증제 중심의 선별적인 육성 제도로 발전하고 있는 중이다.

　　정책 목표 측면에서 정부의 사회적기업 정책은 취약계층을 위한 일자리 제공이나 사회서비스 제공의 목적을 갖고 있다. 이 점은 인증요건에서 사회적 목적에 관한 기준과 인증 사회적기업의 현황 등으로 확인할 수 있다. 정부의 인증 요건에 따르면, 사회적기업은 '사회적 목적'별로 ① 일자리 제공형, ② 사회서비스 제공형, ③ 혼합형, ④ 지역사회 공헌형 등으로 구분된다. 여기서 '일자리 제공형'은 전체 참여자 중 취약계층이 30% 이상 근로에 참여해야 하며, '사회서비스 제공형'의 경우 전체 서비스 중 30% 이상은 취약계층에게 제공되어야 한다. 또한 혼합형의 경우 근로 참여자는 취약계층이 20% 이상, 서비스의 30% 이상은 취약계층에게 제공되어야 한다.[71)] 또한, 정부의 2010년 인증 사회적기업 287개를 분석한 자료에 따르면(고용노동부, 2010),[72)] 일자리

---

70) 제13장은 필자가 공동연구원으로 참여한 이영환·김성기·엄형식·장원봉·김동언(2009)의 '경기도 사회적기업 발전 전략 연구'의 일부 내용을 재구성한 것이다.

71) 사회적기업육성법 시행령 제 9조, 2009년 6월 30일 개정.

72) 2010년 6월 현재 총 319개 인증 사회적기업 중 287개를 분석한 것이다.

제공형은 73.3%, 사회서비스 제공형은 35.7%이다. 그들 중에서 23.8%는 두 가지 성격을 모두 갖는 혼합형이다. 그러나 지역사회개발 등 기타 목적을 갖는 사회적기업은 14.7%로 비교적 적은 편이다.

정부의 사회적기업 지원정책의 방향은 '사회적기업이 시장에서 수익을 창출하여 자립을 하는 것'에 초점을 두고 있다. 이러한 정책 방향 하에서 정부는 사회적기업에 대해 '사회적 일자리 사업'에 대한 참여 기회 제공, 경영지원, 전문 인력지원, 조세 감면 및 사회보험료 지원 등 여러 가지 직접 및 간접적 지원정책을 시행하고 있다. 그러나 앞서 확인했듯이 현재 상당수의 인증 사회적기업이 장애인, 근로빈곤층 등 취약계층을 고용하고 있고 이들의 노동생산력이 취약하다는 점을 감안했을 때, 이러한 사회적기업들이 시장경쟁력을 통해 자립하는 것은 쉽지 않은 도전일 것이다.

최근 정부는 사회적기업 정책의 지방화를 추진하고 있다. 2011년부터 예비 사회적기업의 발굴 및 육성에 대한 역할을 지방으로 이양하였다. 그러나 지방정부가 담당해야 할 역할이나 업무 등에 대한 구체적인 방침은 미흡한 상황이다. 주관부서인 고용노동부는 '육성법'에 의거하여 2008년에 「사회적기업 육성 기본계획」을 수립하였다(노동부, 2008). 이 계획에는 사회적기업의 육성에 관한 4개 영역, 15대 세부 과제가 제시되어 있다. 여기에 지방정부의 역할과 관련된 정책은 '사회적기업 육성 시스템 구축 분야'의 세 번째 과제인 '자율과 분권에 기초한 육성' 마련이다. 구체적으로 '사회적기업 관련 권한의 지자체 위임 등 지역 중심 사회적기업 육성 기반 마련을 위한 법·제도 정비', '지자체는 지역 내 지역 실정에 맞는 사회적기업 모델 발굴 및 사회적기업 육성을 위한 여건 및 기반 조성' 등의 정책 내용이 있다. 이처럼 중앙정부가 제시하고 있는 지방정부의 역할과 관련한 정책은 원론적 수준의 언급에 불과한 실정이다.

이상과 같이 2007년 이후 본격화된 사회적기업 제도는 취약계층의 일자리 창출과 사회서비스 제공이라는 과제를 동시에 달성하기 위한 목표를 갖는 선별적인 인증 사회적기업 육성이라는 성격을 갖고 있다. 이를 위해 중앙정부 주도로 시장경쟁력 강화에 초점을 둔 사회적기업 지원정책을 추진해 왔다. 그러나 사회적기업이 취약계층을 위한 사회적 가치를 창출하면서 동시에 시장 기반의 경제적 가치를 올리는 것은 쉽지 않은 도전이다.

따라서 향후 한국의 사회적기업 제도는 인증제를 통한 선별적인 지원 제도로 고착화될 것이지, 아니면 등록제와 같은 보편적인 지원 제도로 재설계할지 기로에 놓여있다. 동시에 사회적기업의 지속가능성을 강화하기 위한 우호적인 정책의 개발이라는 과제도 안고 있다. 또한 실질적인 사회적기업의 개발 주체인 지방정부의 역할을 강화하고 그와 관련된 전달체계의 수립이라는 과제도 안고 있다.

1. 중앙정부의 사회적기업 지원정책은 어떠한가?

사회적기업 정책의 범위는 법령, 전달체계, 지원정책, 부처 간 연계 정책 등이 포함될 수 있다. 법령은 주로 사회적기업 인증 제도와 관련된 것이며, 전달체계는 주관 부서인 고용노동부와 관련된 것에서부터, 고용노동부에서 지방, 민간까지의 전달체계가 포함될 수 있다. 또한 부처 간 연계 정책은 주무부서와 사회적기업 관련 정책을 다루는 보건복지부, 행정안전부 등 관련부처와의 연계와 관련된 것이다. 예컨대, 현재 인증 사회적기업의 상당수는 자활공동체와 장애인직업재활시설에 기원을 두고 있는데, 이러한 정책과 사회적기업 지원정책과의 연계성을 의미한다. 여기서는 주관부서인 고용노동부의 사회적기업 지원정책을 중심으로 현황을 살펴본다.

사회적기업 지원정책은 지속가능한 사회적기업의 발굴 및 육성을 위해 사회적기업에 제공되는 유·무형의 자원을 지원하는 정책이다. 이러한 정책은 <표 13-1>에 제시되어 있듯이, 직접지원정책, 간접지원정책, '사회적 일자리'와의 연계 정책 등 세 가지로 구분할 수 있다. 첫째, 직접지원정책은 정부가 인증 사회적기업이나 예비 사회적기업에게 인건비, 사업개발비 등 현금 성격의 자원을 직접 제공하는 정책이다. 둘째, 간접지원정책은 현금 이전 성격의 지원이 아니지만 조세감면, 판로 개척 등 간접적으로 사회적기업의 자원 획득이나 자원 보완에 기여하는 정책이다. 또는 경영지원사업이나 사회적기업가

〈표 13-1〉 고용노동부의 사회적기업 직접 지원정책: 2010년 기준

구분	세부 사업별	지원 내용
직 접 지 원	전문인력 지원	・지원 내용 - 회계, 마케팅 등 전문인력에 대한 인건비 지원 - 150만 원 한도, 연차별로 자부담 비율 상향 조정 ・지원 규모 및 기간 - 사회적기업 당 3명 범위 내에서 최장 3년간 인건비 지원
	사회 보험료 지원	・지원 내용: 2010년부터 시행 - 사회적기업 일자리 창출사업(이전 사회적 일자리 창출 사업)에 참여하지 않는 사회적기업에 한정. - 1일 8시간, 주 40시간 참여 근로자 최저 임금을 기준으로 사업주 부담분 사회보험료 지원 - 대표, 임원 제외한 유급 근로자 전원이 대상자 ・지원 규모 및 기간 - 4대 보험 대상자는 1인당 월 74천 원, 65세 이상으로 고용보험, 국민연금 적용대상자는 1인당 월 30천 원 지급 - 사회보험료 지원기간은 최대 4년
	사업 개발비 지원	・지원 내용: 지방자치단체와의 매칭펀드 방식 사업 - 사회적기업 및 예비 사회적기업의 신규 사업 개발, 상품 및 기술 개발, 마케팅 개발 등 시장 자립 기반 강화를 위한 사업개발비 지원 - 지원 대상은 노동부가 지정한 인증 사회적기업, 예비사회적기업이나 노동부 예비사회적기업으로 지정받기 위한 독립된 조직형태를 갖춘 기관 ・지원 규모 및 기간: 1년 회기 기간 이내 - 인증 사회적기업: 7천만 원 이내 - 예비 사회적기업: 3천만 원 이내 - 신규사업(모델발굴형): 3천만 원 이내
	융자 지원	・시설비, 운영자금 등 대부사업 지원 - 2007년, 2008년 사회연대은행에 위탁하여 20억 원 융자 지원 - 2009년 근로복지공단에서 30억 원 융자 지원 ・2009년까지 고용노동부 주관 사업에서 미소금융재단으로 이관 ※ 2010년에는 중소기업진흥공단에서 사회적기업 정책 자금 융자 지원: 50억 원

육성사업 등도 여기에 해당한다. 셋째, 연계 정책은 취약계층을 위한 노동시장 정책, 사회서비스 공급 정책 등과 연계하여 사회적기업의 발굴 및 육성을 유도하는 정책을 의미한다. 이와 관련되어 고용노동부는 2007년부터 사회적 일자리 지원정책과 연계하여 사회적기업의 개발을 유도해왔고, 2010년 들어서는 '(예비)사회적기업 일자리 창출사업'이라는 이름으로 연계 정책을 시행하고 있다.

우선, 사회적기업을 위한 직접 지원정책이다. <표 13-1>에 제시된 바와 같이 전문인력 지원, 사회보험료 지원, 사업개발비 지원, 융자 지원 등이 있다. 인증 사회적기업은 모든 직접 지원사업의 대상이 되며, 사업개발비 지원사업의 경우는 예비 사회적기업도 해당된다. 여기서 사업개발비 지원 사업은 지방자치단체와의 매칭 펀드 방식으로 예산이 편성되어 집행되는 사업이며 나머지는 고용노동부 소관 예산에 의해 실행되는 사업이다.

① '전문인력 지원 사업'은 회계, 마케팅 등 사회적기업의 경영 능력을 강화하기 위해 사회적기업 당 3명 범위 내에서 직접 인건비를 지원한다.

② '사회보험료 지원 사업'은 2010년부터 시행되고 있는 사업으로 사회적기업이 사회적 수준의 노동 조건을 유지하도록 하기 위해 지원되는 사업이다. 4대 보험에 대한 사업주 부담분을 지원하며, 지원 기간은 최대 4년이다. 여기서 「사회적기업 일자리 창출사업(이전 사회적 일자리 창출 사업)」에 참여하는 사회적기업은 제외된다.

③ '사업개발비 지원사업'은 사회적기업 및 예비 사회적기업이 상품 및 기술개발, 브랜드 개발, 마케팅 개발 등 영업활동 능력을 개발하도록 지원하는 '공모 방식'의 사업이다.

④ 고용노동부 소관의 '사회적기업의 시설 및 운전자금에 대한 융자 지원 사업'은 2007년부터 2009년까지 있었지만, 2010년에는 '휴면예금관리재단' 등으로 이관되었다. 이러한 고용노동부의 사업은 매 시기 20억 원에서 50억 원까지 기금을 조성하여 소진 시까지 진행되어 왔다. 2010년에 경우 '미소금융재단 대부사업(휴면예금관리재단)'과 '함께일하는재단 자금 대부사업' 등이 실행되고 있다. 또한 중소기업진흥공단에서 '사회적기업 정책 자금 융자 지원사업'을 실행하고 있다. 이러한 대부 지원은 대부분

인증 사회적기업이거나 연간 매출액이 5억 원 이상의 사회적기업을 대상으로 시행된다.

이상과 같이 직접 지원정책은 사회적기업의 경영 능력 향상(전문인력 지원), 노동의 질 개선(사회보험료 지원), 영업활동 능력 강화(사업개발비 지원), 시설 및 운전 자금 지원(대부사업) 등을 목적으로 추진되고 있다. 이러한 정책의 주대상은 인증 사회적기업에 집중되어 있으며, 지원 기간은 3년이나 4년 등 한시적이다. 그리고 사회보험료 사업을 제외한 모든 사업은 신청주의(공모 및 심사) 방식으로 추진되고 있다.

다음으로 사회적기업을 위한 간접 지원정책이다. 사회적기업가 등 인력양성 지원, 경영컨설팅 지원, 조세 지원, 판로 지원 등이 있다(<표 13-2> 참조).

① '인력양성 지원사업'은 사회적기업 및 예비 사회적기업의 종사자, 일반 시민 등을 대상으로 자질 및 경영 능력을 겸비한 사회적기업가를 육성하기 위한 '사회적기업가 아카데미 사업'이다. 교육 수행기관을 대학이나 사회적기업지원조직 등의 민간에 위탁하며 매년 1회 사업을 시행하고 있다. 2010년의 경우 사회적기업가 아카데미 사업은 권역별로 9개의 '일반 교육과정', 4개의 창업과정, 2개의 경영실무과정, 2개의 연구과정 등이 실행된 바 있다.

② '경영 컨설팅 지원 사업'은 사회적기업의 경영 능력 향상 등을 목적으로 지원하는 사업이다. 해마다 권역별 지원센터(서울·강원지역 사회적기업지원센터, 경인지역 사회적기업 지원센터 등)를 위탁방식으로 설치하여[73] 이들에게 사회적기업을 위한 상시적인 상담과 모니터링 등의 사업을 하도록 하고 있다. 또한 사회적기업(예비 포함)은 전문 지원기관으로부터 회계, 마케팅 등 경영 컨설팅을 받을 수 있다. 5백만 원에서 2천만 원까지 한도에서 3년 이내에 전문 컨설팅 기관으로부터 컨설팅을 받을 수 있다.

③ '조세 감면 정책'은 사회적기업의 경상지출을 보조해주는 사업이며, 인증 사회기업이 주 대상이다. 정부는 『조세특례제한법』을 개정하여 사회적기업이 법인세 및 소득세의 50% 감면 조치를 받을 수 있도록 하고 있다. 또한 '연계기업에 대한 조세 감면 조치'도 있다. 비영리법인인 사회적기업에 기부를 하는 연계기업에게는 그 기부금에 대하여

---

73) 예컨대, 2010년 경인지역 사회적기업지원기관은 '(사)사회적기업지원네트워크(SESNET, 세스넷)'와 (사)민생경제연구소가 위탁을 받았다.

〈표 13-2〉 고용노동부의 사회적기업 간접 지원정책 및 연계정책: 2010년 기준

구분	세부 정책별	지원 내용
간 접 지 원	인력 양성 지원	・사회적기업가 아카데미 과정을 설치하여 운영하는 것을 지원 - 권역별로 교육수행 기관을 설치하여 사회적기업가를 위한 일반교육, 전문 교육 등을 시행
	경영 컨설팅 지원 등	・사회적기업 네트워크 지원 사업 - 권역별 사회적기업 지원 센터를 설치 운영하여 사회적기업 모니터링, 인증 상담, 프로보노(probono) 조직 등의 사업 시행 ・경영컨설팅 지원 사업 - 사회적기업의 경영 능력 향상을 위해 회계, 마케팅, 노무관리 등의 컨설팅 제공 - 인증 사회적기업: 연간 1천만 원, 3년간 총 2천만 원까지 지원 - 예비 사회적기업: 연간 3백만 원, 3년간 총 5백만원까지 지원
	조세 감면	・사회적기업에게 법인세 및 소득세의 50% 감면 - 『조세특례제한법』을 개정함. - 인증 사회적기업에게 4년 간 지원. ・연계기업에 대한 조세 감면 조치 - 비영리법인인 사회적기업에 기부를 하는 연계기업에게는 기부금을 법인 소득의 5%까지 전액 손금산입 처리.
	판로지원	・공공기관 우선 구매 - 권고 수준 - 최근 지자체 조례에도 근거가 명시되고 있으나 국가나 지자체 계약에 관한 법률이 개정되지 않아 법적 실효성이 미약한 상황임.
	사회적 일자리 사업 연계 지원	・지원 내용: (예비)사회적기업 일자리 창출 사업 - 사회적기업 및 예비사회적기업에 대해 신규 일자리를 창출할 수 있도록 인건비를 지원하는 사업 - 취약계층을 위한 일자리를 창출하거나 사회서비스를 제공하는 조직 에게 지원하는 사업 - 이 사업은 2009년까지 사회적 일자리 창출 사업으로 명명된 것임. ・지원 규모 및 기간 - 참여자 1인당 지원금은 최저임금수준, 근무시간에 비례하여 지급 - 2010년부터 연차별 차등 지급으로 개편됨. 예비는 1년차- 100%, 2년차- 90%. 인증은 1년차- 90%, 2년차- 80%, 3년차- 70% - 하나의 사업으로 총 5년을 초과하지 않도록 제한

* 자료: 국무총리실(2009), 김혜원(2010), 고용노동부 2010년 사회적기업 관련 사업지침 등을 재구성

법인 소득의 5%까지 전액 손금산입 처리해주고 있다. 이러한 지원은 인증 사회적기업이 된 후 4년간 받을 수 있다.

④ '판로지원정책'은 사회적기업(예비 포함)이 안정적인 영업활동 수입을 창출할 수있도록 공공기관의 우선구매나 우선위탁 등의 지원 사업이다. 그러나 현재『국가를 당사자로 하는 계약에 관한 법률 시행령』개정이 이루어지지 않아 아직까지는 권고 수준이다(김혜원, 2010). 이 법 시행령 제21조 제한경쟁입찰에 의한 계약과 제한 사항에 관한 규정, 제23조 지명경쟁입찰에 의할 계약에 관한 조항, 제26조 수의계약에 의한 조항 등에 사회적기업이 대상으로 포함되어야 법적 실효성이 확보될 수 있다.

이상과 같이 간접 지원정책은 사회적기업의 발굴 및 경영능력 향상 등과 관련된 사업(인력양성, 경영 컨설팅 등 지원), 지출을 보조해주는 정책(조세 감면 등), 안정적인 영업활동 수입을 지원하는 정책(우선 구매 등) 등으로 구성되어 있다. 이러한 간접 지원정책은 인증 사회적기업뿐만 아니라 예비 사회적기업까지 포함되지만 조세 감면 정책의 경우는 인증 사회적기업만이 해당된다. 그리고 지원 기간도 대체로 3년이나 4년 등 제한을 두고 있다. 한편, 사회적기업의 성장에 실질적으로 중요하다고 볼 수 있는 판로 지원정책은 아직 법적 실효성이 미흡한 상황이다.

끝으로 사회적 일자리 연계 지원정책이다(<표 13-2 참조>). 사회적 일자리 사업은 2003년부터 정부가 취업 취약계층의 일자리 창출을 목적으로 시행한 사업이다. 이 사업은 주로 비영리조직이나 일반기업 등에게 위탁을 주는 방식으로 수행된다. 이 사업을 위탁 받은 조직은 통상 최대 3년까지 사업을 수행할 수 있으며 정부는 수행 단체에 참여하는 종사자들에게 최저 임금 수준의 인건비를 전액 지원한다. 그래서 사회적 일자리 사업은 취업 취약계층을 위한 한시적 일자리 지원정책이라고 할 수 있다.

2010년부터 이 사업은 '(예비)사회적기업 일자리 창출 사업'이라는 이름으로 시행되고 있다. 사업 내용은 사회적기업 및 예비사회적기업에 대해 신규 일자리를 창출할 수 있도록 인건비를 지원하는 것으로 되어 있으나, 실제 내용은 이전의 사회적 일자리

〈표 13-3〉 사회적 일자리 사업의 유형별 현황: 2009년 사업 추진 실적

(단위: 명, 개소)

구분	총계	NGO 단독형	광역형	기업 연계형	사회적 기업	지역 연계형	모델 발굴형
인원수	17,735	284	150	5,086	4,753	5,000	2,462
기관수	799	33	5	186	153	255	167

* 자료: 노동부(2010a), "2010년판 고용노동백서".

사업과 거의 동일하다고 볼 수 있다. 그러던 것이 2007년 이후 <표 13-3>에 제시된 것처럼 사회적기업 육성 정책과 연계되어 시행되고 있는 것이다. 다만, <표 13-3>에 제시되어 있듯이 연차별로 차등 지원하는 것이 다소 변경된 내용이다. 결국 정부는 한시적 '사회적 일자리 사업'을 통해 성장 가능한 사회적기업을 발굴, 육성하고 있다. 사회적 일자리 정책은 민간단체(비영리 단체나 영리기업 등)의 사회적기업 진입을 유인하는 효과로 작용하고 있다. 다시 말해서 민간(사회적 일자리 사업을 수하지 않는)의 입장에서는 인증 사회적기업이 되면 사회적 일자리 사업을 수행할 수 있다는 기회로 받아들여진다.

따라서 현재 정부의 사회적기업 지원정책은 한시적 인건비 지원 중심의 사회적 일자리 사업과 강한 연계를 갖고 있으며, 다른 지원정책에 비해 사회적기업에게 '규모의 자원 유입'이라는 효과가 발생하므로 이것이 미치는 영향이 크다고 볼 수 있다. 이러한 사회적 일자리 연계 정책에 대해 연구자들이나 현장 실천가들은 대부분 사회적기업에 대한 인건비 중심의 지원정책이라고 평가하고 있다(김혜원, 2010; 박찬임, 2008 등).

한편, 전체 고용노동부 소관 재정 규모에서 사회적기업 예산이 차지하는 비중은 사회적 일자리 사업을 포함할 경우 11.59%이며, 제외할 경우는 2.78% 정도이다(<표 13-3> 참조). 이것은 2010년 고용노동부 소관 총 재정 규모는 1조 2,208억 원에 대비한 수치이다(노동부, 2010b: 『2010회계년도 예산·기금운영계획 개요』). 따라서 사회적 일자리 사업 예산을 제외하면, 전체 고용노동부 소관 재정에서 실제 사회적기업과

<표 13-4> 2010년 고용노동부의 사회적기업 지원 예산 현황

구분	세부 사업별	주요예산 내역	소계
직접 지원	사회보험료 지원	·5억2400만원 5,163명×7만3,020원×12개월	·257억 9,781만원
	전문인력 인건비 지원	·72억원 500명×120만원×12개월	
	사업개발비 지원	·185억 2,100만원 2억원×93개소	
간접 지원	경영컨설팅	·51억 7,381만원 1,300만원×400개소	·339억 8362만원
	소셜벤처 경연대회	·12억원 멘토링:3억원, 상금:3억원, 대회운영:6억원	·81억 8,581만원
	사회적기업 네트워크 지원	·10억 1,200만원	
	사회적기업 아카데미	·8억원 1억원×8개 시도	
사회적 일자리 사업[1] (연계사업)		·1074억 5,708만원 9,608명×85만9,000원×12개 월×1.085	1074억 5,708만원
2010년 예산 총계			1,414억 4,070만원
2009년도 예산[2]			1,884억 6,300만원

* 자료: 국회환경노동위원회(2009), 『2010년 노동부 소관 예산안 기금 운용계획안』중 '2010년 사회적 일자리 확충
예산안'을 참조하여 재구성하였다.
* 주: 1) 사회적 일자리 사업의 예산은 사회적기업을 포함한 전체 사회적 일자리 사업에 소요되는 규모이다.
　　 2) 여기에 제시된 2010년 사회적기업 지원 예산의 총액은 원 예산서와 차이가 있음.

'2010년 사회적 일자리 확충 예산안'의 총액은 1,989억 9,500만 원이나 여기서는 원 예산 항목의 '디딤돌 일자리
예산' 502억 6,100만 원을 제외하여 반영하였다.
'디딤돌 일자리'예산은 2009년에 '경과적 일자리 사업'이란 명칭으로 시행된 사업이며, 2009년 추경예산으로 처음
편성되었다. '경과적 일자리(디딤돌 일자리)'라 함은 사회적 일자리의 한 유형으로 구직자가 일정기간 일경험과 직장생활
에 필요한 능력을 갖추도록 함으로서 더 나은 일자리로 이동할 수 있도록 매개하는 일자리를 말한다. 그러나 이
사업의 경우 사회적기업과의 정책 연계성은 매우 미흡한 편이다.

관련된 예산은 3% 미만으로 그리 큰 규모가 아니다.

이상과 같이 중앙정부 사회적기업 지원정책이 현황을 살펴보았다. 이를 종합하면, 사회적기업 지원정책의 주대상은 대체로 인증 사회적기업이고, 지원 기간은 3년이나 4년 등 한시적이며, 판로 지원정책의 경우는 아직 법적 실효성이 미흡한 상황이라고 할 수 있다. 또한, 한시적 인건비 지원 중심의 사회적 일자리 사업과 강한 연계를 갖고 있다. 그리고 관련된 예산의 규모는 충분하지 않다.

2. 사회적기업 지원정책에는 어떤 쟁점들이 있는가?

사회적기업 지원정책의 목적은 지속가능한 사회적기업의 양적, 질적 발전을 도모하는 것이다. 우선 그동안 연구자나 실천가들 사이에서 제안되었던 중요 쟁점을 살펴보도록 하자. 여기서는 주로 중앙정부의 정책과제를 다루면서도 지방정부(광역지방자치단체)와 관련된 쟁점도 포함한다.

첫째, 정책 목적 및 대상의 범위에 관한 쟁점이다. 구체적으로 정책 대상을 취약계층과 고용창출에 중심을 둘지, 아니면 사회서비스 제공, 지역사회 재생, 지역공동체의 활성화 등 다양한 사회적기업의 가치를 포함할 것인지(이런 방향은 동시에 정책 대상의 확대를 의미함)에 관한 쟁점이 있다. 이런 이슈에 대해 연구자나 실천가들의 대체적인 지적은 사회적기업이 다루는 '사회적 목적의 범위가 취약계층에 초점을 두고 있어 (정책 목적과 대상이) 협소하다'는 것이다(문보경, 2008; 박찬임, 2008; 이은애, 2008 등). 한편, 정책 대상 범위의 확장이라는 이슈는 인증 제도의 개편과 맞물려 있기도 하다.

우선, 현행 인증 제도를 유지하면서 사회적 목적의 범위를 확장하는 방안이 있다. 이것은 현재 정부가 시도하는 방안이다. 최근 고용노동부는 사회적 목적과 관련된 인증 요건을 확대하는 조치를 시행하였다. 2010년 개정된 인증 요건 지침에는 기존의 '기타형'을 '지역사회공헌형'으로 분류하고, 여기에 지역 경제활성화에 기여하는 경우, 특정 빈곤 국가 개발을 지원하는 경우, 기업의 사회공헌활동의 일환으로 자회사 등을 설립하는 경우까지 포함하고 있다(노동부·함께일하는재단, 2010). 이처럼 정부는 기존 인증 요건에서 사회적 목적의 범위를 확대 적용하는 방식으로 정책 대상 확대를 시도하고 있다.

다음으로 정책 대상의 폭넓은 확장을 위해 현행 인증제를 등록제로 전환하는 방안이 있다. 법령 차원에서 사회적기업에게 독립적인 법인격을 부여하는 등록제 방안이 검토될 수 있다. 이는 현행 '사회적기업육성법'을 개정(또는 신규 제정)하여 상법에서 규정하는 회사에 법인격을 부여하는 것처럼 사회적기업에 법인격을 부여하는 방식이다. 예컨대, 이전에도 몇 차례 언급했듯이 이탈리아의 '사회적 협동조합법' 등과 같은 법안이 제정될 수 있을 것이다.

둘째, 취약계층의 고용 창출에 기여하는 노동통합 사회적기업에 대한 지원 기간의 문제이다. 구체적인 쟁점은 한시적 지원 정책으로 갈 것인지, 안정적인 지원 정책으로 설계할 것인지에 관한 것이다. 앞서 살펴보았듯이 현재 사회적기업에 대한 경영지원, 전문인력 지원, 사회보험료 지원 등의 지원정책은 대부분 5년 이내의 한시적 지원이다. 또한 지원 기간의 이슈는 사회적기업의 특성에 따른 차별화된 지원과도 맞물려 있다.

우선, 사회적기업의 특성에 따른 지원 정책의 필요성이 제기되고 있다. 이것은 노동통합 사회적기업과 사회서비스 제공형 사회적기업과 관련이 있다. 구체적으로 취약계층의 직업재활과 생산활동이 통합된 일자리 창출형(여기서는 이를 '일자리 창출형 노동통합 사회적기업'이라고 명명한다)에 대해서는 안정적인 지원과 정책적 육성이 필요하다는 주장이 제시되고 있다(김혜원, 2010). 노동통합 사회적기업이 근본적으로 일반 영리지향적 기업에 비해 시장경쟁력이 취약할 수밖에 없기 때문에 이러한 사회적기업의 지속가능성 확보를 위해서는 정부의 고용보조금 등과 같은 안정적인 지원이 동반되어야 한다는 것이다. 또한 일부 취약계층을 고용하면서 취약계층에게 사회서비스를 제공하는 사회적 기업(여기서는 이를 '사회서비스 제공형 노동통합 사회적기업'이라고 명명함)에 대해서도 안정적인 지원이 필요하다는 주장이 있다(박찬임, 2008). 사회서비스 분야의 시장 환경이 열악하여 영업이익의 창출이 거의 불가능한 상황에서 - 영업활동을 통한 부가가치의 창출이 아주 미약한 상황 - 취약계층에게 무료 또는 저렴형 서비스를 제공하면서 영업활동 수입까지 창출하여 시장에서 자립하는 것은 거의 불가능하기 때문에 이에 대한 제도적 지원이 필요하다는 것이다. 그리하여 사회서비스 제공형 노동통합 사회적기업에게는 안정적인 수익 창출을 위해 고용노동부의 '사회적 일자리 사업'뿐만 아니라 보건복지가족부의 바우처 사업 등을 동시에 활용할 수 있도록 하자는 것이다.

다음으로 주목해야 할 점은 사회적기업의 특성에 따른 지원 정책의 문제는 취약계층의 범위에 관한 이슈와 맞물려 있다는 것이다. 이와 관련하여 취약계층의 범위를 폭넓게 접근할지, 아니면 특정 문제 대상에 초점을 두는 한정된 접근을 할 것인지에 관한 쟁점이 있다. 노동통합의 심대한 문제가 있는 대상으로 한정하자는 주장(김혜원, 2010; 박찬임, 2008)이 있는데, 중증장애인, 출소자, 약물중독자, 노숙인, 탈북자 등으로 제한하는 방안이다. 그들의 주장은 취약계층을 엄밀히 재구성하여 이들을 고용하는 노동통합 사회적기업에게 고용보조금 등을 안정적으로 지원하자는 것이다(김혜원, 2010).

직전에 언급한 주장과 달리 소득 및 노동능력 기준이 아니라 노동시장 내 진입가능성을 기준으로 취약성을 판단하자는 주장(이은애, 2008)도 있다. 이런 주장은 청년 실업자나 경력단절 고학력 주부층의 참여까지 확대하여 접근하자는 방안이며, 현재 인증 사회적기업의 요건과 사회적 일자리 지원 정책은 이러한 주장을 반영하고 있다.[74]

장애인, 장기실업자 등 취업 취약계층의 고용 창출에 기여하는 노동통합 사회적기업이 시장에서 자립하는 것은 매우 어려운 과제이다. 그래서 노동통합 사회적기업을 위해 차별화된 지원 방안이 강구될 필요가 있다. 이런 방향으로 나아갈 경우 앞서 검토한 바대로 취약계층 범위의 문제가 쟁점으로 대두될 것이며, 이를 위한 지원정책을 직접 지원정책 중심으로 설계할지 아니면 간접지원정책에 비중을 둘 것인지에 대한 쟁점도 부각될 것이다. 만일 범정부 차원에서 노동통합 사회적기업을 정책적 육성 대상으로 설정한다는 가정 하에서, 이에 대한 대안은 중앙정부가 고용보조금, 경영인력에 대한

---

74) 현재 사회적기업 인증 요건에서 취약계층에 관한 규정은 저소득층, 장애인, 고령자, 모부자가정, 새터민, 여성가장, 청년실업자, 결혼이주여성, 장기실업자, 출소자 등을 포함하고 있다(노동부·함께일하는재단, 2010).

인건비 지원 등 직접 지원정책을 중심으로 역할을 하고, 지방정부는 판로지원, 우선구매 등 간접지원정책을 중심으로 역할을 맡는 것이 타당할 것으로 판단된다.

셋째, 현재 연계정책인 '사회적 일자리 사업'의 문제이다. 앞서 지적한 바 있듯이, 사회적기업 지원정책에서 '사회적 일자리 사업'의 인건비 지원이 큰 문제로 지적되고 있다(김혜원, 2010; 이영환, 2009 등). 이에 대해 김혜원(2010)은 사회적 일자리 사업의 인건비 지원은 사회적기업이 사업을 확장할 경우나 불확실한 프로젝트를 추진하는 과정에서 위험을 줄여줄 수 있다는 긍정적인 면을 평가하면서도 만일 사회적기업들이 '사회적 일자리 사업'에 대한 의존도가 높을 경우 '과잉 고용의 위험성'과 '급격한 고용 조정의 위험성' 등의 문제가 발생할 수 있음을 지적한 바 있다.

우선, 사회적기업의 과잉 고용의 위험성이다. 직접 인건비 지원은 사회적기업이 사업에 필요한 인원에 비해 과잉된 인력의 고용을 유발할 가능성이 높다. 이로 인해 사회적기업은 4대 보험, 퇴직금, 임금 수준의 향상 등 고용의 질, 의사소통 및 협의 등 생산과정에 소요되는 비용 등을 유지하고 개선하는 데 부담을 안게 될 가능성이 크다. 다음으로 사회적기업의 급격한 고용 조정의 위험성이다. 사회적기업이 충분한 자생력을 확보하지 못한 상태에서 정부의 지원이 감소하거나 중단될 경우 해당 인력을 유지하는 것이 어려워 이들 인력에 대한 고용 계약을 해지할 위험성이 크다. 특히, 시장 환경이 매우 열악한 조건에서 '사회적 일자리 사업'에 의존하여 사회서비스를 제공하는 사회적기업은 고용 감축의 위험성이 매우 크다고 볼 수 있다.

따라서 '사회적 일자리 사업과 연계된 사회적기업 지원정책은 사회적기업이 진입하는 데 기회를 제공하기도 하지만 오히려 그것을 유지, 발전시키는 데는 부작용으로 작용할 가능성이 크다. 이러한 문제의 해결을 위해서는 우선적으로 앞서 언급했던 지원정책 대상의 범위, 기간 등에 관한 쟁점을 종합적으로 다루면서 '사회적 일자리 사업'의 위상을 재설정하는 것이 필요하다. 구체적으로 '사회적 일자리 정책을 계속 인증 사회적 기업으로의 진입 및 유도 정책으로 활용할 것인가에 대한 검토가 필요하다. 그리고 앞서 언급했듯이 사회서비스 제공형 사회적기업에 대해 현행 '사회적 일자리 정책'과

타 부처의 정책(예를 들면, 노인장기요양사업, 보호자 없는 간병사업, 바우처사업 등)을 활용할 수 있게 하는 문제도 있다. 여기서 핵심적 이슈는 '중복 지원'의 문제이다. 이러한 쟁점이 해결되지 않은 상태에서 중앙정부는 2011년에 '사회적 일자리 사업'을 지방정부로 그에 대한 관할권을 이양하고 있는 상황이다. 이런 상황에서 오히려 앞서 지적했던 문제가 더욱 심화될 수 있다.

이상과 같이 현재의 사회적기업 지원정책은 여러 가지 측면에서 보완을 요구받고 있다. 특히, 잠재적 사회적기업의 개발을 위한 정책, 노동통합 사회적기업과 사회서비스 제공 사회적기업을 위한 직접 및 간접 지원정책의 개선 및 확대, '사회적 일자리 사업' 이외에 다양한 연계 정책 등의 개발이라는 과제를 안고 있다. 이러한 정책은 고용노동부 만의 일자리 지원 사업으로는 가능하지 않을 것으로 판단된다. 특히, 중앙정부 차원에서 사회적기업과 관련된 부처 간의 다양한 연계 정책을 설계할 필요가 있다. 물론 이러한 연계정책이 없는 상황에서 지방정부가 독자적으로 그러한 지원정책을 수립하는 것도 필요한 과제이다.

3. 사회적기업 지원 정책은 어떤 개선 과제들이 있는가?

한국에서 사회적기업 정책은 빈곤 및 실업에 대한 대안적 정책으로 발전해왔다. 사회적기업은 다양한 사회적 문제를 해결하는 조직이다. 그래서 정책적으로 고용창출에 만 초점을 두는 것은 사회적기업의 잠재성을 축소할 위험이 있다. 오히려 현재 사회적기업 은 공공서비스, 사회복지서비스 등의 영역에서 사회서비스를 혁신하고, 농촌이나 도시 근린지역에서 지역사회를 재생하며, 해체되어가는 지역공동체를 복원하는 등 혁신적이 고, 역동적인 대안을 만들어가고 있다. 그래서 이런 변화와 흐름을 반영하는 정책으로 전환이 필요하다. 즉, 정부는 고용창출 중심이 아니라(이것이 그 정책 기조를 제외하자는 것은 아니다) 사회서비스의 혁신과 지역사회의 재생이라는 방향으로 정책 패러다임을 전환할 필요가 있다. 여기서 고용창출은 그러한 정책의 결과로 유발될 수 있다.

여기에서는 중앙정부 사회적기업 지원 정책의 과제에 대해서 현장에서 제기하는 목소리를 담아 제시하고자 한다. 지역에서 사회적기업 정책을 수행하는 핵심적인 주체인 지방자치단체장들이 제기하는 정책적 과제를 중심으로 알아보자.75)

첫째, 사회적 경제의 개발 및 사회서비스의 혁신을 위해 다양한 사회정책과 연계하는 육성정책의 수립이 필요하다. 이를 위해서 중앙정부 부처 간의 칸막이를 해소하고, 수요자(사회적기업) 중심의 통합적 지원 정책을 수립해야 한다.

"단순히 사회적기업 육성은 고용노동부에서만 해야 할 일, 마을기업은 행자부에서 해야 하는 일, 아니면 재경부나 지경부에서 하는 일, 이렇게 부처 간 정책이 구분되고 있습니다. 사회적기업은 상당 부분 복지서비스와 관련됨에도 불구하고 보건복지부가 개입할 곳이 없습니다. 사실 이런 정책 간의 분리 현상은 수요자인 사회적기업에게 적합하지 않습니다. 수요자 중심으로 지원이 되는 정책이 필요합니다. 고용노동부가 일자리를 창출해야 된다는 식의 논리에 머물 것이 아니라 여러 사회정책을 통합하면서 사회적 경제를 어떻게 육성할 것인가에 대한 문제로 정책을 전환하는 것이 필요합니다. 그런 노력 속에서 사회적기업이 육성되어야 하고, 그렇게 법과 제도가 만들어져야 합니다." (서울특별시 금천구청장 차성수)

"정부에서 사회적기업을 풀어가는 거 보면 여전히 소관부서 중심으로 정책을 결정하고, 탑다운 방식으로 진행을 하고 있고, 일자리 개수만 따지는 성과지향적인 태도를 보이고 있습니다." (경기도 시흥시장 김윤식)

둘째, 사회적기업을 위한 보호된 시장 등 우호적 환경의 조성과 그를 위한 법률의 정비가 필요하다. 구체적으로 공공기관의 우선구매, 우선위탁에 관한 사항, 공공건물의 임대 등에 관한 사항, 자금 융자 등에 관한 사항 등이 실효성을 갖출 수 있도록 관련 법률을 정비하고 개정해야 한다.

---

75) 여기에 제시된 자료는 2011년 4월 12일에 한겨레신문사가 주최한 '기초자치단체장 초청 간담회'의 내용 중 일부를 발췌한 것이다. 이 간담회에는 서울특별시 금천구청장 차성수, 경기도 남양주시장 이석우, 경기도 부천시장 김만수, 경기도 시흥시장 김윤식 등이 참여하였다.

"사회적기업은 경제성과 공익성 추구의 두 마리 토끼를 잡아야 합니다. 그래서 일반 이윤창출 기업과 경쟁할 수 없습니다. 다 죽습니다. 사회적기업은 자치단체나 정부에서 지원을 하지 않으면 절대로 생존할 수 없습니다. 그래서 (사회적기업을 위한) 보호시장을 만들어야 합니다." (경기도 남양주시장 이석우)

"사회적기업이 제대로 정착되기 위해서 법률적 정비가 필요합니다. 벤처기업육성법, 외국인 촉진투자법 등과 같이 공공건물에 대한 임대요율의 인하나 계약에 있어서 우선적으로 우대하는 조항들을 사회적기업육성법에 담아야 합니다." (경기도 부천시장 김만수)

셋째, 사회적기업을 위한 자본의 조성, 전문 지원 조직의 육성(경영지원, 연구, 교육·훈련 등) 등 다양한 지원 인프라 구축이 필요하다.

"사회적기업이 자리잡기 위해서 재원, 활용가능 자산, 아이템이 있어야 하며, 중앙정부는 사회적기업이 그런 조건들을 갖출 수 있게 지원하는 자본을 조성해야 합니다. 지금과 같은 인건비 지원 방식은 곤란하고, 기금을 형성해서 그 기금을 사회적기업에 투자하거나 융자해주는 시스템으로 가는 것이 옳습니다. 영국의 로또기금과 같이 안정적 재원을 확보해 주는 것이 필요합니다. 일시적이 아니라, 아예 저수지가 잘 형성되는 재원이 있어야 하고 중앙정부가 그걸 해줘야 합니다. 그러나 집행은 중앙정부가 직접 맡는 것보다는 공신력이 있는 민간 조직이 맡는 것이 좋겠습니다. (민간조직이) 중앙정부에서 재원을 받아서 투자자로서의 기능과 동시에 사회적기업가나 사회적기업을 개발하는 방식입니다. 이런 식으로 사회적기업을 지원하는 조직의 육성도 과제입니다." (경기도 부천시장 김만수)

넷째, 사회적기업에 대한 대국민적 공감대를 형성하여 윤리적 소비 운동을 확산시키고, 공무원의 인식 전환을 통해 정책 집행의 실효성을 높이는 것이 필요하다.

"국민이 사회적기업을 바라보는 시선이 아주 많이 낮습니다. 단순히 사회적기업을 취약계층의 일자리 창출, 이런 식으로만 바라보고 있는데, 그게 아니라 이들이 우리사회에서 필요한 서비스 영역을 제공하는 정당한 하나의 기업이고, 이들에 대해서 우호적인 환경을 조성해 주는 공감대 형성이 필요합니다. 공무원들이 사회적기업을 받아들이는 인식도 아직 부족합니다. 일자리 창출이라고만 생각하고 있기 때문에, 복지 관련 부서, 환경 관련 부서는 자기들의 일이 아니라고 생각하고 있습니다. 행정부에서 부처 간 칸막이와 같은 인식의 전환이 되지 않는 한 사회적기업 정책은 일자리 창출 중심에 머물 가능성이 큽니다." (서울특별시 금천구청장 차성수)

이 외에도 사회적기업 지원정책은 민간, 기업, 정부 등 여러 주체들 간의 네트워크 구축, 중앙-지방정부 간의 전달체계 구축, 사회적기업 정책 예산의 확충, 중앙정부 차원의 전담 기구의 설치(예를 들면 사회적기업청), 지방정부의 역할 강화 등 여러 측면에서 보완을 요구받고 있다.

제14장 지방정부는 어떻게 사회적기업을 육성할 것인가?

사회적기업육성법이 시행된 지 4년이 흘렀다. 그동안 사회적기업의 개발 정책은 중앙정부가 주도하면서 추진되었다. 중앙정부는 '인증제도', '경영지원', '대부지원', '전문 인력지원' 등의 정책을 추진해 왔다. 정부가 특히 중점을 두었던 정책은 '인증 사회적기업의 발굴 및 육성'이었고, 2010년 12월 기준으로 501개의 사회적기업이 인증되었다. 2012년까지 1,000개의 인증 사회적기업을 육성하겠다는 정부의 목표치와 비교하면, 아직 섣부르게 판단하기는 이르지만 현재의 규모는 정부 기대치에 못 미치고 있는 실정이다.

2010년부터 사회적기업 개발 정책은 중앙정부에서 지방정부로 중심이 이동되고 있는 중이다. 우선, 중앙정부가 사회적기업 개발을 위한 지방정부의 역할을 강조하고 있고, 2010년부터 예비 사회적기업의 지정과 관련된 업무가 지방정부로 이양되었다. 다음으로 6·2 지방선거에서 많은 후보들이 '사회적기업의 개발'을 공약으로 제시하였고, 현재 많은 지방자치단체장들이 적극적으로 관련된 정책 개발을 추진 중에 있다. 예컨대, 현재 상당수 지방정부들이 사회적기업 관련 부서나 조례를 제정하는 등 행정기반 조성을 위한 정책을 시행하고 있다.

이렇듯 한국에서 사회적기업의 개발은 '지역화'라는 새로운 국면으로 전환되고 있다. 이러한 변화의 방향은 풀뿌리 지역사회에 기반을 둔 사회적기업의 발전이라는 측면에서 긍정적으로 평가될 수 있을 것이다. 그러나 그러한 변화를 이끌 수 있는 지방정부의 준비 정도와 능력에 대해서 많은 현장 사회적기업 실천가들이 우려하고 있다.

우선, 지방정부의 공무원이 사회적기업에 관한 이해가 부족하고, 상당수 지방정부에 사회적기업 업무를 전담하는 담당자가 없다는 점이다. 예컨대, 사회적기업을 담당하는 공무원은 사회적기업을 취약계층을 위한 일자리 지원사업 정도로 인식하고 있다.

무엇보다도 큰 문제는 지방정부의 사회적기업 정책이 상위정부의 정책을 답습하고 있다는 것이다. 예컨대, 사회적기업 관련 조례는 서로 모방하여 대부분이 유사하다. 또한 상당수 지방정부의 지원 정책은 엄밀하게 따져보면, 중앙정부의 사회적일자리사업과 광역지자체의 예비사회적기업 발굴 사업 등을 수행하는 경우가 대부분이다. 물론, 일부 지방정부의 경우는 자체 예산을 배정하여 'OO시·군·형 사회적기업의 발굴 및 육성' 등과 같은 지원 정책을 시행하는 경우도 있다.

지방정부의 사회적기업에 관한 정책의 준비 정도는 매우 미흡한 실정이다. 아직까지 사회적기업이 발전되는 초기단계이고 지방정부의 관련된 경험이 부족하여 겪는 산고의 과정이라고 볼 수 있을 것이다. 그래서 지방정부의 사회적기업 정책을 어떤 내용으로 구성해야 하는지 모색이 필요하다.

이 절에서는 우선, 지역사회 중심 사회적기업의 상을 제시하면서 그와 관련된 해외 사례인 영국 브리스톨 지방정부의 사례를 소개한다. 다음으로 앞서 검토한 내용을 바탕으로 지방정부의 사회적기업 개발에 관한 기본정책 안을 제시한다. 끝으로, 지방정부가 사회적기업 정책을 추진하는 데 예상되는 몇 가지 실천적 쟁점에 대해서 다룬다.

1. 지역중심 사회적기업이란 무엇인가?

정책은 사업이나 프로젝트가 나아가야 할 방향이나 지침을 의미한다. 그래서 정책대상의 개념과 상을 명확히 설정할 필요가 있다. 예컨대, 지방정부가 정책을 수립할 때 핵심 정책대상으로 대부분의 지방정부가 선택하는 방식인 '정부 인증 사회적기업'을 설정할 수 있다. 그렇지 않고 인증 사회적기업을 포괄하면서도 다른 사회적 의의를 추가적으로 부여하면서 정책대상의 범위를 넓힐 수도 있다. 이럴 경우 정책의 목표나 범위도 확장시킬 수 있을 것이다. 또한 지방정부가 중앙정부 정책과 연계하면서도 지역 특성과 지역사회의 필요에 부응하는 독자적인 정책 수립이 바람직할 것이다. 이 글에서는 그런 정책 목적을 달성의 의미를 갖는 '지역사회 중심 사회적기업'을 제안한다.

사회적기업육성법에 따르면, 사회적기업은 '취약계층에게 일자리나 사회서비스 제공을 목적으로 상거래활동을 수행하는 영리 또는 비영리조직이면서 인증받은 기업'이다. 그러나 많은 학자들이나 실천가들이 지적하듯이 현행 정부의 사회적기업에 관한 개념은 '취약계층'과 '인증 사회적기업'에 한정하고 있다. 그래서 좀 더 폭넓은 관점으로 사회적기업을 정의할 필요가 있다. 사회적기업을 '사회적 목적을 최우선적으로 추구하면서, 기업가적 전략을 통해 사회적 비즈니스를 수행하는 조직'이며, 시민사회 차원의 다양한 사회운동적 노력으로 보는 것이다(김성기, 2009). 이럴 경우 사회적기업의 범위는 정부 제도에 진입한 것뿐만 아니라 시민사회 차원에서 다양한 기원과 형태를 갖는 것도 포함할 수 있다. 구체적으로 정부 인증 사회적기업을 포함하여 자활공동체, 장애인직업재활시설, 시민단체의 일자리 사업단, 시민참여형 협동조합 등도 사회적기업의 범주에 해당된다(김성기, 2010). 또한 지역사회 실천의 핵심 주체도 기존 사회적기업 주체들뿐만 아니라 다양한 민간운동까지 포함할 수 있을 것이다. 예컨대, 서울 마포 성미산 지역의 커뮤니티 카페(작은나무), 재활용 상점(되살림 가게), 먹거리 상점(동네부엌) 등은 '인증 사회적기업'은 아니지만, 지역사회의 주민의 필요에 의해서 만들어진 시민주도 사회적기업이다. 이러한 유형의 사회적기업이 이미 여러 지역의 풀뿌리에서 태동해왔고, 지금도 점점 성장하고 있는 중이다.

현재 사회적기업은 발전 초기 단계다. 그래서 실천적으로 지방정부가 어떤 사회적기업을 개발할 것인지 타겟(target)을 설정하는 것이 중요할 것이다. 여기서 '지역사회 중심 사회적기업'을 개발하는 것을 제안하고자 한다. 이것은 다음과 같은 의미를 갖고 있다.

우선, 지역사회 중심 사회적기업은 사회적기업의 목적과 전적으로 부합한다. 사회적기업의 목적은 노동통합, 사회서비스 제공, 낙후된 지역사회 개발 등 커뮤니티(community) 이익에 복무하는 것이다. 여기서 커뮤니티는 지리적 지역사회이자 그 안의 공동체(지역주민)를 의미한다. 이러한 커뮤니티의 사회적 필요를 해결하는 것이 사회적기업의 목적이다.

그러므로 사회적기업은 자신의 사회적 가치 구현을 위해서 지역사회에 기반을 두는 것이 바람직하다.

다음으로 사회적기업이 활동하는 지리적 위치가 바로 풀뿌리 지역사회이기 때문에 지역사회 중심 전략은 중요하다. 물론 이러한 주장이 모든 사회적기업은 지역사회형이어야 한다는 주장은 아니다. 전국단위로 활동하는 사회적기업인 '아름다운 가게', '교보다솜이' 등이 있고, 그들의 활동성은 대단한 것으로 알려져 있다. 그러나 이러한 사례들은 지역사회에서 보편적으로 개발할 수 있는 모델은 아니라고 판단된다. 오히려 지역사회에 기반을 두고 있는 자활공동체나 장애인 직업재활시설 등에서 혁신적으로 개발된 사회적기업이 한국에서는 보편적인 모델이다. 이러한 측면에서 사회적기업의 발전 방안은 지역사회와 주민의 역량에 기반을 둘 때 좀 더 풍성해질 수 있을 것이다.

요약하면 지역사회 중심 사회적기업은 고용창출, 사회서비스 제공, 지역공동체의 복원 등 커뮤니티 이익에 복무하는 것을 최우선적으로 두고 풀뿌리 지역사회와 주민 참여에 기반을 둔 사회적기업이다.

2. 해외의 지방정부는 어떻게 사회적기업을 개발하고 있는가?
: 영국 브리스톨시의 사례와 시사점[76]

1) 브리스톨 사회적기업의 발전과정

브리스톨시(Bristol City Council)의 인구는 41만여 명(2006년 추산)으로 런던 서쪽 약 180km에 위치하고 있으며, 브리스톨 해협에서 에이번 강을 약 13km 올라간 지점에 도시가 형성되어 있다.

브리스톨 지역은 다문화 사회이며 산업침체로 인해 상당히 빈곤하고 낙후된 지역이

---

76) 이 부분은 성공회대학교 사회적기업연구센터에서 2008년에 발간한 '영국 브리스톨 사회적기업 연수보고서'
    의 일부 내용을 재구성한 것이다.

많다. 특히 사회적기업은 낙후된 지역을 배경으로 활동하는 경우가 많다. 예컨대 세인트 폴(St Paul)과 이스턴(Easton)을 포함하는 이너시티(inner city) 지역은 주민의 상당수가 이주민으로 구성되어 있다. 이 지역에서 사회적기업인 씨드(CEED)는 흑인과 소수인종을 위한 고용 창출 및 일자리 제공 사업을 하고 있다. 또한 하트클리프(Hartcliffe)와 위디우드(Withywood) 지역은 과거 담배공장이 번창한 곳이었으나 공장이 문을 닫은 이후 지역 경제가 급속하게 쇠퇴하였고, 성인 5명 중 3명 정도가 실업자일 정도로 실업률이 높은 매우 낙후된 지역들이다. 이 지역에서 사회적기업 '하트클리프 앤 위디우드 벤처(Hartcliffe & Withywood Venture)'는 지역 재생 및 지역 경제 활성화를 위한 다양한 활동을 펼치고 있다.

2006년 기준으로 영국의 사회적기업의 규모는 대략 55,000개[77]로 알려져 있다. 영국 사회적기업 실태조사 자료[78]에 의하면, 브리스톨이 있는 남서권역에는 영국 사회적기업의 12%가 분포하고 있는 것으로 보고되었다. 또한 브리스톨시에 따르면(2008년 현황), 브리스톨의 사회적 경제 부문의 총 매출액은 연간 2억 2,300만 파운드이며, 전체 브리스톨 GDP의 4.3%를 차지하고 있는 것으로 보고되었다. 또한 1,000개 이상의 사회적기업과 사회적 경제 조직이 활동하고 있으며, 여기에 9,000명 이상의 노동자가 고용되어 있고 21,600명의 자원 활동가들이 참여하고 있는 것으로 보고되었다.

브리스톨 지역에서 사회적기업은 도시경제의 중요한 역할을 하며, 지금도 번창하고 발전하고 있는 중이다. 이 지역에는 다양한 유형의 사회적기업이 있다. 구체적으로 지역재생 및 개발과 관련된 커뮤니티 비즈니스(community business)형, 협동조합(co-operatives)형, 옥스팜과 같은 자선조직 부문에서 상거래 활동을 하는 사회적 비즈니스(social business)형, 주거, 재산관리, 스포츠, 교통, 문화, 여가, 먹거리, 케어(care) 등 사회적 서비스(social service) 제공형, 제조업형, 재활용형 등 다양한 형태의 사회적기

---

77) *Social Enterprise Action Plan* (2006).

78) IFF Research(2005)의 *"A Survey of Social Enterprise across the UK"*라는 보고서다. 이 연구는 유한회사법(Company Limited by Guarantee Act)과 산업공제조합법(Industrial and Provident Societies Act)에 의해 등록된 사회적기업을 대상으로 조사한 것으로 총 모집단의 수는 37,000개이다.

업이 있다.

브리스톨 지역의 사회적기업은 대도시(런던)에 비해 방대한 규모는 아니지만, 지방의 중소도시들과 비교하면 상당히 활성화되어 있는 지역이기도 하다. 예컨대, 브리스톨 지역에는 영국 재활용 분야의 대표적 사회적기업의 연대조직인 'CRN(Community Recycling Network)'이 있다. CRN은 200개가 넘는 재활용 분야 사회적기업의 전국조직이며, 주로 가정이나 거리 쓰레기를 수거하면서 수익을 창출하고 있다. 고용창출 규모는 5,000명 정도이다.

이상에서 살펴본 바와 같이 브리스톨 지역의 사회적기업은 지역 경제에 상당히 기여하는 부문으로 성장하고 있으며, 취약계층의 일자리 창출, 낙후된 지역개발, 공공서비스 전달 등 지역사회복지 증진 및 경제활성화에 기여하고 있다. 사회적기업을 지원하려고 지방정부뿐만 아니라 금융 부문, 상업 및 경제 부문, 자원섹터, 사회운동 조직 등 다양한 주체들이 참여하고 있다.

2) 브리스톨 지방정부의 사회적기업 개발 정책과 시사점

브리스톨 지방정부의 막중한 현안은 이주민, 낙후된 지역 개발, 실업, 공공서비스 등의 문제를 해결하는 것이다. 이러한 문제를 지방정부는 사회적기업의 활성화를 통해 해결하고자 한다. 이는 블레어 정부 이후 등장한 중앙정부의 지역재생전략 및 사회적기업 개발 정책과 맥을 같이하는 것이다. 지방정부는 사회적기업 활성화를 위해 전담부서 설치, 인프라 구축 사업, 역량 지원 사업, 연계협력 사업, 재정지원 등 다양한 지원 정책을 펼치고 있다.

브리스톨 지방정부의 사회적기업 담당자인 테드(Ted)에 따르면, 네 가지 정책이 강조되고 있다. 그것은 ① 지역사회 역량 강화 정책, ② 공공서비스에 대한 구매자 역할 수행, ③ 사회적기업 육성을 위한 인프라 지원 정책 ④ 지역사회 민간 파트너십 구축 정책 등이다.

지역사회 역량 강화 정책

블레어 정부 등장 이후 영국에서는 경제적, 사회적 빈곤 및 불평등과 같은 지역 문제 해결을 위해 지역재생 정책(Neighborhood Regeneration)이 강조되어 왔다. 이 정책의 목표는 사회적기업과의 연계를 통해 지역사회 역량을 강화하고 이를 기반으로 낙후된 지역의 재생과 경제개발을 하는 것이다.

지역사회 역량 강화는 직업훈련을 통해 지역주민의 기능을 향상시켜 그들이 노동시장에 진입할 수 있는 능력을 갖추게 하고, 이를 기반으로 일자리를 창출하는 전략이다. 이러한 전략의 핵심적 수행체가 바로 사회적기업이다. 일례로 하트클리프와 위디우드 지역에 있는 게이트하우스 센터(Gatehouse center)[79]에는 유아원, 훈련센터, 회의실, 카페, 교육실 등이 마련되어 있다. 이곳에서는 청년과 성인들을 위한 고용훈련 프로그램을 실시하여 일자리를 창출하고, 아동 케어 센터를 통해 아동 돌봄이 커뮤니티 내에서 이루어지고 있다. 센터 내 활동을 통해 지역주민들은 단계별 훈련과 자격을 획득하여 고용이 되거나 직접 교사로 투입되기도 한다. 지방정부는 고용, 복지, 지역재생 등 다양한 정책을 활용하여 낙후된 지역에서 사회적기업이 육성될 수 있도록 지원하고 있다.

공공서비스에 대한 구매자 역할 수행

지방정부는 문화, 환경, 복지 등의 공공서비스에 대한 구매자 역할을 수행한다. 사회적기업은 지방정부로부터 자신들이 제공가능한 공공서비스를 위탁 또는 계약을 통해 확보한다. 사회적 케어(Social Care) 분야는 사회적기업과 관련된 아주 커다란 영역으로 성장하고 있는 추세다. 예를 들어 과거 공공영역에서 병원이나 요양원을 전담 운영해 왔다면 이제는 사회적기업이 운영하는 것이 일상화되고 있다. 사회적기업은 사회적

---

79) 정식 명칭은 앞서 언급했던 'Hartcliffe & Withywood Venture(HWV)'이다. 게이트하우스 센터는 한국의 주민자치센터와 비슷한 규모의 시설이다.

케어 분야에서 서비스 제공자 역할을 하고, 공공부문의 서비스 기회를 사회적기업에게 제공하는 형태로 정책 메커니즘이 작동한다. 구체적으로 이와 관련된 서비스 분야는 정신 장애인 일상생활지원서비스, 재가복지서비스 등이다. 특히 브리스톨 지역은 돌봄 영역이나 문화, 환경 분야에서 사회적기업의 활동이 더 강한 특징을 보인다고 한다.

최근 지방정부는 서비스 부문을 개혁하는 데 사회적기업을 활용하는 방안을 강조하고 있다. 그러나 이것이 어떠한 형태로 나아갈 것인지 조금 더 지켜보아야 하는 상황이다. 기존 부문과의 관계와 역할 조정이 쉽게 결론 내릴 수 있는 상황이 아니기 때문이다. 예컨대 이와 관련된 핵심 부문은 국가의료서비스인 NHS(National Health Service)라고 할 수 있는데 정부의 서비스 전담 책임을 일부 사회적기업 영역으로 이전할 것인지, 아니면 이전과 같이 국가의료서비스 지원체계를 유지해나갈 것인지가 쟁점이다.[80]

사회적기업성을 위한 시설 및 공간 지원 정책

브리스톨 지방정부는 사회적기업이 공공건물을 사용할 수 있도록 지원한다. 지방정부는 고정자산을 커뮤니티가 소유하고 관리하는 것이 지역사회를 위한 장기적인 편익을 제공할 수 있는 기반이 되고, 또 사회적기업을 통해 경제적으로 활용하는 잠재력을 가질 수 있다고 보고 있다. 예컨대 브리스톨 지방정부는 위다우드 지역에서 커뮤니티 개발 트러스트가 커뮤니티 센터를 운영할 수 있도록 이전에 있던 청소년 센터 건물을 제공하기도 하고, 하트클리프 지역에서 게이트하우스 센터가 설립될 수 있도록 지원하기도 한다.

사회적기업 지원을 위한 민관 공동 협력체 구축 사업: SEBDP(Social Economic Bristol Development Project)

---

80) 이 점에 관한 쟁점은 본 글에서 다루지 않지만, 향후 영국에서 의료서비스 분야의 쟁점은 사회적기업과관련해서도 중요한 지점이라는 점은 기억할 필요가 있을 것이다.

브리스톨 지방정부는 지역의 취약하고 낙후된 지역 개발 및 재건을 위하여 '사회적 경제 개발 브리스톨 프로젝트(이하 SEBDP)'를 2001년에 발표하였다. 이 프로젝트는 흑인, 이주민, 장애인, 여성, 아프리카, 캐리비안, 아시아 지역 이주민 등 사회적 소수자와 약자를 대상으로 사회통합을 목적으로 추진이 되었다. 또한 이 프로젝트에는 경제, 환경, 주택 등 여러 분야가 관련되어 있고, 정부 내에서도 여러 부서가 참여하고 있다.

SEBDP는 브리스톨 지역의 사회적기업을 지원하고 조정하는 역할을 한다. 최고 운영핵심기관은 브리스톨 지방정부이며, 관련된 주요 지역 및 전략적 단체, 공공 부분 및 사회경제 단체들이 참여한다. 또한 남서부지역 차원에서도 사회적 경제가 구축될 수 있도록 지원하고 있다. 구체적으로 SEBDP는 사회적기업가 훈련 프로그램 개발, 사회적기업 사업 기금 조성, 기업 관련 기관과의 연계 협력 사업, 광역 및 국가사업 유치 활동 등을 수행하고 있다. 2001년 보고서에 따르면, 브리스톨 사회적 경제 부문의 고용률을 5%까지 증가시키는 목표를 설정한 바 있고, 현재 그러한 목표를 거의 달성하였다.

SEBDP는 브리스톨에서 사회적기업 지원을 위한 핵심 정책 프로그램이라고 할 수 있으며, 지역의 사회적 경제 분야의 고용을 증대시키고, 나아가 기금 조성과 서비스 개발을 통해 경쟁력과 효과성을 높이기 위한 지원 활동을 장려하고 있다.

3. 지방정부가 사회적기업을 개발하는 데 어떤 정책들이 필요한가?

지금까지 영국 브리스톨 지방정부의 정책 사례를 살펴보고, 시사점을 검토하였다. 이를 바탕으로 지방정부의 사회적기업 개발을 위한 기본적인 정책들에 대해 알아보도록 하자.

1) 지방정부의 사회적기업 개발을 위한 기본정책의 틀

지방정부가 지역중심형 사회적기업을 발굴 및 육성하기 위해서는 행정, 전달체계, 조례, 자금 지원 등 다양한 정책이 필요하다. <표 14-1>은 지방정부의 사회적기업 개발에 관한 기본정책인데, 행정기반 조성, 인프라 구축 및 인재개발, 직접 개발 지원사업 등 세 개의 영역으로 구분하고 관련된 세부 정책 내용을 제시한 것이다.

〈표 14-1〉 지방정부의 사회적기업 개발 정책의 영역

정책 영역	행정기반 조성사업	인프라 구축 및 인재개발사업	사회적기업 직접 개발 지원사업	
세부 정책	행정부서 설치	사회적기업가 육성		중앙정부 일자리 창출 사업 연계형
	정책계획의 수립	지원조직 개발	지방정부 자원 연계형	신규 위탁사업 연계형 개발
	법적 근거 마련	민·관 파트너십 구축		사회서비스 연계형 개발
	지방정부 간 네트워크 구축	사회적 자본의 조성		기획형 사업 개발

2) 영역별 사회적기업 개발 정책

행정기반 조성사업

▪ 사회적기업 전담 부서의 설치

필요성 및 목표: 지방정부에서 사회적기업을 전담하는 부서이며, 지원 정책의 수립과 관련 부처와의 협의 및 조정을 주로 한다. 또한, 사회적기업 개발 정책의 이행과 목표를 총괄하며 관리한다.

추진방법(부서의 위치): 기존 일자리지원이나 복지부서 등의 산하 배치하는 것이 아니라 기초지자체 총괄 부서 산하에 배치하도록 한다(예: 지방자치단체장 직속의 사회적기업 추진단).

〈표 14-2〉 지방정부의 행정기반 조성사업

정책 영역	세부내용
행정부서 설치	• 사회적기업 전담 부서의 설치
정책계획의 수립	• 사회적기업 5개년 개발 계획의 수립
법적 근거 마련	• 사회적기업 관련 조례의 제정
지방정부 간 네트워크 구축	• oo권역 사회적기업 개발 지자체 파트너십

■ 사회적기업 5개년 발전 계획(2011년~2015년)의 수립

필요성 및 목표: 사회적기업의 체계적 개발을 위해서는 종합적인 계획이 필요하다. 지역사회의 사회적기업에 관한 실태조사, 자원조사 등의 매핑(mapping)연구를 바탕으로 하여 사회적기업 개발을 위한 중단기 로드맵(road map)을 수립한다.

추진방법: - 사회적기업 전담 부서가 수립하는 추진

　　　　　 - 지방정부가 사회적기업 관련 정책위원회를 구성하여 추진

　　　　　 - 전문 연구기관의 연구용역을 통해 추진하는 방법

■ 사회적기업 관련 조례의 제정(혹은 개정)

필요성 및 목표: 사회적기업육성법에 의거하되, 지방정부의 사회적기업 발전계획안을 지원하는 내용을 조례에 반영한다. 또한, 지역 특성을 반영한 사회적기업 관련 조례의 제정을 목표로 한다.

추진방법: - 지자체장이 발의하는 방법: 집행부 발의(현재 대부분 이 방식이다)

　　　　　 - 지방의회가 발의하는 방법

　　　　　 - 시민 참여로 발의하는 방법

■ 사회적기업 개발 자자체 파트너십의 구성

필요성 및 목표: 이것은 사회적기업 지원을 위한 지방정부 간 협의체이다. 사회적기업은 경제활동을 하기 때문에 그 활동의 범위는 해당 지자체의 지리적 범위를 넘어서는

경우가 많다. 그래서 인근 지자체와 공동으로 사회적기업의 개발 및 지원에 관한 방안을 모색할 필요가 있다. 이럴 경우 특정 정책사업을 수행하는데 예산을 공동으로 마련하는 효과도 발휘할 수 있다.

- 00권 사회적기업 개발 지자체 파트너십: 예컨대, 경기북동권 사회적기업 개발 지자체 파트너십(남양주시, 의정부시, 구리시, 양주시, 양평군 등)
- 공동 사회적기업 단지 또는 클러스터의 조성 등

추진방법: - 사회적기업 전담 부서에서 관할하여 추진하는 방법
        - 사회적기업 지원센터에서 추진하는 방법

인프라 구축 및 인재개발 사업

■ 사회적기업가 육성 사업

필요성 및 목표: 지역사회에서 사회적기업 개발을 확대하기 위해서는 혁신적 사회적기업가가 충분히 존재해야 한다. 현재 지역사회에 사회적기업가는 그리 많지 않다. 그래서 지방정부는 사회적기업가를 양성하면서 동시에 사회적기업을 개발해야 한다. 일반 시민, 사회적기업 경영자, 청년 등 다양한 계층의 사회적기업가를 육성할 수 있는 프로그램을 시행한다.

- 사회적기업 경영자 과정: 기존 사회적기업의 경영 역량 개발을 위한 과정, 년 1회 6개월 과정으로 운영한다(예: 서울 금천구의 사회적기업가 학교).
- 시민 사회적기업가 학교: 주민, 은퇴자, 실업자, 창업자, 공무원 등을 위한

〈표 14-3〉 지방정부의 인프라 구축 및 인재개발사업

정책 영역	세부내용
사회적기업가 육성	• 사회적기업가 학교: 공무원, 시민, 청년 등
지원조직 개발	• 사회적기업 지원 센터의 설립
민·관 파트너십	• 지역 사회적기업 민·관 협의체
사회적 자본의 조성	• 커뮤니티 육성 재단의 설립

단기 사회적기업가 육성 과정, 년 2회 3개월 과정으로 운영한다. 이러한 교육과 동시에 실제 사회적기업으로 취업 또는 창업과 연결될 수 있는 프로그램을 마련한다.

추진방법: - 지방정부가 자체 추진하는 방법
- 사회적기업 전문 연구기관이나 컨설팅 기관과 연계하여 추진하는 방법
- 사회적기업 지원센터를 설립하여 추진하는 방법

■ 사회적기업 지원센터의 설립

필요성 및 목표: 지속가능한 사회적기업의 개발을 위해서는 경영 지원, 판로개척, 컨설팅 등 다양한 지원이 필요하다. 이를 위해서 전문적인 사회적기업 지원 센터가 필요하다. 사회적기업 지원센터는 시민사회에 위치하면서 지방정부와 시민사회의 가교 역할을 하면서 현장 사회적기업의 발전을 지원하는 역할을 수행한다.

- 사회적기업 컨설팅: 설립, 경영, 마케팅 등
- 사회적기업가 교육 및 교류: 사회적기업가 학교, 사회적기업가 포럼 등
- 지역사회 네트워크 구축: 지역사회 사회적기업 협의회 지원, 사회적기업 민
  ·관 파트너십 운영, 사회적기업 지자체 파트너십의 구축 등
- 정책 제안 및 개발
- 사회적기업 직접 개발: 모델개발 사업, 인큐베이팅 사업 등

추진방법

- 지방정부가 민간위탁 방식으로 설립하는 방식: 전북 완주군-희망제작소의 파트너쉽을 통해 설립된 '커뮤니티 비즈니스 센터'
- 시민사회 주체의 법인으로 설립하는 방식: 예) 브리스톨의 SEW(Social Enterprise Works): 여기서 지방정부는 컨설팅, 교육 등에 관한 프로젝트 방식으로 센터 활동을 지원
- 지방정부와 대학이 산학협력 방식으로 센터를 설립하는 방식: 예) 경기도 부천시와 유한대학의 사례

- 사회적기업 민·관 협의체의 설립

  필요성 및 목표: 사회적기업은 정부, 시장, 시민사회 등 다양한 영역에서 자원을 동원하여 지속가능성을 획득해야 한다. 이를 위해 지역사회에서 제 영역 간의 연계와 협력이 동반되어야 할 것이다. 이 역할을 수행하는 것이 지역사회의 사회적기업 '민·관 협의체(이하 협의체)'이다. 협의체는 지역사회복지협의체처럼 지방정부 안에 공식적인 전달체계로 위상을 부여할 수도 있고, 임의조직 형태로 존재할 수도 있을 것이다.

  - 지방정부의 사회적기업 개발 계획의 심의·의결
  - 사회적기업의 영업활동 지원: 공동구매, 판로개척, 신규 비즈니스 개발 등
  - 사회적기업을 위한 자본의 조성 등

- 사회적 자본의 조성(커뮤니티 기업 육성 재단의 설립)

  필요성 및 목표: 사회적기업이 겪는 중대한 어려움 중에 하나는 취약한 자본력인데 현재 사회적기업이 활용할 수 있는 정책융자자금은 중앙정부의 사회적기업 대부지원사업이나 중소기업을 위한 자금지원사업 등이 있다. 그러나 중앙정부의 대부지원사업은 소규모 사회적기업이 활용하는데 제한이 많은 편이다. 또한, 중소기업지원 자금은 주로 주식회사의 법적 지위로 가진 사회적기업만이 이용 가능하다. 그래서 자금확보와 관련하여 풀뿌리 사회적기업이 활용할 수 있는 선택의 폭은 그리 넓지 않다. 지방정부는 이러한 공백을 메울 필요가 있으며 사회적기업을 위한 사회적 자본의 조성을 모색할 필요가 있다.

  - 사회적기업의 설립이나 확장 자금 지원
  - 사회적기업 개발 프로젝트의 지원
  - 사회적기업가 육성을 위한 지원

  추진방법

  - 2~3개의 자자체가 공동으로 협력하여 재단을 설립
  - 시민참여에 의한 기금 조성 운동 결합

- 사회적기업 민·관 협의체의 핵심 사업으로 설정하여 추진

사회적기업 직접 개발 지원 사업

- 중앙정부 일자리 창출 사업 연계형 사회적기업의 개발

이 방법은 현재 지방정부가 채택하고 있는 가장 일반적인 사회적기업 개발 사업이다. 주로 노동부 사회적일자리 사업을 활용하여 예비 사회적기업으로 육성하는 방식이다. 이때 '예비 사회적기업'은 3년 동안 한시적으로 일자리 참여자에 대한 인건비를 지원받는다. 그러나 한시적 인건비 지원 방식으로 지방정부가 사회적기업의 개발 정책을 직접 시행하는 것은 '지속가능하지 않은 사회적기업'의 양산이라는 문제로 결과할 수 있다. 왜냐하면 지방정부의 인건비 지원은 준비되지 않은 잠재적 사회적기업의 유인효과를 발생할 수 있기 때문이다. 이럴 경우 자체 경영 능력이 취약한 사회적기업은 자신의 경영 능력을 넘어서는 인력을 운영하게 되며, 3년이라는 지원기간 안에 판로개척에 성공하지 못할 경우 지속가능하기 힘들다.

따라서 지방정부가 중앙정부 일자리 창출 사업을 연계하여 사회적기업을 개발하려고 할 경우 추가적인 지원 프로그램이 필요하다. 예컨대 지방정부가 사회적일자리 창출 사업에 참여하는 사회적기업에 대해 경영 인력을 지원하는 보완책을 실행할 수 있을 것이다.

- 지방정부의 자원 연계형 사회적기업의 개발

지방정부가 사회적기업을 개발할 때 유념할 점은 단기적인 성과주의에 급급해서는 안 된다는 것이다. 단순히 일자리의 양을 늘리는 전략으로 지속가능한 사회적기업을 개발하기는 힘들다. 사회적기업으로 개발할 수 있는 지역사회의 필요나 문제에 관한 진단이 우선적으로 이루어져야 한다. 그 다음으로 그와 관련된 프로젝트를 계획하고, 그 프로젝트가 성공할 수 있도록 사회적기업에게 안정적인 공공자원을 지원해야 한다. 이와 같은 방식으로 지방정부의 자원을 활용하면서 사회적기업을 개발하는 방식으로 다음 세 가지를 검토할 수 있다

<표 14-4> 지방정부의 사회적기업 직접 개발 사업

정책 영역		세부내용
중앙정부 일자리 창출 사업 연계 개발		· 사회적일자리 사업, 농촌공동체 회사 지원 사업 등
지방정부 자원 개발형	신규 위탁사업 연계 개발	· 지방정부의 청소, 환경, 재활용, 복지기관 등의 신규 위탁사업 시행할 때 위탁사업권을 사회적기업에게 제공
	사회서비스 연계 개발	· 복지, 문화, 교육 등의 사회서비스 사업을 시행할 때 사회적기업으로 서비스 공급체 개발
	기획형 사업 개발	· 기업 - 시민사회 - 지방정부가 협력하여 대규모 기획형 사회적기업 개발 - 교보다솜이 사례

- 신규 위탁사업 연계형 사회적기업의 개발

  지방정부는 청소, 환경, 재활용 등의 공공서비스를 주로 민간 영리업체에게 위탁하여 공급하는 경우가 많다. 또한, 국·공립 어린이집, 지역사회종합복지관 등은 비영리법인에게 위탁하고 있다. 이러한 영역에서 신규 위탁 사업체 수요가 발생할 경우 지방정부는 위탁사업권을 사회적기업에게 부여할 수 있을 것이다.

- 사회서비스 연계형 사회적기업의 개발

  최근 문화바우처사업, 복지바우처사업 등 이용자에게 선택권을 부여하는 사회복지서비스가 확장되고 있다. 이것은 복지서비스 이용자가 소비자가 되는 것을 의미하고 이와 관련된 서비스공급체가 필요하게 된다. 그러나 현재 이러한 수요에 비해 사회적 목적을 갖는 공급체의 규모는 취약하다. 이러한 상황에서 영리업체가 복지서비스를 공급하는 비중이 커지고 있다. 그래서 커뮤니티 이익에 복무하는 사회서비스 공급체를 사회적기업으로 개발할 필요가 있다. 지방정부가 조례를 통해 관련 사회적기업에 관한 지원 규정 등을 마련하면서 육성 정책을 시행할 필요가 있다.

- 기획형 사회적기업의 개발

지방정부는 기업, 시민사회와 파트너십을 형성하여 대규모 기획형 사회적기업을 개발할 수도 있다. 예컨대, 인증 사회적기업 1호인 '교보다솜이'는 교보생명, 함께일하는재단, 고용노동부 등이 협력하여 설립되었는데 간병사 사회적기업의 성공적 모델로 평가받고 있다.

4. 지방정부는 어떤 쟁점들을 고려하면서 사회적기업의 개발 정책을 추진해야 하는가?

지금까지 지방정부의 지역중심 사회적기업 개발에 관한 정책을 제시하였다. 앞서 언급한 정책은 실천과정에서 지방정부의 상황에 따라 다양한 양상으로 나타날 수 있다. 그래서 지방정부가 어떤 관점과 방향으로 정책을 설계하고, 실천할 것인지가 중요한 문제로 대두될 수 있다. 이와 관련하여 지방정부는 다음과 같은 쟁점에 대한 입장을 정립할 필요가 있다.

첫째, 지방정부는 행정주도의 정책 집행을 할 것인지 시민사회의 역량 개발에 초점을 둔 정책 집행을 둘 것인지 명확히 할 필요가 있다. 지방정부가 사회적기업을 개발할 때 직면하는 가장 큰 문제 중 하나는 사회적기업 개발을 위한 시민사회 역량이 매우 취약하다는 점이다. 이런 상황에서 지방정부가 적극적인 역할을 수행하는 것은 바람직하고 권장되어야 한다. 그런데 문제는 지방정부가 직접 모든 사업을 관할하고 시민사회는 동원의 대상이 되는 것이다. 이 점을 지방정부는 지양할 필요가 있다.

사회적기업을 실제 경영할 주체는 행정부서의 공무원이 아니라 사회적기업가들과 지역사회 주민이다. 사회적기업의 지속가능성은 1년에서 2년 정도의 단기간에 획득될 수 있는 것이 아니다. 지방정부는 긴 호흡으로 사회적기업의 역량을 개발하는 데 지원자 역할을 하는 것이 바람직하다. 따라서 지방정부는 사회적기업 개발과 관련된 우호적 환경 조성(공공서비스 구매, 공공서비스 위탁 등), 사회적기업지원센터 등의 인프라 구축, 민민, 민관, 지자체 간 네트워크 구축 등 시민사회 역량 강화를 위한 적극적 지원자 역할을 하는 것이 바람직할 것이다.

둘째, 지방정부가 사회적기업을 지원하는 조례를 제정하는 데 위임조례를 제정할 것인지 필요조례를 제정할 것인지 그 성격을 시민사회 주체들과 합의할 필요가 있다. 최근 대부분의 지방정부가 제정하는 조례의 성격은 '사회적기업육성법'에 따른 위임조례이다. 이럴 경우 인증 사회적기업이나 예비 사회적기업의 육성이 핵심적인 정책 대상으로 설정되게 된다. 그러나 앞서 지역중심 사회적기업의 의미에 대해 언급했듯이 지역사회 필요와 문제를 해결하는 대안적 주체로서 사회적기업의 위상을 설정할 필요가 있다. 이러면 사회적기업의 범위와 위상은 좀 더 폭넓고 다양한 차원으로 설정될 수 있을 것이다. 사회적기업과 관련된 조례도 이러한 의미를 살릴 수 있도록 제정될 필요가 있다. 단순히 상위정부의 계획을 반영하는 조례가 아니라 자체 수립된 종합계획을 지원하는 조례를 제정할 필요가 있는 것이다. 따라서 지방정부가 지역사회의 필요와 지역특성을 반영하는 법적 지원 장치로서 사회적기업 관련 조례를 제정하는 것이 바람직하다.

셋째, 지방정부가 사회적기업 정책을 추진하는 데 있어 최종 목표는 지속가능한 사회적기업의 개발 및 육성일 것이다. 여기서 고려할 점은 어떤 목적의 사회적기업을 개발할 것인가이다. 일자리 창출 목적의 사회적기업을 개발할 것인지 사회서비스 혁신을 목적으로 사회적기업을 개발할 것이지 그 목표를 명확히 할 필요가 있다. 이에 따른 지방정부의 정책은 판이하게 달라질 수 있다. 우선, 전자에 주된 목적을 두는 지방정부는 중앙정부의 일자리 지원 사업을 주로 활용하여 사회적기업을 직접 개발할 가능성이 크다. 그러나 이러한 선택은 앞서 언급했듯이 한시적 일자리 지원에 의존하는 사회적기업을 양산할 가능성이 크다. 다음으로 후자에 둘 경우 지방정부는 사회적기업의 자원동원을 지원하기 위한 다양한 개발 방안을 마련해야 한다. 특히 지방정부의 관할 하에 있는 사회서비스, 조달사업, 위탁사업 등의 공공자원에 관한 적극적인 지원이 동반되어야 할 것이다.

지방정부의 사회적기업에 대한 재정지원 방식은 중앙정부처럼 사회적기업에게 인건비를 활용하게 하는 정책보다는 프로젝트 개발을 목적으로 한 포괄지원 방식이 적합할 것이다. 예컨대, 아쇼카재단(Ashoka Foundation)처럼 사회적기업가가 해결하고자 하는 프로젝트에 대해 기금을 지원하는 방식이 고려될 필요가 있다.

이상과 같이 지방정부가 사회적기업 개발 정책을 집행하는 데 고려해야 할 세 가지 쟁점에 대해서 다루었다. 이 밖에도 여러 쟁점이 있을 것이다. 중요한 것은 지방정부가 시민사회의 역량 개발에 초점을 두는 것이다. 그래야만 지속가능한 지역중심 사회적기업의 발전을 이룰 수 있을 것이다.

지방정부의 사회적기업 개발을 위한 노력들

■ 사회적기업지원 센터를 설립한 사례

· 경기도 남양주시

- 경기도에서 최초로 2010년에 '남양주시 사회적기업지원센터'를 설립하여 사회적기업의 개발 및 육성을 지원하고 있다.
- 이 센터는 '남양주시 사회적기업 네트워크'에 위탁하여 운영되고 있으며, 시는 상근 인력에 대한 지원과 경영지원, 교육 프로그램의 운영 등과 관련된 사업비도 지원하고 있다.

· 경기도 부천시

- 유한대학교와 관학 협력 방식(민관위탁사업 성격)으로 '부천시 사회적기업지원센터'를 2011년에 설립하였다.
- 부천시도 남양주시처럼 사회적기업지원센터에 운영과 관련된 인건비, 사회적기업의 지원과 관련된 사업비 등을 지원하고 있다.

· 서울시 금천구

- 서울시에서 최초로 2011년에 사회적기업지원센터를 설립하였다.
- 남양주시와 부천시와 다르게 '금천구 사회적기업지원센터'는 구의 부설 기관 형태로 설립되었다.
- 타 지역의 센터와 다르게 금천구의 민간 사회적기업가들의 참여가 두드러진다. 이러한 배경에는 2011년에 태동한 '금천구 사회적기업가 네트워크'가 있기 때문이다.

■ 사회적기업가를 위한 교육·훈련 사업을 하는 사례

· 서울시 금천구

- 전국에서 최초로 2010년에 지자체 단독으로 '사회적기업가 학교' 프로그램을 개설하였다. 이 사업은 성공회대학교 사회적기업센터에 위탁하여 수행되었다.
- 이 프로그램은 사회적기업의 창업에 목표를 두었으며, 3개월 단기 교육 과정으로 운영되었다. 이 프로그램을 통해 2명의 사회적기업가가 마을기업에 선정되었다.
- 또한, 프로그램을 수료한 사람들이 '금천구 사회적기업가 네트워크'를 결성하여, 지역사회에서 사회적기업의 활성화를 위한 포럼, 워크샵 등 다양한 활동을 펼치고 있다.

■ 사회적기업 직접 개발 사업을 하는 사례

· 서울시 구로구

- 구로구는 '구로형 사회적기업 발굴 사업'을 구의 자체 예산을 배정하여 추진하고 있다. 이 사업은 중앙정부의 사회적 일자리 사업과 그 방식이 유사하다. 공모를 통해 선정하며, 선정된 사회적기업에게는 참여자에 대한 인건비와 전문 인력에 대한 인건비 등을 지원한다.
- 이 사업의 예산 규모는 6억 5천만 원인데, 서울의 기초지방자치단체 중 가장 많은 사회적기업 개발 예산을 배정한 것이다.

· 서울시 양천구

- 양천구는 전국 최초로 지자체가 지원하는 '소셜 벤처 인큐베이팅 센터'를 사회적기업지원기관인 '함께일하는재단'과 공동으로 설립하였다.
- 이 센터는 청년층이 사회적기업이 창업을 준비할 수 있는 공간이며, 이 센터에 입주한 예비 사회적기업가들은 공간, 자금, 사업개발비 등의 지원을 받는다.
- 2011년 현재, 35개의 창업팀이 이 센터에 입주해서 사회적기업의 창업을 준비하고 있다.

제15장 세상을 바꾸는 사회적기업가를 어떻게 양성할 것인가?

1. 사회적기업가는 어떤 사람인가?

한국에서 전통적인 사회복지실천가는 민간위탁을 받은 서비스 제공기관에서 정부의 표준화된 서비스 전달에 대한 책무를 맡고 있다. 그동안 사회복지사는 공공 전달체계가 취약한 현실에서 사회복지서비스에 대해 막중한 역할을 수행해 왔다. 그러나 사회적 배제를 극복하는 사회통합의 노력이나 사회적 필요(needs)에 대한 능동적 대응 측면에서 보면 여전히 미흡한 것으로 지적되고 있다. 예컨대, 종합사회복지관은 주로 교육·문화 프로그램에 편중된 서비스를 제공하고 있는 반면, 지역사회 보호가 필요한 다양한 계층을 위한 서비스를 능동적으로 개발하는 데에는 취약한 것으로 평가되고 있다.

이러한 언급을 하는 이유는 복지 서비스 전달체계에 대한 평가를 하고자 하는 것이 아니라 주체의 노력 측면에서 사회복지사의 모습을 돌이켜보자는 것이다. 상황이 나아지기를 학수고대하며 정부 지원 정책에 기대하고 있는 것은 아닌지, 그것이 이루어질 때까지 실천 현장에서 묵묵히 일하는 전문가로 만족하고 있는 것은 아닌지, 즉, 실천가들이 외부 환경이 변하기만을 기대하고, 주체적으로는 자족에 머물러 있지 않은지 반성이 필요하다는 이야기다. 물론 이러한 문제제기가 그동안 현장에서 헌신해 왔던 사회복지사의 노력을 저평가하려는 것은 아니다.

사회적기업은 사회문제를 해결하는 혁신적 기업이다. 여기서 '혁신'은 기업가적 전략을 통해 사회적 변화를 이끌어내는 것을 의미한다. 이러한 사회적기업의 혁신에 핵심적 주체가 사회적기업가(social entrepreneurs)이다. 그러므로 사회적기업가는 사회적기업을 통해 세상을 바꾸는 진취적이고, 도전적인 사람이다. 미국의 사회적기업가 지원 조직인 아쇼카재단에 따르면, 사회적기업가는 창조적, 기업가적, 윤리적 정신 등을

<표 15-1> 사회적기업가의 특성

특성	의미
창조적인 사람	• 사회문제에 대한 진취적이고, 효과적인 해법을 찾는 사람
기업가적인 사람	• 사회적 문제를 해결할 프로젝트를 수립하고, 자신의 아이디어에 대한 지원 방안을 찾는 사람(기회 포착 능력). • 또한, 효과적으로 자원을 획득할 줄 아는 사람
윤리적인 사람	• 공공의 자금을 제대로 사용하며, 도덕적이고, 정당한 행동을 하는 사람 • 조직의 사명에 맞게 사회적기업을 경영하는 사람

* 자료: Show(2004)와 아쇼카재단(www.ashoka.org) 등이 제시한 사회적기업가의 특성을 재구성

가지면서 활동을 하는 사람이다.

첫째, 사회적기업가는 사회문제에 대해 진취적이고, 효과적인 해법을 찾는 창조적인 사람이다. 예컨대, 그라민 뱅크를 세운 무하마드 유누스는 방글라데시의 빈민들이 문제를 해결하기 위해 '소액대출 은행'이라는 창조적인 해법을 찾았다.

둘째, 사회적기업가는 사회문제를 해결할 프로젝트를 수립하고, 그 문제를 해결하기 위한 기회를 포착하면서 동시에 효과적으로 자원을 획득할 줄도 아는 기업가적인 사람이다. 이런 사람으로 청소 사회적기업 '함께일하는세상'의 이철종 대표를 들 수 있다. 이철종은 '학교 화장실 청소 사업'이 공공 서비스로 필요하고, 동시에 이 사업이 취약계층의 고용창출에도 기여할 수 있다는 기회를 포착하였다. 이런 기회를 포착한 이철종은 경기도의 청소 관련 자활공동체의 네트워크를 구축하는 데 주력하였다. 결국 그 네트워크는 경기도 학교의 환경 개선사업을 수행하게 되었고, 이철종은 그것이 성사되는 데 견인차 역할을 한 것이다.

셋째, 사회적기업가는 공공의 자금을 제대로 사용하며, 도적적이고 정당한 행동을 하는 윤리적인 사람이다. 또한 사회적기업을 조직의 사명에 맞게 경영하는 사람이기도 한다.

최근 한국에서도 사회적기업가(social entrepreneurs)의 등장은 대단히 주목된다. 특히, 사회복지현장에서 그들은 자활사업이나 장애인 직업 재활 프로그램 등의 기존

복지 프로그램에서 이니셔티브(initiatives, 추동력)를 발휘하고 있다. 이전보다 업그레이드(up-grade)된 새로운 복지조직을 만들어 고용 창출에 기여하거나 지역사회에서 새로운 사회적 필요를 발견하여 그것을 혁신적 수법으로 해결하는 사업단을 만들기도 한다. 예컨대, 청소 사회적기업 '함께일하는세상'의 이철종 대표이사(경기 수원 소재), 재활용 사회적기업 '에코그린'의 이형출 상무(경기 남양주 소재), 컴퓨터 재활용 사회적기업 '컴윈'의 권운혁 대표이사(경기 화성 소재) 등은 기존 자활공동체에서 사회적기업을 개발한 혁신적 사회적기업가들이다.

그렇다면 사회적기업가는 사회적기업을 통해 어떻게 지역사회의 발전에 기여하고 있을까? 인천에 있는 장애인 사회적기업 '핸인핸'의 사례를 통해 살펴보도록 하자. '핸인핸(Hand in Hand)'은 중증 장애인의 노동통합을 위한 사회적기업이며, 칫솔 제조업과 카트리지 재생 등의 비즈니스를 한다. '핸인핸'은 기존 장애인직업재활시설이 좀 더 혁신적으로 개발된 형태이다. '핸인핸'은 중증 장애인이 노동에 참여하는 조건에서도 중저가 칫솔 시장을 공략하여 20억가량의 매출을 올리면서 동시에 장애인의 노동통합과 정상화 등 다양한 사회적 가치를 창출하는 잠재력을 보여주고 있다.

중요한 것은 누가 어떻게 '핸인핸'을 사회적기업으로 개발했는지일 것이다. '핸인핸'이 사회적기업으로 성장한 배경에는 바로 '사회적기업가' 장영순이 있다. 그녀는 모법인 이사장이자 '핸인핸'의 대표이사이다. 그녀는 70대 여성이면서도 거의 대부분의 일과를 '핸인핸'의 경영에 투여하고 있다. 설립 초기부터 전문 경영진 체제를 구축하여 칫솔 제조 분야의 기술력과 영업력을 확보하였다. 물론 '핸인핸'의 성장의 배경에는 취약한 노동생산성을 커버할 수 있는 장애인직업재활시설에 대한 정부의 안정적인 지원이 존재한다. 따라서 공공정책의 안정적인 지원과 사회적기업가 정신이 잘 결합되면 '핸인핸'의 사례처럼 사회적기업을 통해 역동적으로 사회적 가치를 창출해 낼 수 있을 것이다.

2. 사회적기업가를 어떻게 육성할 것인가?

비영리조직 분야의 경제학자인 영(Young)에 따르면, 사회적기업의 발전은 경제학적으로 수요 측면과 공급 측면으로 볼 수 있다. 이 관점에서 한국의 사회적기업 발전은 사회서비스와 고용창출이라는 정부의 정책적 수요가 주동인인 것으로 평가될 수 있다. 그에 비해 공급 측면에서 사회적기업가나 사회적 경제조직, 민간 조직의 이니셔티브(initiatives)는 미약한 것으로 평가된다. 사회적기업이 발전하기 위해서는 수요와 공급이 적절히 균형을 이루면서 각각의 성장이 동반되어야 할 것이다. 특히, 공급 측면에서 양질의 사회적기업가 육성은 매우 중대한 과제이다.

실천적으로 사회적기업가 교육·훈련 프로그램은 2000년 전후로 생산공동체 운동과 자활운동 등의 진영에서 산발적으로 이루어져 왔다. 이 분야의 흐름이 본격화되기 시작한 것은 2008년부터 시행되고 있는 정부의 '사회적기업가 아카데미 사업'이 계기가 되었다. 한편, 이와는 별개로 민간 차원의 독자적인 흐름도 생겨났다. 성공회대학교와 한겨레신문사 등 여러 민간조직이 참여하는 '사회적기업가 학교'가 그것이다. 최근에는 지방정부의 사회적기업가 육성 프로그램이 운영되고 있다. 예를 들어 서울시 금천구와 경기도 시흥시 등의 사회적기업가 학교이다. 이렇듯 현재 사회적기업가를 위한 교육은 다양한 주체들에 의해서 진행되고 있고, 사회적기업의 설립 및 경영 능력을 키우는 데 상당한 기여를 하고 있다. 그러나 그 교육의 수준은 미흡한 것 같다.

우선, 일반 시민이나 잠재적 사회적기업가를 위한 기초적인 교육프로그램은 여러 지역과 부문(대학, 민간기관 등)에서 양적으로 활발히 진행되고 있다. 그러나 창업과정, 경영과정, 업종별, 사업 분야별, 대상별 과정 등 전문적이고, 특화된 교육 프로그램의 개발은 더딘 편이다. 둘째, 이러한 교육과정의 문제는 사회적기업의 맥락에서 교육내용과 교육방법론이 적용되고 있지 못하다는 점이다. 특히 큰 문제는 기존 경영학의 내용이 여과 없이(또는 있더라도 깊이 없이) 반영되고 있다는 점이다. 사회적기업 관련 전문 연구자도 부족하고, 교육(기획)자도 부족한 것이 현실이다. 셋째, 지방 간 편차의 문제도 크다. 대부분의 교육 프로그램이 수도권에 집중되어 있다. 지방에 관련 주체가 더 취약하리라는 것을 고려한다면, 지역 간 격차의 깊이는 훨씬 크다고 볼 수 있다. 이 외에도 교육기간의 단기성 문제, 강사 초빙 및 강의 위주의 교육과정, 교재의 부재, 현장 학습의 부재 등 여러 가지 문제가 지적되고 있다. 이렇듯 현재 사회적기업가를 위한 교육과정의 수준은 양적으로 확대되고 있지만, 질적으로 보완해야 할 과제가 많다.

첫째, 사회적기업 분야의 연구가 활성화될 필요가 있다. 이것은 교육의 측면에서 콘텐츠 및 교육자의 개발과 연결되는 것이다. 이를 위해서는 정부의 상당한 투자가 필요하다. 둘째, 이와 더불어 다양한 영역의 교육 프로그램 및 관련 매뉴얼의 개발이 병행될 필요가 있다. 셋째, 그동안 고용노동부가 주관했던 '권역별 사회적기업가 아카데미' 사업은 지방정부로 이양하는 것이 바람직하다. 특히, 풀뿌리 사회적기업 운동의 활성화라는 측면에서 기초 지방정부로 이관하는 것이 필요하다. 넷째, 교육가와 지원가의 육성이 시급하다. 가치 지향적으로 훈련된(비즈니스 스킬 위주로 훈련되지 않은) 사회적기업 지원가의 육성이 과제이다. 대학원 수준의 인재 육성 프로젝트가 검토될 필요가 있다.

사회적기업의 비전은 '사람 중심의 사회적 경제'를 만들어가는 데 있어야 한다고 생각한다. 시민의 참여와 협동을 이끌어 낼 수 있는 혁신적이고, 가치 지향적 사회적기업가가 절실하다. 이것이 사회적기업 발전을 위해 우리 앞에 놓인 과제 중 하나이다.

시민주도의 사회적기업가 육성 조직 '사회적기업가학교'[81]

'사회적기업가학교'는 정부의 지원을 받지 않고, 민간의 자주적 역량에 기반하여 설립되고 운영되는 사회적기업가의 교육과 훈련을 위한 조직이다. 이 학교는 성공회대학교 사회적기업연구센터, 한겨레경제연구소 등이 주축이 되어 2009년에 만들어졌으며, 사회적기업가의 교육에 뜻을 두고 있는 민간 단체들의 네트워크 조직이다.

호혜, 협동, 혁신을 지향하는 '사회적기업가학교'

'사회적기업가학교'는 2011년 현재 사회적기업 분야의 현장성과 전문성을 갖춘 '성공회대학교 사회적기업연구센터', '한겨레경제연구소', 'SE파트너센터', '사회적기업 신나는 문화학교 자바르떼', '사회적기업 에듀머니', '엔씨스콤', '한국의료생활협동조합연대', '한국주거복지협회' 등 9개 조직이 참여하고 있다. 설립 당시인 2009년에는 5개의 조직이 참여했었다. 2009년에 250명의 시민들이 이 학교의 교육 프로그램을 수료하였으며, 2011년까지 총 570명이 교육을 받았다.

'사회적기업가학교'는 대안경제의 관점에서 다양한 사회적기업의 이론과 실제 등에 대한 교육을 펼치고 있으며, 호혜와 협동의 정신을 바탕으로 한 혁신적 사회적기업 운동을 지향하고 있다. 모든 교육과정은 전체 12주 과정으로 개설되며, 재원은 수강생의 회비로 조달하고 있다. '사회적기업가학교'의 모든 교육 프로그램은 상반기에 동시에 개설되고 있다.

교육 프로그램은 영역별로 구성되며, '기초과정', '분야별 과정', '경영 전문과정'으로 나뉜다. '기초과정'은 사회적기업 개념, 사례 등을 개괄하는 내용으로 프로그램이 구성되며, 성공회대학교 사회적기업연구센터가 운영한다. '분야별 과정'은 '보건, 의료분야', '주거복지 분야', '문화예술 분야', '취약계층 재무상담 분야' 등의 교육 프로그램이 각 분야별로 개설되며, '자빠르떼', '에듀머니' 등 현장 사회적기업이 직접 담당하고 있다. '경영 전문과정'에는 '사회적기업가 MBA 과정', '청년 사회적기업 창업과정',

'조직디자인 과정', '비영리마케팅 과정' 등이 있으며, 사회적기업 컨설팅 등의 경험을 갖고 있는 한겨레경제연구소 등이 프로그램을 운영하고 있다.

'사회적기업가학교'의 정신은 이 학교의 전(前) 교장이었던 신영복 선생의 말에서 확인할 수 있다.

> "국가의 민주주의가 풀뿌리 민주주의에서 시작되듯이 올바른 경제도 바로 풀뿌리 경제가 튼튼해야 옳게 성장할 수 있습니다. 사회적기업은 바로 한 나라의 경제를 뿌리에서부터 지탱하는 기본적인 역량이라고 생각합니다. 이윤보다는 사람들과의 삶을 공유하고, 인간적인 가치를 추구하는 그런 사회적기업(가) 운동이야말로 우리시대가 당면하고 있는 많은 문제를 가장 근본적인 차원에서 풀어갈 수 있는 일입니다."

이처럼 '사회적기업가학교'는 '풀뿌리 사회적 경제의 실현'과 사회문제 해결의 주체로서 사회적기업가의 육성을 지향하고 있다.

'사회적기업가학교'의 잠재력과 미래

'사회적기업가학교'는 아직까지 영국의 '사회적기업가학교(SSE, School for Social Entrepreneurs)'처럼 체계적인 교육 시스템은 갖추지 못했다. 수강생의 회비로만 충당되는 열악한 재정의 문제를 안고 있으며, 교육 수요자의 요구에 부응하는 프로그램을 개발해야 하는 과제도 안고 있다. 그러나 중요한 사실은 교육 참여자들이 이 '사회적기업가학교'를 통해 세상을 바꾸는 의미들을 찾아가고 있다는 점이다.

> "강의를 들으러 올 때마다 설렌다. 지난 십년간 직장생활 하며, 먹고사느라 바빴는데, 이제 새로운 비전을 갖게 된다." 양○○(성공회대학교 사회적기업가학교 수강생)

"(대)학교 졸업하고 20년 동안 약국을 운영하며 잠시 묻어 놓았던 꿈을 다시 꺼내게 한다. 물론 기존에 복지기관이나 시민단체에 활동해왔지만, 후원 내지 간접적인 참여였다. 하지만 사회적기업은 내가 일하는 현장에서 적용할 수 있다는 것이 삶의 실현에 한발 더 가까이 가게 한다." 임○○(성공회대학교 사회적기업가학교 수강생)

'사회적기업가학교'는 민간의 부족한 역량에서 출발하였지만, 사람 중심의 사회와 경제를 만든다는 정신으로 희망을 만드는 중이다. 수료생들의 말에 따르면, 이 학교의 장점은 수강생들이 소통을 통해 학습효과를 얻는다는 점이다. 다양한 계층, 성별, 세대를 넘어선 시민들의 교류와 학습이 끊임없이 약동하는 공간으로서 '사회적기업가학교'는 사회적기업가의 공동체를 만들어가고 있다. 한국에서 시민주도의 사회적기업 운동을 개척할 주역으로서 '사회적기업가학교'의 역할이 기대되고 있다.

---

81) 이 사례는 성공회대학교 사회적기업연구센터의 연구원인 이영석의 도움을 받아 작성된 것이다.

참고문헌

고용노동부. 2010. 「2010년 사회적기업 개요집」.

곽선화. 2009. "인증 사회적기업의 성과 분석과 과제". 「2009 사회적기업 연구포럼. 제2차 정책연구세미나」. 사회적기업 연구 포럼.

국무총리실. 2009. "사회서비스일자리 및 사회적기업정책 개선방향". 국가정책조정회의.

국회환경노동위원회 전문위원. 2009. 『2010년 노동부 소관 예산안 기금운용계획안 검토보고서』. 국회 의안 정보시스템.

김성기. 2008. "브리스톨 지역 사회적기업 사례 및 함의". 『영국 브리스톨 지역 사회적기업 연구보고서』. 성공회대학교 사회적기업연구센터.

_____. 2009. "사회적 기업 특성에 관한 쟁점과 함의". 『사회복지정책』 제36권 2호. pp. 139-166.

_____. 2010. 『사회적기업의 지속가능성 연구: 다중이해당사자 참여를 중심으로』. 성공회대학교 박사학위 논문.

김성오 역. 1991. 『몬드라곤에서 배우자: 자본주의의 부정의와 사회주의의 비효율을 넘어선 정의와 효율의 통일』. 나라사랑.

김신양. 2011. "사회적 경제의 이상과 현실". 『지역재단 포럼 자료(2월)』. 지역재단.

김신양·장원봉. 2009. 『사회적경제의 이해』. 장애우권익연구소·사회투자지원재단.

김안나 외. 2008. 『사회통합을 위한 사회적 배제 계층 지원 방안 연구』. 한국보건사회연구원.

김용득 외. 2007. 『한국 장애인 복지의 이해: 제5판』. 인간과 복지.

김용호·송경수. 2009. "사회적기업의 행재정지원제도 보완을 위한 전략적 마케팅". 『사회적기업 연구』 제2권 1호. pp. 5-36. (사)사회적기업연구원.

김정원. 2009. 『사회적기업이란 무엇인가』. 아르케.

김혜원. 2010. "한국의 사회적기업 육성지원정책". 『2010 사회적기업지원정책 국제심포지엄』.

김홍일. 2007. "대안경제운동의 전망과 과제". 『한국대안기업연합회 창립 기념 심포지움 자료집』. 한국대안기업연합회.

남상민. 2009. "지속가능성보고서를 토대로 한 기업 지속가능가치평가". 『한국컨텐츠학회논문지』 제9권 10호. pp. 339-348. 한국컨텐츠학회.

노길준. 2007. "제1차 사회적기업 인증을 통해 본 사회적기업 현황". 『제1차 사회적기업 열린 포럼 자료집』. (재)실업극복국민재단 함께일하는사회.

노대명. 2007. "한국의 사회적기업과 사회서비스". 『사회서비스와 사회적기업에 관한 국제 심포지움』. 성공회대학교 사회적기업연구센터.

_____. 2009. "사회통합의 현황과 향후 정책과제". 『보건복지포럼』 2009년 4월호. 한국보건사회 연구원.

노동부. 2008. 『사회적기업 육성 기본계획』.

_____. 2009a. 『07, 08 사회적기업 개요집』.

_____. 2009b. 『사회적기업 인증 및 법인 설립 매뉴얼』.

_____. 2010a. 『2010년 판 고용노동백서』.

_____. 2010b. 『2010 회계연도 예산기금운영계획』.

노동부·함께일하는재단. "사회적기업 지속가능 보고서". 2010.

노동부·RISE. 2009. 『사회적기업 개요집』.

문보경. 2008. "사회적기업육성법 시행 1주년, 과제와 전망". 『복지동향』. 2008년 10월호.

박찬임. "사회적기업 육성정책의 쟁점과 과제". 『노동리뷰』 2008년 10월호.

신명호. 2009. "한국의 사회적 경제 개념 정립을 위한 시론". 『동향과 전망』 제75호 pp. 11-46.

심창학. 2007. "사회적 기업의 개념 정의 및 범위 설정에 관한 연구: 유럽의 사회적기업을 중심으로". 『사회보장연구』 제23권 2호. pp. 61-85. 한국사회보장학회.

양준호. 2011. 『지역과 세상을 바꾸는 사회적기업: 개념·사례·정책과제』. 두남.

엄형식. 2008. 『한국의 사회적경제와 사회적기업: 유럽 경험과의 비교 및 시사점』. 실업극복국민재 단.

_____. 2010. "OECD 회원국 사회적기업 관련 제도 비교연구: 사회운동 성공이 관점에서". 함께일하는재단 정책연구원. 미간행.

유병선. 2008. 『보보노혁명』. 부키.

이광우. 2008. 『지속가능한 사회적기업의 성공요인에 관한 연구』. 숭실대학교 박사학위논문.

이문국·김승오·노대명·김정원. 2009. 『자활사업 15주년 기념 백서: 자활운동의 역사와 철학』. 한국지역자활센터협회 부설 자활정책연구소

이영찬·이승석. 2008. "기업의 사회적 책임활동이 혁신역량 및 성과에 미치는 영향". 『사회적기업

연구』 제1권 1호, pp. 93-117. (사)사회적기업연구원.

이영환. 2009. "사회적기업의 의의와 과제". 『인천지역 사회적기업 발전을 위한 토론회 자료집』. 성공회대학교 사회적기업연구센터.

_____. 2009a. "권은정의 Social Job". 프레시안(03.12). www.pressian.com.

_____. 2009b. "한국 사회적기업의 육성법 및 현황 및 과제". 『한·일 사회적기업 국제 심포지움』. 한국사회적경제연대회의.

이영환·김성기·김종진·이정봉. 2009. 『사회적기업 종사자의 노동실태』. (재)함께일하는재단.

이영환·김성기·엄형식·장원봉·김동언. 2010. 『경기도 사회적기업 발전 전략 연구』. 경기복지재단.

이은애. "사회적기업의 운영 현황과 과제". 『복지동향』 2008년 10월호.

장원봉. 2008. "한국 사회적기업의 현황과 과제". 『제1차 사회적기업 쟁점 토론회』. 사회투자지원재단.

정태인. 2011. "시장, 복지, 그리고 사회경제". 『성공회대학교 2011년 항동복지포럼 강연자료』. 성공회대학교 사회적기업연구센터. 미간행자료.

조영복. 2007. 『사회적기업 육성을 위한 중장기 정책방향』. 사회적기업연구원.

_____. 2009. 중앙일보. 2009년 3월 11일 27면 사설.

최정철. 2006. "사회책임경영과 지속가능성보고: 국내기업의 지속가능성보고서 도입실태분석을 중심으로". 『기업윤리연구』 제11권. pp.1-36. 한국윤리경영학회.

행정안전부. 2009. 『비영리민간단체지원업무편람』. http//:www.mopas.go.kr.

홍기빈 역, 2009, 칼 폴라니(1944), 『거대한 전환-우리 시대의 정치, 경제적 기원』. 길.

홍기빈. 2010. "칼 폴라니와 한국에서의 사회적 경제". 『사회적경제연구회 10월 월례포럼 강연자료』. 사회적경제연구회. 미간행자료.

홍석빈. 2009. "사회적기업의 지속 성장 가능성". 『LG Business Insight』 2009년 5, 6월. LG 경제연구원.

홍희덕. 2009. "2008년 인증 사회적기업의 실태". 홍희덕 국회의원실. 내부자료.

Alter, S. K. 2002. *Case studies in social enterprise: Counterpart international's experience*. Washington, DC: Counterpart International.

Bacchiega, A. and Borzaga, C. 2001. "Social enterprise as incentive structure: an economic analysis." Borzaga, C., Defourny, J. (ed.) *The Emergence of Social Enterprise*. London: Routledge.

Bebbington, J. and Gray, R. 2000. "An account of sustainability: failure, success and a reconceptualization." Critical Pespectives on Accounting. vol. 12. pp. 557-587.

Bode, I., Evers, A. and Schulz, A. 2006. "Work integration social enterprises in Europe: can hybridazation be sustainable?". *Social Enterprise: at the crossroads of markets, public polities and civil society*. Nyssens, M. (ed). Routledge.

Borzaga, C. and Defourny, J. (ed). 2001. *The Emergence of Social Enterprise*. Routledge.

Borzaga, C. and Mittone, L. 1997. "The multi-stakeholder versus the nonprofit organization." *Discussion Paper*. no. 7. Trento: Department of Economics. University of Trento.

Borzaga, C. and Solari, L. 2001. "Management challenges for social enterprise." Borzaga, C., Defourny, J. (ed). *The Emergence of Social Enterprise*. London: Routledge.

Campi, S. Defourny, J. and Gregoire, O. 2006. "Work integration social enterprise: are they multi-goal and multi-stakeholder organizations?". *Social Enterprise: at the crossroads of markets, public polities and civil society*. Nyssens, M. (ed). Routledge.

Dees, J. G. 1998. "Enterprising nonprofit". *Harvard Business Review*. vol 76. no1, pp. 55-67.

Defourny, J. 2001. "Introduction: from third sector to social enterprise." Borzaga, C & Defourny, J. (ed). *The emergence of social enterprise*. London, New York: Routledge.

_____. 2006. "Defining social enterprise." *Social Enterprise: at the crossroads of markets, public polities and civil society*. Nyssens, M. (ed). Routledge.

DiMaggio, P. J. & Powell, W. W. 1983. "The iron cage revisited: institutional isomorphism and collective rationality in organizational field." *American Sociological Review*. vol 48. pp. 147-60.

Donaldson, T. and Preston, L. E. 1995. "The stakeholder theory of the corporation: concepts, evidence and implication." *The Academy of Management Review*. vol. 20. pp.65-91.

DTI(Department for Trade and Industry). 2002. *Social Enterprise: strategy for success*. DTI. London.

Freeman, R. E. 1984. *Strategy Management: a stakeholder approach*. Boston: Pitman.

Freeman, R. E., Wicks, A. C. and Parmar, B. 2004. "Stakeholder theory and The corporate objective revisited." *Organization Science*. vol 15. no. 3. May-June. pp. 364～369.

Green, F., 2005. "선진국에서의 '고용의 질' 개념의 발전'. 『국제노동프리』 2005년 7월. 한국노동연구원.

Haugh, H. 2005. "사회적 기업가 정신 연구 아젠다'. 『사회적기업 저널』 제1권 1호. pp.1-13.

Social Enterprise London.

Hulgard, L. 2010. "Discourses of social entrepreneurship? variations of the same theme?". *EMES Working Paper*. no. 10/01.

ILO. 2001. "Reducing The Decent Work Deficit: A Global Challenge." Geneva, International Labour Office. http://www.ilo.org/public/english/standards/relm/ilc/ilc89/rep-i-a.htm.

Kauppinen, T., 2005. "유럽연합에서의 고용의 질". 『국제노동프리』. 2005년 7월. 한국노동연구원.

Kerlin, J, A. 2006. "Social enterprise in the United States and Europe: understanding and learning from the difference." *International Journal of Voluntary and Nonprofit Organizations*. vol 17. pp. 247-263.

Kerlin, J. & Pollak, T. 2006. "Nonprofit commercial revenue: a replacement for declining government grants and private contributions?". Paper presented at the Third Annual United Kingdom Social Enterprise Research Conference. London.

Laville and Nyssens. 2001. "The social enterprise: towards a theoretical socio-economic approach." Borzaga, C and Defourny, J. (ed). *The Emergence of Social Enterprise*. Routledge.

Low, C. 2006. "A framework for the governance of social enterprise." *International Journal of Social Economics*. vol. 33. no. 516. pp. 376-85.

Mason, C., Kirkbride, j., Bryde, D. 2007. "From stakeholder to institution: the changing face of social enterprise governance theory." *Management Decision*. vol. 45. no. 2. pp. 284-301.

Nyssens, M. & Kerlin, J. 2005. *Social enterprise in Europe*. Unpublished paper.

Nyssens, M. (ed). 2006. *Social enterprise: at the crossroads of market, public policies and civil society*. Routledge.

Pestoff, V. A. 1995. "Local economic democracy and multi-stakeholder cooperatives." *Journal of Rural Cooperation*. vol. 23. no. 2. pp. 151-167.

Polanyi, K., Arensberg, C., and Pearson, H. 1957. *Trade and Market in the Early Empires. Economies in History and Theory*. New York: Glencoe, Free Press.

Putnam, R. D. 1993. "The prosperous community: social capital and public life." *The American Prospect*. vol. 13. pp. 35-42.

Show, E. 2004. "Marketing in the social enterprise context: is it entrepreneurial?". *Qualitative Market Research: An International Journal*. vol. 7. no. 3. pp. 194-205.

Spear, R. & Bidet, E. 2003. "The role of social enterprise in European labour markets." *EMES*

Working Papers. no. 03/10.

_____. 2005. "Social enterprise for work integration in 12 european countries: a descriptive analysis." *Annals of Public and Cooperatives Economics.* vol 76. no 2. pp. 195-231.

Spear, R., Cornforth, C. and Aitken, M. 2007. *For Love and Money: governance and social enterprise.* Social Enterprise Coalition and Governance Hub.

WMSEP(West Midlands Social Economy Partnership). 2004. www.wmsep.co.uk/Glossary.htm.

찾아보기

김성기

사회적기업 분야의 연구자이자 행동가이다. 현재 성공회대학교 사회복지학과 외래교수로 재직 중이다. 성균관대학교에서 유전공학을 전공했고, 성공회대학교에서 사회복지학으로 석사 및 박사 학위를 받았다. 박사논문은 『사회적기업의 지속가능성 연구: 다중 이해당사자 참여를 중심으로』(2010)이다.

사회적기업과 관련된 학술 논문으로 「사회적기업의 특성에 관한 쟁점과 함의」(2009), 「지방정부의 공공자원과 연계한 사회적기업 개발 방안: 남양주시 예산분석을 중심으로」(2011) 등을 발표했다. 사회복지 분야의 논문으로 「구로지역의 사회복지운동 전개과정」(2007, 공동연구), 「기초지방자치단체 사회복지재정분석: 서울시 구로구 예산서 사례」(2009, 공동연구) 등이 있다.

20대는 주로 학생운동에 매진하면서 사회변혁을 꿈꾸었고, 30대 중반까지는 가난한 사람, 실직한 사람 등 사회적 약자를 위한 지역운동에 뜻을 두었다. 30대 중반 이후 연구자의 길을 걷고 있다. 박사과정 시기였던 2007년부터 사회적기업에 대한 학문적 탐구에 집중하기 시작하였고, 그와 동시에 성공회대학교 사회적기업연구센터에서 관련 연구와 교육 및 실천에 매진하고 있다. 현장 중심의 연구를 지향하며, 관심 연구 분야는 사회적기업의 지속가능성, 사회적기업과 지역사회 발전, 사회적기업 및 사회적 경제 운동 등이다.

사회적기업의 이슈와 쟁점 – '여럿이 함께'의 동학

1판 1쇄 펴냄 2011년 9월 20일

지은이 김성기
펴낸이 이형진
펴낸곳 도서출판 아르케
출판등록 1999. 2. 25. 제2-2759호
주소 강원도 홍천군 내촌면 와야리 300-4
대표전화 (02)336-4784~6 | 팩스 (02)6442-5295
E-Mail arche21@gmail.com | Homepage www.arche.co.kr

값 19,000원

ISBN 978-89-5803-108-6

사회적기업가 필독서

박원순 변호사의 일본시민사회 기행
박원순 지음

사회적기업이란 무엇인가
김정원 지음

희망제작소 뿌리총서 1
마을은 보물로 가득 차 있다
오하라 가즈오키 지음/김현정 옮김/원기준 감수

희망제작소 뿌리총서 2
1% 너머로 보는 지역활성화
지바 미쓰유키 지음/서하나 옮김/최경국 감수

희망제작소 뿌리총서 3
일본형 매혹도시를 만들다
아오키 히토시 지음/최민경 옮김/한영혜 감수

희망제작소 뿌리총서 4
지역사회를 건강하게 만드는 커뮤니티비즈니스
호소우치 노부타카 편저/박혜연, 이상현 옮김/한영혜 감수

희망제작소 뿌리총서 5
소통과 나눔 그리고 새로운 마을
와다 다카시 편저/손주희 옮김/한영혜 감수

희망제작소 뿌리총서 6
소호와 함께 마을만들기
시바타 이쿠오 지음/서현진 옮김

사회적기업가 필독서